让教育的阳光
照进心灵

RANG JIAOYU DE
YANGGUANG
ZHAOJIN XINLING

许军◎著

天津出版传媒集团

天津人民出版社

图书在版编目（CIP）数据

让教育的阳光照进心灵 / 许军著. -- 天津 : 天津
人民出版社, 2023.9
　ISBN 978-7-201-19673-2

　Ⅰ.①让… Ⅱ.①许… Ⅲ.①中小学—师资培养—研
究 Ⅳ.①G635.12

　中国国家版本馆CIP数据核字（2023）第156331号

让教育的阳光照进心灵

RANG JIAOYU DE YANGGUANG ZHAOJIN XINLING

出　　版	天津人民出版社
出 版 人	刘　庆
地　　址	天津市和平区西康路35号康岳大厦
邮政编码	300051
邮购电话	（022）23332469
电子信箱	reader@tjrmcbs.com

责任编辑	吴　丹
装帧设计	卢炀炀

印　　刷	天津海顺印业包装有限公司
经　　销	新华书店
开　　本	710毫米×1000毫米　1/16
印　　张	16
字　　数	222千字
版次印次	2023年9月第1版　2023年9月第1次印刷
定　　价	68.00元

序　一

记得大教育家苏霍姆林斯基曾经指出:"为了给学生一颗知识的火星,教师应当从整个知识的海洋中吸取营养。"[1]人民教育家于漪认为:"教师的神圣职责是点亮生命灯火,学生的以及自己的。"[2]因此,身为一名共和国的人民教师,为了给孩子一缕光,务必率先把自己变成光的海洋;为了点亮学生生命的灯火,必须首先点亮自己生命的灯火。这就要求每位共和国的人民教师,一要矢志不渝,二要根植于一线,三要有自知之明,四要信念坚定,五要自强不息,六要抢抓机遇,七要敢为人先,八要抱团发展。在边管、边教、边学、边思、边创、边写、边行中,仰望教育家璀璨的星空,脚踏华夏教育坚实的土地,用大爱耕耘,以责任播种,在学海以苦作舟,在书山以勤为径,朝着人民教育家之巅不断攀登。

有幸提前捧读天津市教育科学研究院附属滨海泰达中学许军老师的书稿《让教育的阳光照进心灵》,成为这本书最初的读者时,是在天津滨海国际机场飞往呼伦贝尔海拉尔机场的飞机上。实话实说,我立刻被这本书牢牢吸引,深深打动,不觉眼前一亮。

归纳起来,首先,整本书充满着哲思,这种哲思表现在创造性地把教育

---

[1] [苏]苏霍姆林斯基:《教育的艺术》,肖勇译,长沙:湖南教育出版社1983年版,第110页。
[2] 于漪:《点亮生命灯火》,北京:商务印书馆2019年版,第1页。

1

哲学学校化、智慧化，可谓"处处皆哲学，时时有灵性"。其次，整本书饱含着研究，这种研究显现出创新性地把学校行动学术化、过程化，可谓"行动即研究，研究即行动"。再次，整本书丰盈着文采，这种文采体现在标新性地把教育生活文学化、语文化，可谓"斐然而成章，气韵有诗意"。最后，整本书充溢着心声，这种充溢展现出立异性地把学术话语草根化、常态化，可谓"我言即我心，下笔即是我"。程红兵这样称赞于漪的话语方式："于漪老师既不是在照着说，也不是接着说，她是在自己说，她在说自己的话，那是置身于广袤的教育田野里的来自草根的带着泥土芳香的话。"① 许老师的表述方式亦然。

滔滔海河水时时滋养着灵性天津人，茫茫津沽地处处孕育着津派教育家。愿天津的教育工作者手拉手、肩并肩、心连心，与时间竞走、与明天握手，让自觉与觉人并进，让生命与使命同行，把自己活成一束光，也让身边每个人都活成一束光，绽放着所有的美好，逐渐打破第一代、第二代津派教育家"低调做事，不事声张，干而少作，做而不宣"的老传统，创造"高调做事，敢于声张，干而多作，做而且宣"的新风尚，共托津沽未来的太阳，同铸天津教育的辉煌！

王毓珣

---

① 程红兵：《让生命与使命同行——纪念于漪老师从教60周年》，《中国教师》2021年第23期。

序 二

我与作者许军老师未曾谋面过，但当他的新书《让教育的阳光照进心灵》送到我手中，仅读标题就让我感觉到，这应该是一部能够触动心灵、启迪思考的作品。

我独自坐在书房里，静静地翻开这部作品。每一个字、每一句话都似乎在跳跃着，仿佛有一种生命力沁在其中。我可以感受到作者那份对于教育的深深热爱，对于生活的独到理解。那种感觉，就像阳光穿透厚厚的云层，照亮了大地。

在书中，作者将生活、教育，乃至生命本身，融为一体，形成了一种独特的视角和解读。他深刻地阐述了教育的力量，并不在于知识的堆砌，而是在于如何引导我们深入理解自我，寻找属于自己的生活之路。在他看来，教育与生活之间并不存在明确的界限，反而是紧密相连、相辅相成的。他对于孤独、幸福、责任、学习与创造等生活话题的独特解读，更是让我深感震撼。

在书中，作者也描述了一种教育意向与观念，即教育应如阳光一般，温暖、明亮，照进每一个人的心灵，激发我们的潜能，引导我们找到生活的价值和意义。这是一种将教育和生活有机融合的观念，以极简的方式展现出深厚的教育内涵。这样的观念，让我对教育有了全新的理解。

我被作者的观点深深打动："教育过程即精神成长过程""优雅是从骨

子里不期然而然释放出来的生命气息,是由心灵最深处溢射出来的自由完满、得体舒适、内外和谐的生命状态""如果行动暂时不能抵达,那就先请心灵抵达""打造独具教育风景的教育语言"……透过这些简朴的文字,我能深深地体会到"教育"的美与"生活"的力量,以及他们之间那微妙而深远的关系。

在书中,作者的观点无不渗透着对教育的深度思考。我看到了一种在生活中洞察、理解和实践教育的勇气和智慧。他指出:面对生活中的孤独,我们需要教育的力量来帮助我们理解自我,接纳孤独,找到内心的平衡;面对生活的幸福,我们需要教育的眼光来帮助我们理解什么是真正的幸福,如何珍视和把握幸福;面对生活的责任,我们需要教育的智慧来帮助我们理解什么是责任,如何承担责任。

这些深刻的观察和洞见,让我深感,教育不仅是传授知识,更是引导我们理解和面对生活,让我们在生活中找到真我,找到意义,找到力量。

我期待着这本书的出版,能够引起广大读者对教育与生活之间微妙关系的深入思考,进一步热爱和尊重教育,热爱和尊重生活。期待这本书能触发更多的讨论,激起更多的思考,带来更多的改变。

教育,真的可以让我们更好地理解生活,更好地理解自我,进而更好地理解这个世界。

《让教育的阳光照进心灵》真的不仅仅只是一本书,更是一盏灯,照亮我们理解教育、理解生活、理解自我、理解世界之路。让我们一起翻开这本书,让教育的阳光照亮我们的心灵,为我们的心灵之翼赋予生命的力量!

目　录

三 承担责任,赋予生命崇高的价值品味

四 阅读写作,在学习与创造的海洋里散步

五 回归生活,给心灵涂上一层实在的绿

六　敬畏生命,在无情的世界里多情地自处

引　言

　　如果把人的心灵看作一个无限广袤的、待开发和待耕耘的土地，那么教育就应该是洒照在这片土地上的阳光。让教育的阳光照进心灵，则心灵中黑暗不明的阴影会越来越小，而明媚灿烂的生命气息会越发欣欣向荣。然而阳光普照、雨露均沾这等想法听起来美丽动人，可做起来却需要付出百倍的心血。既要扛得住不被重视、不被理解的委屈，也要经得住漫长等待或者劳者众而获者少的考验，更要有不断与时俱进和自我更新的勇气与魄力的加持。

　　当教育真正把灵魂作为耕耘对象时，教育实践就会变得惊心动魄。人有多复杂，教育就有多复杂；人有多脆弱，教育就有多脆弱；人作为一个有机整体有多么精密精细，教育就有多么精密精细。这里的人，不仅有学生，也包括我们老师。作为老师，我们既是教育者，也是被教育者（学习者）；要做卓越的教育者，必先成为优秀的学习者，注定我们将比其他人面临更多、更复杂、更精细的任务和挑战。躺平很容易，但除非我们的灵魂出窍、心灵已死，否则良心难安；若是选择坚守教育的初心与信念，则且学且行、且行且思、且思且改，就必然会成为我们教育生活之常态。

　　由此，让教育的阳光照进心灵，就不仅指我们老师要在学生的心田上洒满阳光，还指我们要善于给自己的心灵世界开一道门、一扇窗，以便让教育之光能首先洒照在我们的心灵上。我相信，只有那些内心充满阳光和温暖的老师,才有可能成为光源和热源,让那光和那热照亮学生懵懂无知的心田,融化学生内心深处消极冷淡的坚冰。

然而也许我们总会有一种自我绑架的逻辑:我的改变以你的改变为前提。比如,他都超速了为什么我就得维持在限速以内,他还没有为其错误担责为什么我就得为我的错误埋单,他都不参加志愿活动为什么我就得参加志愿活动……说这是一种"绑架",是因为我们总把世界变得更好的希望放在别人身上而让自己置身事外,我们把视线和心理调适到"我"之外,导致互相等、互相靠,结果我们把自己绑在了"低水平的自己"的位置上徘徊不前。可是,教育不应是这个样子的,否则教育中的阳光就会越来越少,师生的教育生活会越来越灰暗不明。好的教育中,应该以我的改变作为你的改变的前提,这样,人人都将成为光源和热源,大家共同撑起一片教育的万里晴空。

既如此,我们就需要悦纳自己的孤独,也要理解学生的孤独,以便各自成就更出色的自己;我们就需要摆脱浮华虚妄的束缚,重新审视和定义师生关系及相处模式,以让教育成为终生幸福的发动机;我们就需要以适切的方式让大家把责任扛在肩上,彼此温柔以待,赋予生命崇高的价值品味。为此,师生就需要过一种幸福快乐的阅读与写作生活,以便更自在、更有内涵地在学习与创造的海洋里散步,既遇见更好的世界,也遇见更好的自己;师生就需要回归生活,在生活的基点上悠闲而纯洁地交往和互相成全,真正让彼此的心灵世界绿意盎然、生机勃勃。而这一切的一切,其归宿和落脚点在于,让我们更懂得敬畏、珍惜和照顾生命,从而使师生在无情的世界里多情地自处,让自己追着光,也能成为光。

这样的想法和一些不成熟的实践探索,的确是在努力让教育经由老师心灵的浇灌,而在学生那里汇聚成足以影响或改变他们心灵世界的一粒种子,或者一座灯塔。虽然个人的力量是弱小的,个人的智识和境界是有限度的,但我希望个人的努力总能或多或少地在助力师生遇见更好的、更值得拥有的教育生活上留下一丝一毫的线索或者靶子。如此则所有的努力都是有意义的,所有的改变也都能如愿。

一　悦纳孤独，成就出色的自己

"若言琴上有琴声,放在匣中何不鸣?若言声在指头上,何不于君指上听?"苏轼的《琴诗》于我们习以为常处、视而不见时,揭示了一个浅显而又深刻的命题:人与对象世界之间相离又相生的关系。琴声潜在于琴上,非妙指的精心点拨不可以发声成乐;指头存在于琴外,非琴弦的震颤不足以化声成章。人与琴发生关联,才有"风水相激成纹"的曼妙与美好,由此,似乎可以确认,若人与对象相分离,双方都难以产生意义与价值。关键是,对象是人的对象,意义与价值也是由人赋予的。既如此,命题似乎就转变为人们如何认识并与其对象世界相处。而这恰恰是我们人在接受教育与成长历程中,在人与对象世界的分离日益加深之势不可避免的情况下,探讨、塑造"我"与对象之间的关系,进而彰显"我"之于对象、对象之于"我"的意义与价值,创造身心、内外和谐幸福的生命体验的深刻使命。

孤独意味着生命的激情和活力

孔子站在河边说"逝者如斯夫"的时候，分明感受到了"为政以德""克己复礼"理想难以落地的那种迷茫，不甘心又似乎力所不能及，或许还夹杂着一丝苦涩：世界如此苦难深重，我对世人如此温柔深情，众人如此冷淡漠然，我对众人诚心保全呵护，可为什么得不到理解、认可和接纳呢?! 志同道合的朋友们都在哪里? 那一刻，孔子分明是一个孤独的老者。

回看历史上的"轴心时代"，无论孔子还是墨子，老子还是屈原，这些人都是认识到了整个世界的痛苦，并把这些痛苦化为自己的痛苦，以一种决绝的担当意识、与其行尸走肉毋宁寂寞孤独的牺牲精神来昭示内在于生命之中的高贵与活力，他们将自己的人生走出一条特立独行的路、无限延伸向远方的路。就他们具体的一些思想而言，也许会因时代变迁而进入尘封的历史不被记起，又或者我们按照当下的原则尺度有意为之地扫弃到道路两旁，但他们的生命质感却历久弥新，成为跨越时空而投影到我们心灵上的美丽风景。

依教育的眼光观之，也许受过良好教育，有着强烈的责任感、高度生命自觉和厚重生命质感的人，一定程度上总会有孤独的苦楚与之相伴。一方面，教育使生命走向健全和发达：教育之路就是一条"无中生有"的生成之路。享受教育带给人们心智、情操、伦理等方面的健全和发达的同时，也必将承担在此过程中生成的，与生命健全和发达相适应的自我约束力、责任感及使命担当意识，而这却在普通人的视野和心意之外。教育之路也是一条"由此及彼"的转化之路，经历良好教育意味着有更多外在的、原本不属于自己的东西，要不断转变、内化为自我生命的一部分；教育越充实，转化越多，自我生命越厚重。另一方面，与生命越是厚重、健全和发达，越能享受"会当凌绝顶，一览众山小"那种俯视的心旷神怡相对应而生的是，眼前"众山"越"小"，"我"与"众山"间的疏离感就越强烈，对周围人和物的随波逐流、随遇而安,乃至某种平庸、残缺或不完美的感受就越强烈,自然让"我"有一种找不到"同路人"的孤寂感,那种"谁与比肩"孤寂落寞之感会不可阻挡地在内心世界里安营扎寨。

在教育的入口处,我们认定每一个人都是独一无二的存在,我们以培养全面而又个性发展的人为目标,那么教育的成功就意味着在教育的出口处,一定会站着一群彼此独立、各有专长和品相的人。人被依其独特的生命气质和禀赋因材施教之后,会成为其个性擅长领域的佼佼者,所看到的风景、面对的问题、追寻的境界,可能都会时不时地刺激你,提醒你,让你有一种更加自觉的意识:"我"是该领域走在队伍前列的那个孤独的开掘者、经营者。与这些佼佼者因独领风骚而感受到孤独的痛苦不同,那些走在众人中与左邻右舍取齐的人或者个性有残缺的人,所看到、听到、享受到的快乐,要么是美酒琼浆倒进被胆汁弄得苦涩的嘴里变了味道,要么是青衣紫薇闯入被欲望烧得滚烫的心灵迷失了方向。卓越与平庸,在各自的轨道里都有所得亦有所失。

对于心智与情意发达的卓越者来说,孤独的苦楚其实是一种责任和使命的召唤。对自己、对他人没有良心上的某种刺痛感也就不会产生责任心,而试图避开或降低这种刺痛感也必然降低人作为社会关系的存在的价值。拒绝痛苦而追求享乐,也就拒绝了让思想在艰难求索中沉潜,拒绝了人性光辉在寂苦中淬炼,拒绝生命价值在关系中生成和升华。如此将注定人的生命走向平庸或苟且。反过来说,有生命深度、生命情怀、生命高度、生命强度的人,一定是拥有卓越心性品质、卓越使命担当的人。他们要为此而付出更多的生命能量。然而相对于平常之人更易寻得相互理解与认同的伙伴因而更易获得能量的彼此补充而言,"众山小"的局面使得他们时不时地处于一种生命能量被透支又难以补充的匮乏中。卓越的心性品质和生命情怀决定了他们唯有把自己所处领域的使命和责任担在肩上作为生命能量的补充方式,才能安顿内心世界,求得身心的和谐。在这样的语境中,越是拥有使命担当,就越要面对孤独的侵袭,孤独与每个人走向卓越的生命相伴而生。

为什么会这样？当一个人的生命经由教育和学习而拥有的越来越多的时候，他希望从别人那里获得的就越少，别人能给予他的也越少。那些智识越是超群、精神越是富足的人，越不大喜欢频繁地社交而更倾向于某种形式的独处，与此不无关系。从这个意义上说，在这个世界上，一个人要么选择孤独，要么选择平庸，或许我们并没有第三种选择。除非平庸，一个人如果要保证自己走向卓越过程中有足够的独立和闲暇，有足够的机会怡然自得地倾听源自个体生命深处的呐喊、享受个体生命的内在财富，他就会心甘情愿地节制庞杂的欲望，节制无效的交往。这既是他的主观需求，也是客观形势使然。向着金字塔尖的位置进发的旅途中，并肩前行的同道中人会越来越少，能与自己同频共振的对象凤毛麟角，被理解、被接纳的那种常人经常体验到的简单的幸福就自然少之又少。

说到底，孤独不是一般人眼中洪水猛兽般的样子，不代表着一个人的无能、阴郁，不意味着颓废。相反孤独代表着内在于生命深处一股向上的驱动力，代表着生命的激情和活力，是挖掘，也是伸展。经常体验到内在孤独的人会因为任何获取新知、探索奥秘、追求真理的热切欲望，或者任何体验与知识、智慧、伦理、艺术等密切相关的真善美的渴望，而使其生命的激情与活力得以被源源不断的活水浇灌滋润。这样来理解孤独，意味着我们事实上发现并承认了它在一个人精神宇宙塑造中的非凡功力，人正是在这样的境遇里绽放生命之光与美。

顺此逻辑，在教育的世界里，我们要慎重对待那些表现出某些孤独特征的孩子。他们中，如果有人性格内向或者孤僻，那么老师就有义务帮助这些孩子内心世界拥有更多阳光，性格变得开朗。但如果是由于个体内在生命因卓然于群而显得孤寂，老师需要做的，不是想方设法把他们从自在的状态中捞出来，教导他们如何合群，这会让他们更加格格不入；而是有的放矢，提供与其生命内在活力与使命感相适应的学习场域或资源，让他们有非常充分的空间继续求索和攀登，他们会因此倍感知足和幸福的。这是真正地服务并成全一个孩子的成长。我们试想一下，如果有人把孔子、老子、屈原等人从其内在孤独状态中捞出来，拉平到芸芸众生的水平上，他们的孤独就能解除了吗？而且，今日的我们还能享受这些先圣先哲的精神财富吗?！

天赋、智识和情操欠发达的人总是难以忍受孤独，而倾向于活在欢天喜地、不问来路、不思去处的"当下"放纵状态中，这往往阻碍人们抵达纯粹、广袤的静思境界。相反如果一个人要从对自然、对世界、对生命的思索和探寻中获得满足和快乐，他就不得不从外在的"当下"状态中抽出身来，甘愿委身于孤独。虽然很多时候，由于人的社会化成长与委身于孤独之间总是存在巨大的张力和撕扯，人们总试图逃避孤独转向洒脱。但真正内在生命活力充沛、内在生命追求自觉的人，是很难实现这种转向的。对他们而言，这种转向可能意味着个人的旨趣从超越感官、物质趣味层面转而向感官享受、低级物质趣味撤退，意味着要放弃业已内化为自我生命有机组成部分的心性、智识、伦理等更为珍贵的品质和气质。

于此可见，孤独意味着涅槃和重生。当我们可以正视孤独时，孤独就足以保护自己的内在世界，使我们免受他人干扰地专注于生命意义和生命秩序的守护和追寻。正是这种孤独之苦造就了人成长中对自我生命的强烈而又清醒的察觉和意识，因为每一次对它的感知都会让你有了非常清晰的"我"之为我的体验。人的一生当中，有能力和机会拥有这样的意识，虽有孤独之苦，内心依然是宁静平和的，这也是一种幸福。

其实与孤独为伴，悦纳孤独，并非意味着对孤独听之任之，而是在相对理性的层次上理解、宽容孤独，并以此为基础，通过与他人的互动来限制孤独的边界。只不过在此过程中，要善于发现和选择能与你同频共振的互动对象，作为"知音"，他们是真正能让你确认自我生命独特魅力与价值的人，从而在一定程度上帮助你抵御割裂感的侵袭，获得慰藉和成全。要相信，虽然身处孤独之中会面临不可自洽的痛苦和矛盾，但是，正是在这样的痛苦和矛盾中，孕育着相辅相成的未来之路。因为，比起委身于人群中普普通通热闹欢愉而言，还是接纳并享受孤独所开辟的自由自在自持之境，更容易为成长和创造提供肥沃的土壤；而且在此过程中，我们内心一定会有一部分情绪、品性得到升华。

附言：请记住，与时代保持距离不是你的错

为孤独而烦恼，或许是因为你在与所处时代互动中，感觉到它的真实模样与你想象和期待的样子格格不入。这个时候，是委屈自己以迁就这个时代，还是坚持自己而与这个时代拉开一定距离？选择总是很难的，因为选择就要承担后果，而这个后果又并不是那么称心如意。

尽管如此，依然要恭喜你感觉到了自我生命与这个时代之间的拉扯关系，这表明你的某种生命自觉，说明你已经感知到了生命个体要独自面对这个时代里的庞大世界的既成事实，对自我与所处时代各自边界有了相对清醒的认定。此时你能比较好地确认自我生命之所想、所欲与所为，你与那些自我生命尚处于自为的懵懂状态而完全依附、听任时代摆布的人相比，至少多出了向时代缴械投降或积极主动向时代挑战的选择权。

选择向时代缴械投降很简单，只要你隐藏自己锐意进取的生命活力，放下在时代浪潮里为自己创造一片天地的念想，而随波逐流、浮浮沉沉即可。前提是，你能轻松地放弃自我立场去讨巧或迎合于时代，甘心于被时代吞没，情愿于沦为这个时代里无足轻重又无声无息的简易符号或平庸注脚；你也能接受这样的事实，无需在个人自由意志、独特生命体验与心灵抚慰等方面用情用心，无需对内心精神世界保持温情和尊重，纵然能获名得利，却反被时代和名利所累而脆弱无比，经不住历史大浪淘沙的考验和冲洗，终归于"无"。

如果你不愿意被时代裹挟，而是听从内心的召唤，选择站在时代的旁边，在与它互动过程中释放生命活力，着力于自我精神世界的丰满，维护你作为独立生命个体的价值与尊严，那么你应该与所处时代保持一定距离。

与时代保持距离，并非是在个人与时代之间造成势不两立的对峙局面，相反是为了个人与时代和世界更好地融合。保持距离作为一种生命自觉，意味着对自我限度的清晰化，这既是一种自我限定，也是对自身限度的

自我反省与定位。没有哪个人可以包打天下、应对一切,因此都需要弄清楚"我"可以做什么,不可以做什么,什么是在自己可解决的范围内,什么又超出了自我的限度。对这些问题的回答将直接决定着你在哪种范围、哪种程度、哪种时机下以哪种姿态与时代互动,实际上是为了探明自我生命成长和发展的可能方向,为其寻找新动力、提供新动能。这看似是对时代的顺应,实则不然。它同时包含着对时代的边界的清晰化,这个时代有什么,没有什么,什么是通过努力可以改变的、什么是应该改变的。在此意义上,我们发现了自我生命存在和发展的独特价值,为自己树立了一份创造独特生命风景的壮志和雄心。

根本上看,确立起自我生命和时代的边界意识,代表着你在思想上独立的批判与反抗意识,既不愿停留于自我当下生命状态,也不甘心委身于时代环境之下;既不自卑也不自负,而能以一种温热、理性的生命状态与时代互动。所以它首先预示着精神上的自持与超越,行动上的理性与创造,是基于对自我与时代互动关系的明了而塑造的一种独特思想及精神世界的展开与呈现,独特创造与劳动活动的生发与扩展。自我生命在精神面貌和物质面貌两个层面对世界所做的独特贡献,恰成为自我价值的独特表达。于是,自我与时代在同步走向更美好的未来过程中实现彼此良性互动和成全;于是,这个时代给予"我"更多的接纳与尊重,我在这个时代里有了更多的获得感和幸福感。

记住,与时代保持距离不是你的错!与时代保持距离,更能活出一份生命的精彩绽放。

让孤单顺着生命的墙角溜走

如今,教育所面对的许多孩子可谓"苦难"深重。随着日常生活转向富足优越,以及祖辈父辈们基于自身苦难岁月而施与孩子补偿性的过度优待和呵护,孩子被"所念即所得"的这种即时满足包裹得严严实实,一不小心就沦为物质的奴隶，"身体只管一路狂奔，勇往直前，前途就是'钱途'，追求就是'追囚'，美好就是'没好'，健康就是'贱康'"[1]，听之任之地滑向"空心人"的边缘。他们以自我为中心，甚至唯我独尊；他们"向下没有承受匮乏的忍耐力，向上没有挑战危险的爆发力，躲在舒适安全的中间地带，其感觉日趋麻木"[2]。对于这些孩子，我们既可以说他们拥有整个世界，也可以说他们一无所有。

这样的境况，使得孩子有更多的自由活在自己的兴趣及世界里，他们无需面对想要成就梦想却受条件限制的那种无助，以及相伴而生的为突破条件局限而不得不付出更多精力的那种压力，他们也不会因为对匮乏的真切感受而患得患失、斤斤计较。但更为显著的问题在于，在这些孩子眼里，整个社会的一切对他们来说似乎只是达到个人目的的工具，外在于自己的"他人"在他们心里似乎只有工具性地位而没有对等的生命体地位。当他们把外在的一切都"物化"的时候，实际上也就意味着世界上只剩下他们自己，他们成了找不到生命伙伴的形单影只的独行者。

这种孤单与孤独有很多相似之处，两者都受到找不到"知己"的困扰，都彰显自己的个性且感到人与人之间的理解与默契很困难，都愿意投入更多的情意给自己。但不同的是，孤独是由个体生命活力所激发的内在生长力和生命超越性所带来的，是人的内心持续走向深刻、丰富、独立和自主的结果，意味着人内在灵魂上获得越来越丰厚、充足的自我确认，从自然的、物性存在转变为社会伦理的、精神性存在。孤独的人是以对生命的多情、热爱和积极拥抱为特征的，有一种强烈的舍我其谁的使命担当意识，所以孤独的人往往有很强的自律和自制推动自我生命向着更加丰富高贵的境界发展。而且当他们在认识自我，或者探知世界方面获得周围人所未达到的层次，或者实现了又一次的自我超越时，他们会拥有其他人不能感知或理解而由自己独占的快乐，会觉得似乎全人类乃至整个世界上的一切都那么明媚灿烂。这是一种与灯红酒绿、人情往来中的快乐无法比拟的无上的

---

[1] 麦家：《非虚构的我》，广州：花城出版社2013年版，第84页。
[2] 周国平：《成长是一件孤独的事》，北京：中国青年出版社2016年版，第30页。

快乐、光芒四射的快乐,让他们无需借助他人即可确认的一种富足,以及相伴而生的自在释然。因为仅仅是品尝了这些,就足以感受到生命的价值和对孤独的补偿与救赎。

而孤单,是个体以自我为中心,拒绝以平等、开放心态接纳外在世界,从而把自己置于与他人、他物隔离、对立的境地,时不时体验到自己似乎被世界所遗弃的一种感受,没有其他的注意力值得分散,既失去外部世界的支持,又缺少内在于生命根底的、建基于主动认知世界而形成的稳定精神世界的支撑。孤单的人是以对生命(既包括他人也包括自己)的无情、冷漠和消极应对为特征的,其内心一片荒芜,往往将自己置留于被整个价值、伦理世界所遗忘的角落,任生命浮浮沉沉、幻生幻灭。所以越过生命的表象而透视孤单的人的生命品质时,会发现他们内在心性的极不稳定性,他们极易走向破坏性的声色纵情,放任自我生命在浑浑噩噩中被消耗。无论是对个人还是对社会,这种消耗都是一种"负能"而非"赋能",会爆发出非常强的破坏性力量。

在我们的教育实践中,应该要对孤单和孤独做出比较准确的区分。在此基础上,关注、关爱形单影只的孩子比关注、关爱孤独的孩子更加重要而紧迫。孤独的孩子内在心性的稳定性很好,纵然没有我们的支持,他们依然可以在内在强大生命力的鼓舞下自洽而和谐地生活和成长于自己所构筑的世界,很多时候,他们甚至于乐见这样的空间和状态。可孤单的孩子不一样,他们如果得不到支持和关爱,会首先倾向于与自己周围的世界为敌,造成的不仅是自我的毁灭,还会给处在其生活半径之内的"他人"带来悲剧,且这种悲剧往往与二者之间关系的熟络程度成正比。在浦东机场将前来接机的母亲刺成重伤的留学生;连刺26刀终致自己班主任死亡的中学生,他在行凶后还向自己的同班同学、该老师的女儿说"我把你爸爸杀了";为求证黑熊的嗅觉是否灵敏,某知名高校的学生先后两次进入动物园,将硫酸泼向黑熊和棕熊。社会上并不少见的类似扭曲变态、行凶作恶的行为,可能与行凶者内心世界因孤单而积累了太多的负能量不无关系。

任凭生命的消耗而带来的悲剧性事件让我们看到，孤单是生命"不能承受之重"，尤其是正处于生命形态需要进一步打开、成长遇到关键节点的孩子所不能承受的重压。教育要追问的是，谁来为此负责？或者，谁有责任去努力消除类似悲剧的一再上演？仅仅谴责那些形单影只的孩子，是不足以解决问题的，他们也是受害者！根本上看，让这些孩子换个角度看待生命与生活，超越生命的表象，在灵魂深处体悟生命的不易、可贵及尊严，才能让孤单顺着生命的墙角溜走。作为人类灵魂的工程师，老师有责任和义务引领孩子的内心世界，使其充满阳光，富有仁爱与悲悯。尽管老师不是万能的，教育也不能包办和解决所有问题，我们依然要尽己之所能，培育孩子处理人与自我、人与环境的关系的素养。

正如失去了大气的压力，我们的身体会爆炸一样，生命没有内在的厚重与质感做基础，就难敌风霜雪雨的侵蚀。生命的厚重与质感不是与生俱来的，而是后天经由教育、学习、参悟逐渐从心灵的沃土里生长出来的。从这个意义上讲，我们首先所要做的，就是帮助孩子"认识你自己"，启迪孩子经常擦拭被欲望窒息了的生命内在激情与活力、被空虚吞噬了的生命内在价值与尊严。这是帮助孩子寻找自我生命内在法度的过程，让生命不以物喜也不以己悲；这也是培养孩子建立自我生命内在依据的过程，使生命有明确的目标与航向。说到底，就是在人与自我关系的认知上，更深刻、全面、多维地了解"我"之为"我"的独特与价值，而不是把对"我"的确认建立在外在世界对"我"的满足或妥协上，让孩子逐渐醒悟到，纵然失去了整个世界，他还有一个内在强大的"我"与其相依做伴，而不至于一旦失去了世界就失去了所有。

那么寻找生命内在的法度与依据，教育何为？如果我们意识到人既是一种自然的生理性存在，也是被历史与社会文化所塑造的价值性存在，我们也就会意识到，教育中最为关键的应该是把人类文化中对真善美的记忆活化于个体心灵之上。要充分挖掘人类优秀文化成果的育人价值，让学生徜徉其中，享受求真的柳暗花明，参悟至善的贤良高贵，体验臻美的雍容典雅。孩子被孤单所困扰乃冰冻三尺非一日之寒，则逃离孤单的重压亦非几日之功所能奏效,更何况"文以化人"本就是循序渐进、持久濡染涵养的结果。所以我们要有充分的信心和久久为功的毅力。我们应相信,每一个孩子内心里都有好奇心,都有恻隐之心,都有对美的体验和需求,只不过他们的诸多本性需要我们以"文"化的方式使其在个体生命中生根发芽、成长壮大。

因为这种相信,我们也应在"文"化的路上持续发力,让真善美的文化因子在个体生命中被不断地、阶梯式地激活和敞开,从而使个体活在人类中,让"类"的意识在孩子内心深处渐次地由无所察觉到朦胧模糊再到清晰澄明。果真如此,也就意味着孩子寻得了精神家园——生命的内在法度与依据,他会感受到"家人"的陪伴以及家的多情温柔。这样的教育是引导个体精神生长与灵魂化育的教育,使个体生命基于对文化的感知、对自我禀赋与爱好的感知而有所专注,既含有对人类精神的超越与丰富的价值,也含有个体生命因此而获得内在心性的稳定性的价值,使个体生命真正地活出尊严、价值与厚度。

如果孩子能较好地认识自己并处理人与自我的关系,建立内在心性的某种稳定性,那么他向外绽放生命光彩就获得了比较不错的根基。成长是人的社会化过程,必然要面对自我与环境(他人)之间的关系。这其中,一个人将外在于自己的一切他人都异化为"物"的时候,也必然带来自我生命的异化和残缺,索取多于付出。反之将他人同样地视为与己相似的生命体时,就会赋予自我生命以责任和担当。在这种情况下,人才能意识到自己索取的正是他人付出的,他人索取的其中可能就有自己的付出,由此而在自我与他人之间建立起"互对"的关系。这时孩子心中会有"他人"的概念和意识,会有"我"与"他人"有何共同之处,又有何相异之处的感知和分析。这意味着,他已经在试图向外开放自己并接纳他人,也预示着他初步具有了在群体中寻找自我生命之于他人的价值的观念。

于是,引导孩子过一种善好的集体生活便恰逢其时。教育所要做的事情是继续施以正向引导,不断唤醒学生对"社会即关系"的意识,有好的关系才会有好的发展;给他舞台和空间,让他在具体的集体活动中逐步深化这样的观念:人的发展都是以所在集体中他人的发展为前提的,在生命成长的历程中,人们彼此互为条件和资源。此外我们要善于捕捉孩子的爱好和特长,鼓励孩子发挥其优势为所在集体尽一份绵薄之力,在锻炼自己、增长才干的同时给予他人一份真诚而有价值的滋养。由此个体的奔跑与集体的努力同频共振,个体价值借助集体这个通道得以确认和放大,集体也因无数个个体的努力而呈现出流光溢彩的良性生态容貌。在此过程中,一个人与另一个人走向对话,走向相互倾听、相互诘难的交往。这种相遇和相知一定会挤占孤单的空间,让个体获得来自集体的陪伴。

无论是内求于心性还是外烁于环境,最终都指向个体生命的成全与富足。而当一个人经常性地发现、欣赏、享受其所拥有的精神富足时,会有一种可持续的、自足的快乐。如果这种富有同时被另一个人发现、欣赏、利用和享受时,双方便有了沟通的酣畅淋漓、相互关照的温暖,且会因彼此的理解和提携而使幸福感加倍放大。快乐与幸福建诸情绪,却深植于灵魂深处。当那些因为物欲满足等感官刺激所带来的,基于对物的依赖性而形成的间歇性、不可持续的浅表性快乐,被因为生命价值的确立与分享等内在心性的敞亮所带来的,基于人的独立和人际的和谐而形成的持久的、富有质感的深层次快乐所取代的时候,你会发现,孤单已经顺着生命的墙角不知不觉地溜走了。

孤独是人际交往的重要补充

人的生命在原初状态下与其对象世界是浑然一体的,自然是人的母体,人是自然的一部分。随着文化、习俗的影响以及有计划、有目标地开展教育学习活动,人逐渐与对象世界相分离而产生"自我"的意识。结果是人越来越清晰而又强烈、深刻而又泛在地意识到自己的与众不同。一个灵魂与另一个灵魂是如此不同,以至于彼此之间的理解变得扑朔迷离,"我"与对象世界之间产生了一种相疏离的精神空落与残缺,而且"越是丰盈的灵魂,往往越敏锐地意识到残缺,有越强烈的孤独感"①。

人与对象世界的分离,也让教育变得复杂而又魅惑。一方面,经由教育,人对"我"的了解更加立体而使自己越来越独立自主,与对象世界分离得越来越彻底,二者之间的距离似乎更加遥远。另一方面,经由教育,人对自己的对象世界也越来越熟悉,与对象世界互动能力的与日俱增带来了人与对象世界更为广泛和深刻的"和解"和"一体化"。教育使人成为独立的、又非拥有完全自主地位的生命存在,每个人都有权利选择自己的对象世界,但同时,每个人的自由和解放都是与对象世界中的他人互为前提和基础的。而且伴随着教育和成长的不断扩充、深化,"我"本身也与外在于"我"的世界一样,成为被认识的对象,人必然要面对和处理人与自我、人与人、人与物之间关系问题,即人的社会化问题。可以说,教育之旅,实际上成为各种"关系"的展开与处理之旅。

有意思的是,教育与成长尽管如此复杂,却丝毫不会减损我们对人间爱与温暖的眷顾,且内在灵魂越高贵越眷恋人间的爱与温暖。不过我们不仅希望以我们的方式付出爱,给予温暖,我们同样希望以我们能接受的方式获得爱和温暖。可是主体与对象的分离关系造成的"主体间"性往往导致我们的希冀落空,由此人在承受与对象世界分离之孤独外,可能还需要承受求而不得之孤独。这种双重的空落与残缺可能会影响人的自尊心和自信心,使人对自己产生怀疑,甚至一发不可收拾,厌烦自己,进而怀疑使自己变成"当下"的自己的教育及其成长过程。

其实,灵魂中最深刻的孤独,是伴随着清醒而来的,这是要归功于教育和成长的。面对孤独时,最要紧的事情在于,是否通过接受教育和主动学习,在更深刻、更广泛的层面上实现自己与自己的和解,只为明天到来时遇到更好的自己。孤独是这样一种状态:当你不被理解而遭冷遇时,又或者当你自觉地选择拒斥外在的干扰时,你回归自己,开始与自己的灵魂相遇和对话。这是一场革命式的自我修行,让你通过灵魂的修养而绽放出迷

---

① 周国平:《成长是一件孤独的事》,北京:中国青年出版社2016年版,第191页。

人、高贵的精神特质。这是否意味着我们扎起藩篱把自己封闭起来呢？否。我们会对自己说些什么呢？无非是立足主体与对象的关系重新倾听内心深处的声音,重新确认自己的坐标和方位。长此以往的对话和倾听,更好的自己一定会从你眼前款款走来。这是对生命的眷顾,是对生命的珍惜和成全。一方面,孤独之感逼迫我们时刻体验着、寻找着,也解决着内与外、主与客、灵与肉、可控与虚无、有限与无限、边界与超越等交织在一起的矛盾冲突。我们在努力抵挡空落与残缺的过程中,加深并拓宽对自我的了解和把持,对对象世界的认知和理解,想得更透,懂得更多,看得更清,做得更好,使生命内在的稳定性更好,也让生命变得更加浑厚、丰盈而有质感。这是为人际交往所做的非常有意义的建设性工作,所谓"物以类聚,人以群分",要想在对象世界中寻得优秀卓越的同路人,除非自己变得优秀卓越,别无他途。

另一方面,恰在此过程中,一个人才更透彻地加深并懂得爱:深刻地爱自己,也因为推己及人地体验到别人的孤独而升华对别人诚挚的爱。孤独的深度与爱的容量等量齐观,让人变得更加悲悯和温柔,越是孤独,越孕育出"为天地立心,为生民立命"般博大的爱。这尽管不能消除孤独,但却为主体与对象的互动关系在更高层次上展开奠定了情意基础,使得"我"与外物同歌同舞、同起同伏成为可能。就此而言,孤独是处理主体与对象之间关系的一种先内后外、由内而外的提升过程,是人际交往的重要补充,也是人际关系升华的重要途径。

人与对象世界的分离决定了人际交往与生命同在。因为只有通过人际交往,才能解决人们多样性需求与个体在能力资源等方面有限性之间的矛盾,以获取自己生命发展所需能量与资源,并创造性地加以利用以实现自我自由而全面地发展。然而,现实情况并非如此。信息时代与万物互联背景下,人们彼此之间相互影响变得直观又便捷,使追求短平快的物质刺激与欲望不断膨胀且呈趋同之势,印度精神领袖甘地所说的"地球上的一切足以满足每一个人的需要,却不足以填满每个人的欲望"的情况更加突出。结构化、信息化、统一化的工业社会体系与复杂化、碎片化、个性化的物欲结伴而行,主体与对象的关系在时代浪潮的裹挟下被严重扭曲和异化。"今天的人们有远比古人丰富的知识,但却失去了古人的诗意。机器不仅仅是一种工具或手段,而成为现代世界的构成方式。机器决定了人们的思维和态度。机器不仅塑造了反智人格,而且建立了一个反美体系"①。"机器时代的人们拥有一切,唯独不拥有自己"②。人似乎成了长不大的孩子,成为精神和理想上找不到家的迷失者,不问心灵的出处,寻不到心灵的归宿,仅仅感受得到浅层次感官体验带来的即时欢愉,却很难品尝到因对理想和价值的追求而产生的精神上的自由和灵魂上的自在。

人的异化,有如哈贝马斯口中的"生活世界的殖民化",人被技术世界和灯红酒绿的物质世界所奴役,我们的教育不得不面对并谨慎处置。我们应努力使自己也使学生意识到,或许徜徉在孤独的世界里,是一种对灵魂、对时代的救赎,在我们的教育生活中,师生应千方百计地对"生活世界的殖民化"进行"反殖民"运动:解构结构化的世界而代之以灵动鲜活的生活化世界;弱化对超出必要范围的多余物性的欲望而代之以对精神上的自由与解放至关重要的心性的守望;克服师生间例行公事般的有形而无神的交往陈套,而代之以用心用情共商共建共享师生的精神宇宙。这不仅不意味着无情地抛弃对象世界或被对象世界无情地抛弃,恰恰相反,这会让我们暂时停下过快的物质欲望脚步,等一等掉队的灵魂,让灵魂给极度膨胀的欲望重新套上可靠的缰绳。

更何况,时代的变迁也在客观上要求掉队的灵魂尽快重新入列。在信息技术与人工智能技术飞速发展的时代大潮下,人类在经历因机械介入而大幅降低体力劳动之后,也在随着数字、智能科技的发展而大幅减少事务性工作,留给人们的劳动越来越朝着由头脑进行创意的方向发展。创意从萌生到形成,是最需要人的内在活力、温润情感、核心价值取

---

① 杜君立:《历史的细节——马镫、轮子和机器如何重构中国与世界》,上海:上海三联书店2013年版,第326页。

② 杜君立:《历史的细节——马镫、轮子和机器如何重构中国与世界》,上海:上海三联书店2013年版,第329页。

向作为基础的；创意本身也不是对自然、对地球的优化或美化，本质上是对人的满足，是对人与对象世界的关系的理解和个性表达。这在客观上也要求，人们必须超越对物的依赖和对技术的迷信，克服重重诱惑与歧途，在修身养性上下功夫，在立足主体意识而深刻省察人之为人、人之核心尊严与价值上持续修行。应该说，物质与技术的诱惑有多强大，选择修行的难度就有多强大，对孤独的体验就有多深刻。但回报是，人能超越物质与技术的羁绊，一跃而成为对象世界的主人，在全新意义上获得自我生命的自由与解放。这也意味着在更多情、更纯粹、更本真的层面上弥合主体与对象之间的疏离，通过自己的努力让关系世界所构成的社会更富有质感，更具内涵。

当我们以这样的心境去对待生命和孤独时，就能以更纯粹、更富创意的姿态对待和处理人际交往，也会因此而收获超出预期的回报。因为真正的孤独不是生命能量的浪费与消耗，而是生命能量的补充与提升，是在为交往对象能体察、感知到更值得交往的自己补足精神与灵魂之钙。交往是展开于主体间的交互性意识活动，它预示着人与对象之间生命能量与资源的沟通、互补、互润。这是人与交往对象之间彼此启迪、相互打开，以此弥补个体在时间、空间、智识、情意等方面的局限性，从而获得自我生命的成长与丰满的必由之路。而且个体的局限、残缺状态由于日益充分、发达的交往，以及因交往而自然形成的不同个体之间的相互融合及彼此理解越是彻底，个体越会感觉到自己融入或拥有了一个"社会"。交往的范围越大、层次越高，个体所拥有的社会越能给予自己以强有力的支持，越有利于个体潜能的开发、才华的施展。说到底，越有利于个体生命向着无限扩充，向着永恒进发。而这恰恰是对人作为有意识的生命体内在的最根本的精神需求的回应和关照。

于此而言，或许我们都应该感谢那个孤独的自己，因为正是对孤独的感知和对抗，让我们相对独立自主地支配一些别人未曾支配的时间，经历一些别人未曾经历的空间。而精神的深度与富足，人际关系的厚度与价值，是以生活过的时间和经历过的空间为养分的。

附言：孤独也将让你拥有更阔气的人际平台，实现更重要的生命价值

如果你不是孤独症患者，那么即便时常体验到孤独，也大可不必忧心忡忡。孤独只不过是你与所处的世界拉开了一定距离之后，所表现出的冷峻的美丽。这美丽源于你对自己作为独立生命个体性的一种清晰的意识，是把自己当作一个人而非一个物而散发出的具有尊严、持守、责任气质的生命之美。它是从生命的深处散发出来的，饱含有你全部的生命渴望与能量，蕴藏着你所有的神秘与磊落，因此要远比容貌的姣好更具持久的魅惑力与穿透力。这也许正是你养成卓越领袖气质、获得更阔气的人际平台的内在依据。

长期在孤独下自处可能很痛苦，但这份痛苦未必预示着失意和绝望，而是一种涅槃重生，孤独有多痛苦则生命重塑和再造就有多痛快，二者相辅相成。何以如此？太多的人际羁绊会使人失去专注和闲适，更有可能因为将生命的价值体现于人际对象身上而忽略或者放弃自我的主观需求及持守，在人际的妨碍、干扰甚至威胁下，反而使自己沦为路人甲或乙，从根本上失去独特的生命价值以及附加于其上的生命尊严和魅力，也消解了自我生命重塑和再造的内生功能。而当你有意无意与世界拉开距离时，你就在事实上与人际保持了某种疏离状态，意味着在很大程度上解除了人际的干扰，拥有了与内在心灵和想象世界充分接触的自由，获得非常难得的独创意识和追求。在与自我较劲中，我们的生命展示出一种独特的情感和理性模式，驱使我们发现、塑造更好的自己。

孤独是浓缩的情感和理智，在所专注的事情上，至真的情感会激发你对其纯而又纯的热爱，至上的理智会保障你对其积极而又慎重的坚持。正是有了这样的情感、如此的坚持，牛顿走在了同时代人的前面，以其不可思议的才华与科学相依相守，成为现代力学奠基人、万有引力发现者，是经典物理学领域当之无愧的领袖。举凡古今中外取得辉煌成就的人，如孔子、笛卡尔、康德、叔本华、维特根斯坦等，都有相似的精神气质。或许可以这样理解，孤独是卓尔不群、才华横溢之人的宿命，他们与时代、与周围的人和事保持一定距离而自适于与他人无涉的领域，因而能将更多的时间、专注力、好奇心投注到所做的事情上，拥有更多的时间和心力去与自己的灵魂交谈，因而持有更为坚定的信念，拥有更多的机会、更强的能量去挖掘潜在的机遇，且越热情越坚持越努力越幸运。因此越是孤独的人越容易在所专注的领域获得非凡成就，取得该领域的领袖地位。

在专业领域攻城略地、建功立业，会有力地助推你在人际方面获得深刻而广泛的影响力。一方面，因为孤独和较长时间与自我内在生命的交谈，这带给你更多体验生命、认识生命、思考生命和情感更多的机会，因而对生命及人类情感有超出常人的洞察力和判断力，更能触摸到他人情感的深处，与他人之间产生生命对生命的理解和珍重，实现情感共鸣与共识，从而具备在众人间建立更强的信任的能力和机会。也就是说，因为融情度的提升，你在别人那里获得了更多的情感支持。另一方面，从别人的立场上看，他们也许感受不到你的孤独，但一定会被你的优秀和卓越深深吸引，在内心对你擅长的领域乃至你这个人本身报以尊重和钦佩。你因卓越而给别人带来了疏离感，同时也带来了强烈的好奇心：你是如何做到的！于此，你便成为产生好奇心的这些人的能量中心，他们内心升起欢喜心，滋生向你学习、向你看齐的意愿。

其实，无论是情感支持还是好奇心的驱使，都意味着他人处在了以你为镜的自我探索和反思中，在以你为榜样通往卓越的路上，他们在你的光环下如影随形，其内在向上的生命能量会越来越充沛。换句话说，你以独特的自我成全的方式也引领和感召着别人成为独特的他自己。这足以说明，无论是对自己还是对他人而言，孤独都将是一笔宝贵的财富。是它让你在自发、自觉的创造性劳动中拥抱自己也拥抱对象世界，实现了"我"的独立及价值，又实现了"我"与对象世界的沟通与连接；是它让你在情与爱之外，获得了来自心之所向的执着而收获的有限的突破、心智的敞亮、精神的解放、事业的成就，以及因此而获得的他人的追随与信赖的抚慰，在更深刻的层次上绽放生命的魅力、精彩和价值。

教育，不要在需要的时候选择缺席

我的一位很优秀的学生在其朋友圈里如是说：

你觉得你是那个很伟大的人，你总是在安慰别人，给别人灌心灵鸡汤，但结果自己并不能消化那么多情绪，你同样渴望他人的关心，希望有人听你倾诉。依此种种，无非是你也不够强大，有谁说玻璃心的对立面就是百毒不侵、金刚不坏呢？只是要真的看见更远的更广的海，柔软内心，才会让自己的世界更明亮。认认真真地和自己对话，给别人以余地，重新界定自由和爱，把那些难过的、不开心的都当作慕斯蛋糕快快吃下去啊，人生辽阔，不要只活在爱恨里。

从这段体量不大的文字里，我读出了那么一丝丝进退失度的迷茫。作为家长心中的好孩子、老师面前的好学生、同学堆里的好榜样，她很清楚自己的责任以及别人期待的眼神，要尽其所能给大家带来正能量。然而她并没有强大到百毒不侵、金刚不坏的地步，尤其她也需要保留一处柔软的内心以让她的世界更明亮。那么，谁又是她的情绪的消化者，谁又是她柔软内心的接纳者呢？这样的发问或许在我们老师的意料之外，然而它却非常必要。正是这样的发问，让我看清了她成为灯下阴影里的隐形人的事实：她找不到依靠，她缺少支撑；但她和其他孩子一样，也需要有人倾听，可能偶尔也希望自己是那个玻璃心的人而获得别人格外地安慰与呵护。

管中窥豹，可见一斑。这促使我去思考，学优生中有类似心境的孩子是大量存在的还是个别现象？常识告诉我们，这也许并非个别现象。因为优秀，这些孩子往往对自己有比较清晰的身份和角色定位，他们潜意识中认定自己就应该在各方面都做到善解人意、尽善尽美。在他们心中，也许这种角色意识远比他们作为成长中的孩子的真我意识占据更重要的分量；

尽管他们未必有所察觉、有所自觉，但某种程度上，他们为了角色而选择默默地承受和自我牺牲，也是事实。这一点，我从这个孩子"把那些难过的、不开心的都当作慕斯蛋糕快快吃下去"的自我解救中得到确认。

角色使然，这些孩子不会轻易地流露或表达自己的苦楚，老师也想当然地把他们归类为"让人放心"的一群人，而自然而然地以为无需探察和接纳他们的小心境、小情绪。同样因为优秀，这些孩子即便是表达自己的情绪和委屈，往往会选择一种克制的、温和的方式，这容易导致老师对问题严重性、棘手程度的误判，使得回馈给他们的关爱与支持不能与他们的实际处境相匹配，也与他们的心理预期有距离。就此而言，这个孩子的寥寥数语指示给我们一个楚楚可怜的学优生群体形象，相对于其他孩子，他们在老师那里成为一种"弱势"的存在。

可能老师也会觉得委屈。对于学优生，无论是施展才华的机会还是给予的肯定与表扬，均高于其他学生群体，他们应该是更有自信、更有尊严、更有获得感和幸福感的群体。我要说，这只是硬币的一面，在他们有自信有尊严的背后，还存在着未被看见的牺牲和承担的一面，正如其他学生群体未必获得有如学优生这样充分的肯定、表扬或机会，但他们在另一方面也未必付出了如同学优生一样清晰自觉的牺牲与担待。对于学优生而言，教育应该在看见一个侧面的同时也要关照呵护另一个侧面，这才是完整的。当他们最需要依靠、最需要纾解的时候，教育的陪伴与呵护却选择了缺席，对他们而言，除此之外所剩下的教育，或多或少都带有以表面的"张牙舞爪"、热情款款掩盖内在的空无与"虚伪"的痕迹。他们未必会真心实意地喜欢并感谢老师把他们标签化或当作自我宣传的工具——大量毕业之后较少学优生与其老师保持密切联系的事实或许能说明这一点。因为，如果我们能对他们做的更多一点、更充分一些，他们也许会有更加幸福美好的求学记忆，会获得更加自由而全面的发展。

对于这部分在学业成绩上成为集体中的翘楚的孩子，他们与其他学生一样应享有被关照、呵护的权益，一样渴望来自老师的时间与情感的投入。相对于其他学生，纵然他们拥有更加出色的自我看护意识与能力，也不能成为我们减少对他们陪伴的理由。在我们眼里，无论哪一个学生群体，他们总归都是孩子，都应在各自水平和基础上享有并获得相应的成长。所以，老师不仅仅是看护他们，让他们掌握娴熟应试技巧取得优异成绩，更应该经常到访他们的心灵世界，应该怀揣着梦想与责任照亮他们心灵回家的路，与他们一起探寻适合他们自己的精神家园，并开发之、建设之，让他们在各自的精神家园里惬意地栖居、生活。

这就要求老师的眼睛里必须看得见鲜活生动的人，要克服只见分数的习惯和意识。他们不是生产分数的机器，而是运用自己的智慧和热情去创造价值的生命。价值是这些孩子精神家园里最核心的部分，也是装饰、打理精神家园最重要的材料。价值感是他们克服苦恼和孤独的重要手段。这意味着，对学优生的关怀与呵护，更应该在价值、意义世界里展开，要与他们进行心与心的沟通、灵魂与灵魂的交流，这显然对老师提出了更高的要求。如果说对其他学生的关爱和帮助尚且可以停留在若干规范、基本需求、特定情境与问题应对等基础性层面的话，对学优生的关爱和帮助则更多地要在整体系统性、高阶需求、可持续性动态生成身与心、内与外的和谐自洽的纵深层面上下功夫。

就此而言，对学优生关照和培养的难度一点儿也不亚于转化学困生，我们没有感觉到困难，是因为它不曾影响正常的教育教学秩序和集体生活感受，因而还没有意识到问题的存在，没有把它当作问题或课题去研究解决。不过，善好的教育不应当只停留在保稳定的基本面上，我们应该在促进学生更充分的成长方面主动进位，要以研究的精神和实验的态度去对待孩子成长中的每一个小波澜。

我们需要倾注更多的情感和心力在学优生身上，要争取与他们同感和共情。他们的苦恼，更多地来自生命爬坡过程中的负重势能，势能越大则痛楚越强烈，这取决于爬坡的高度和所设定目标的分量，完全可以当作一种痛并快乐着的生命舒展体验去接纳。

所谓"同感"，就是要对孩子提升自我的那种自律与自励的境遇做到感同身受，让他们意识到原来自己优雅外在背后的矛盾与纠缠是被看见的、被理解的，从而能在老师面前以真我的状态释然地生活，而不必刻意活在自己所设定的人设里，这实际上是为生命成长之旅卸下多余的负担。所谓"共情"，就是要接纳并消化孩子特有的情绪。这些孩子遇到问题或出现情绪时，我们可能更愿意以师者的身份对他们谆谆告诫或循循善诱，力图以最小成本尽快地平息之，而缺乏耐心和更宽广的诚意。可事实上，对这些孩子而言，他们不是不具备自我消化、自我平复的能力，只是希望在某些时候也能像普通孩子那样被关爱；或者说，他们希望老师在意的不是他们以学业成绩为代表的标签化的符号，而是同样有喜怒哀乐的正常的孩子。也就是说，有时候他们真正想要的，并非我们帮他们解决问题，只是渴望一种陪伴的温暖。

理解到这一点，或许我们对待学优生时就不会那么草率和自负，而是像对待其他学生一样，拿出更宽裕的时间和情意去倾听他们，"悲伤着你的悲伤，幸福着你的幸福"。如此一来，这些孩子独自支撑的苦恼因老师的分担而得以释放，独自拥有的喜悦也因老师的分享而得以扩容。而且由于他们的水平在同学之上，所以很难从同伴那里获得有价值的照顾，所以老师还应当和他们一起"爱着你的爱""梦着你的梦""追逐着你的追逐"，源源不断地为这些孩子输送生命向上的能量，让他们走一段"有了伴的路"而不必纠结是否"有岁月可回头"。

其实，这些孩子面对的痛苦是"成长的烦恼"，问题因成长而来也将通过成长来解决，或者说经历过后原有的问题将不再是问题。教育智慧的价值在于，将点状思维转化为关联性思维，用发展的眼光看问题，而不斤斤计较于问题是否即刻得到解决。另一方面，每个孩子生来就具有一些特有的天然禀赋，能够自由发挥这些天赋就是他们最大的幸福。所谓"照亮回家的路"，意味着教育要为发展内在于每一个人的天然禀赋提供适宜的土壤和养分，创造必要的条件和便利，保护并成全其天赋的发挥和发展。这对于学业上的翘楚们而言尤为重要。也就是说，对孩子的陪伴，不仅要讲时效，更要讲品质。

总之，学优生的苦楚往往是双重的，尽力符合各种"他人"的预期的苦楚、孤独的苦楚。面对两相交织甚至相互强化所形成的独特境遇，成为他们学习成长过程中的必修课。我们既不能视而不见，也不能大惊小怪。他们的苦楚是"成长的烦恼"，因成长而来也终将通过成长而化解，很多困苦在经历过后都将不再是困苦。教育智慧的价值在于，在他们需要的时候，能立足他们特有的禀赋和基础，变点状思维为关联性思维，用发展的眼光看问题，不计较于问题是否即刻得到解决，而在意于让他们品尝自由发挥禀赋与才干的幸福；不执着于先入为主的武断和自负，而执念于情感陪伴、思想共鸣的互动生态建设，为这些孩子创造一个丰满、阳光的精神家园，呵护心灵、润泽生命、成就未来。

教育过程即精神成长过程

麦家在其《非虚构的我》中说：

因为这时代与我的愿望是有距离的，物质过分泛滥臃肿，过分强大，情感过于复杂纠结，过于虚假，真相在习惯性扭曲、掩盖，公理和常识在逃之夭夭，恍然间一切都像被物质这势不可挡的大雪球滚了进去，裹成良莠间杂的一大团脏。而这样的脏雪球，在这个季节里，漫山遍野都是，动辄就能引发几场极具摧毁力的大雪崩。[1]

这个时代是否这样的不堪，我无法说清楚。但麦加所描述的现象也的确在当今时代有愈演愈烈之势。近代以来，日新月异的现代科技与迅猛发展的现代工业文明，像脱缰的野马一样不断改变着现实世界和人类的生活方式，尤其在信息技术和人工智能的加持下，主体的人或主动或被动地沉浸在自身的创造物之中，同时也被自身的创造物压迫和奴役。人深深地沦陷了，成为无孔不入的现代制度、科技、生活和消费方式的跟班儿，在熟悉的陌生世界面前，那种被架空、被异化的主体空落感挥之不去。这个时代

---

[1] 麦家：《非虚构的我》，广州：花城出版社2013年版，第213页。

存在着太多的对作为主体的人在精神上的个性化、自主性需要的压制和扼杀,是无形也无情的精神绑架。生活在物质极大丰富世界里的现代人稍有不慎就成了"单向度"的人,成了名副其实的"空壳人"。也因此,那些智慧过人、对人类饱含深情厚谊、对人类处境有深刻体察的人们反倒成了时代的"精神囚徒",时常与痛苦和孤独为伴。

教育又何尝不是沉浸在自身的创造物之中,同时也被自身的创造物压迫和奴役呢! 一方面,教育领域似乎比其他领域具有更加稳定的历史惯性,在应对新理念、适应新时代的过程中,总是表现得跌跌跄跄,追求与倡导的理想之境与现实之间,总是有一道巨大的网需要倾全力去突破。另一方面,教育也因其他领域更为积极和彻底的适应性变革,而更加焦躁和内卷,教育领域这个更需要安静和沉浸的地方,却总是被各种现实主义和急功近利的声音裹挟着乱了方寸。

如果说这个世界是一台结构复杂的机器的话,则教育便是这台机器上的一个零部件,在按机器的逻辑进行运转。正如我的一个学生所说:"大机器生产让人变成长长产业链中的一个环节,一颗螺丝,一个零部件,我们不再是商品的直接创造者,而是机器创造商品的手段和棋子,我们再也看不到制作这件产品的人的用心了。"而且教育越发达,学校似乎越像一个文绉绉的堡垒,对升学的炒作、对安全的渲染、对责任的逃避,使得教育对人的作用,正如机器对原材料的作用,只是进行着程序化、标准化的"生产",而枉顾其"生产"对象的属人属性。学生获得自由与自主变得格外稀缺,创造活力与创新动力所需环境被严重挤兑,教育变得庸俗、浅薄,人的精神世界在教育的词典里隐匿了。

人作为一个生命体能来到这个世界上,是充满了诸多的偶然和不确定性的,人从呱呱坠地到长大成人更是要经历诸多风险挑战和危机干预,顺利成长本就是一个生命的奇迹。教育本应该为渺小的、脆弱的人之生命赋能,让人变得勇敢、坚强、智慧,可实际上有那么多青少年以自杀或暴力犯罪的极端方式,在无言地控诉来自四面八方的"教育"合力,使他们的脆弱变成比较级甚至最高级。过多的标准化、流程化的教育操作,是那么冰冷地要求身处其中的师生对权力的屈服、对尊严的放弃、对心灵的阉割,对民族而言,这将使一个民族踏上通往奴役之路;对个人而言,意味着没有自由,更没有正义、灵魂与高贵。但教育并非没有翻盘的机会,尤其是作为一线老师,当对时代、对教育有了清醒的认识、冷静的判断之后,我们就更应当有一份为党育人、为国育才、为生命谋解放的"在钢丝上跳舞"的自觉与担当——让教育成为关照人的心灵世界的阳光事业,让生长在这个时代的孩子能够拥有丰富饱满的精神成长环境。

可取的做法是,我们要给自己的教育教学工作预留一部分"自留地",以允许我们对学生生命采取一种按其禀赋成长为更好的自己的个性化、建设性行动。我们要在自己力所能及、情之可达、心之所念的地方,认真对待每一个孩子的内在精神品质与才能智慧,尽力保全、激发他们的人格尊严、创造活力,滋养他们发展的多种可能性,赋能孩子在无情庸俗的世界里多情优雅地自处。所以,为了能培养出站着的学生,我们老师就不能彻底地跪着教书。想让学生成长为怎样的人,老师首当其冲应该成为所期待的那种人,这样的老师对学生才有感召力,才拥有内在的育人力量;而且老师的精神厚度、人格魅力在很大程度上决定着学生生命成长的广度、高度和深度。

当孩子走进我们的视野时,意味着他们无论是否情愿,都已经把自己的成长和未来合盘托付给我们了,我们唯有认真对待,才能不辜负如此沉甸甸的重托。为此或许我们需要与时代杂音保持一定距离,需要对孩子表现出来的脆弱或极端保持同情之理解,需要把孩子当孩子。我们要看到他们的行为,更要看到行为背后的动机、智识、情感、人格、价值、心性、信仰等因素,正是这些因素更深刻、持久且稳定地影响、塑造着人的思维逻辑、行为习惯及生命追求。简言之,我们不能放弃自己作为专业人员的能动性,也不能泯灭对生命之爱的道义、热情与透亮,借口客观条件所限而简单地止步于最便捷、最无需走心的程序化、标准化教育活动;如果老师连自己的教育阵地都失守了,那么学生丢盔卸甲也就不可避免了。相反,我们要在内隐的精神层面上激发想象、发展理性、鼓励崇高、丰盈灵魂;我们应当坚信，一个善于想象、富于理性、灵魂高贵的人，更能抵御"单向度"的侵蚀，更能对沦为工具和手段保持清醒，因而更善于将自我生命本身活成目的而非陷落为时代机器的奴隶。

对老师来说，这是有一定挑战性的，需要我们拥有一种捕捉发现、发展内在心性与智识的情境和机会的能力。虽然教育受制于宏观大环境，但教育中的诸多微系统是有极强的灵活性的，只不过微系统中很多丰盈灵魂的情境、化育生命的机会因为我们的无意识、欠敏感而从眼皮底下不知不觉地溜走了。当学生找你聊天时，我们可不可以不谈学习只聊生活中开心不开心的每一个瞬间？和喜欢打篮球的孩子分享技能之外，我们是否可以一起探讨篮球运动的历史与文化？教学中与特定人物或故事相遇时，师生是否可以一起写评论并相互交流？一次黑板报的创作中，是否可以引导学生围绕主题的主旨与立意、素材选取的角度与标准、版面的布局与意图、任务分工与协同等进行郑重其事的专题研究？一场天灾或人祸突如其来，我们是否可以站在珍爱生命、尊重生命的高度与学生一起探讨并表达对受灾人员的关切，而非事不关己高高挂起？所有这些情境和机会，非用心对待不足以发现它的广阔与富饶。生活中的事件层出不穷、千奇百态，若有一种自觉而主动的教育立场、敏感而积极的教育嗅觉、独到而智慧的教育眼光，则这些事件未必都与教育无关。如此，教育的机会和情境俯拾即是，所谓的校园生活也就真正成为润泽师生心灵的丰富多彩的教育生活。

也许只有这样的教育，才能超越实然世界转向应然世界，走向对作为人之立身之本和终极关怀的深度价值的叩问。也许只有这样的教育，才能消解或改变这个时代人的生命状态——"极端地展览生存，极端地催肥生活，极端地优待皮囊"，才能让人明白"幸福之根不系于身体，而是系于身体里的一个特殊器官，一个独立于消化系统、呼吸系统、内分泌系统和感官系统之外的部件——灵魂"①。

---

① 麦家：《非虚构的我》，广州：花城出版社2013年版，第213页。

在有限的世界里向着无限开放

当今社会里,轻生自杀的悲剧不绝于耳。生命陨落固然有非常具体、复杂的因素,但透过这些因素,我们会看到一个共同的线索:个体想要掌控一切的强烈愿望与其真正能自主的事情的不完整性和极其有限性之间发生剧烈冲突。自我有限的生命、有限的能力、有限的活动空间在通往无限过程中遭受挫折,于是对生命的失望、对"无限渴望"的失望成了压垮一个人的精神枷锁。结束生命意味着一了百了,是以一种决绝的方式来表达对自我生命、能力、活动空间的控制权,是在宣誓对"有限与无限"这对矛盾的抗争。

自杀事件频发,我们拿什么去拯救生命呢?绝大部分人不会选择轻生,但同样存在严重的生命焦虑,拿什么去疏解焦虑呢?精神与灵魂世界的事情是无法用说教或行政命令的方式解决的,只能通过精神与灵魂的方式——教育——去解决,就像身体上的病痛只能通过医生去解决一样。教育是人突破有限、通往无限的桥梁和纽带,教育是对"有限与无限"这对矛盾的一种积极应答方式。如果说医生是肉体生命的"白衣天使",那么教师就是精神生命的"白衣使者"。所不同的是,对肉体生命而言,一般病痛只要对症施治即可药到病除,而对精神生命而言,却未必立竿见影;对肉体生命而言,部分疾患属于不治之症,而对精神生命而言,却未必没有康复的希望。因此教育是生命世界里最深刻、最复杂、最需要精细化的工程。

人作为主体的、意志精神的存在,有着根深蒂固的追求真善美和终极认知的渴望,以及对不确定性的恐惧,对邪恶与丑陋的厌恶等,都昭示着人们超越现实走向理想、突破有限迈向无限、克服短暂奔向永恒的强烈的生命价值意识。这种意识成年人有,儿童同样有,只不过相对于成人而言,儿童的世界里"本我"与"超我""自我"与对象世界还远未彻底厘清,自我立场、独立意识尚未成型,所以虽有诸多好奇与困惑,但并不特别较真,因此较少感受到冲突。不过，随着成长带来的自我立场、独立意识、生命价值意识的增强，以及与对象世界日益加速、加深的分离，成人所感受到的那种冲突和撕扯不可避免地驻进他们的内心深处。

更为让人烦恼的是，人类的认识每前进一步，未知的领域不是退缩而是扩大一步，越是充分完满地成长，越是优秀卓越的人，会愈加明显地体验到一种悖论——越逼近目标意味着越远离目标。读书越多越想读书，接受教育层次越高越想终生学习，其实就是人们遵从内心靠近目标的愿望而积极行动的真实反映。就此而言，最是那些碌碌无为的、愚昧无知的人们活得轻松自在，没有精神的发达也就没有精神的负担；而心灵敞亮、精神丰盈、智识超群的人们反倒委身于渺小和谦卑，活得战战兢兢。这不，最是那些精神上经常"念天地之悠悠"的人，也最经常地在内心深处"独怆然而涕下"。

"天地悠悠"与"怆然涕下"是人强烈的超越意识与自身努力所能抵达的边界的有限性之间存在着悲剧式冲突的生动写照，这种冲突不仅存在于主体对客体对象的超越，也存在于主体对自身的突破。大到人类的历史，小到个体的生命史，无不在冲突中前行，在矛盾中寻找出路；科学的世界、宗教的世界、哲学的世界、制度的世界，无不因此而来，也因此而无限伸向未来。这其中成就与代价往往相伴而行，冲突和矛盾会对人的生命造成折磨和消耗，也会给人的生命注入新活力，带来新希望。我们会受制于前者，还是孜孜以求于后者，取决于自己的态度和生命智慧。教育所要做的，就是要让它尽可能地成为助推人之生命更加和谐完满的动力源泉，成为人珍爱生命的自觉而又深刻的内在尺度。

当我们接受把以上看法作为教育何为的依据时，会发现，日常教育工作中还存在着诸多空白和误区，是需要重视和改进的。比如，从相对宏观的层面来说，我们可能将更多的心力放在了引导学生建立这样一种观念，即通过学习和成长而能获得什么、确认什么、扩充什么，以证得学习和成长的必要及价值，而忽略了在此过程中失去了什么，有哪些是求而不得的，有哪些虽然难得却依然要孜孜以求。这样的教育很不完整，它虽然有助于帮助学生树立对生命的自信,但它欠缺的是对生命有限性的省察和警示,对个体能力边界的审慎和谦卑,致使学生对生命活力的认知与实践比较片面,无论在智识上还是心理上,均缺乏对生命韧性全面而完整的把握。当某天,他们以独立的个体生命姿态与对象世界相处,容易产生措手不及的失控感和生命憧憬破灭的虚无感。

如此一来,我们要时刻准备着对我们的教育思想和行为进行实践反思和实事求是地调整。要基于学生生命成长的完整性,本着促进学生从更多层面、更广角度认识有限与无限、生成与舍弃、价值与责任的辩证关系的目的,细致周到地实施生命教育。这可能需要教育行为的某种实践哲学、生命哲学转向,以期以更高品质化育学生的生命自觉。这意味着,要在倾尽全力发展孩子的自我生命意识和能力的同时,倾尽全力发展他们辩证地看待"我"之与对象世界、对象世界之与"我"的地位与关系,进而建立起完整而有力量的自我生命内在尺度。一方面,要让走向完善中的孩子形成较强的自我发展意识、策划能力、抚慰艺术,形成不以物喜、不以己悲的心性稳定性。另一方面,要让孩子拥有温热眷恋的生命柔情和清晰正确的价值信仰,拥有基于个性与对象世界的互动关系而适时采取实践反思、反思重建的素养。一句话,要使孩子通过教育和学习,能自觉地限制具体感性的东西对生命的束缚和干扰,超越现象和物质世界,从文化的世界、心灵的世界延伸生命的边界,让自我生命在有限的世界里向着无限开放。

从微观层面来说,教育应积极回应人在具体情境中的需求。必然性与偶然性的辩证关系启发我们,教育活动中的很多事情是在某种必然性的长期作用下,通过某个偶然因素的刺激或催化而发生的。虽然这些偶然因素是无章可循的、个别的、零碎的,但它却实实在在地代表着一个人在情境中的真实状态和具体需求。比如,某位同学因偶尔的运算失误导致成绩欠佳而被老师批评,偶然性在于不曾想到的失误,然而这种失误有可能是他长期以来粗枝大叶、缺乏细致检查习惯的必然结果。可在此情此景中,他的第一需求并不是反思自己的习惯,而是纠结于偶尔的失误为什么要引来老师的批评，因为他本来是会的，实质上他在潜意识中认为老师应看见他会了什么，所以他的第一需求是希望老师即便是发现了偶尔的失误也要保持对他的接纳和肯定。显然，对该生的批评教育要能发挥效能，一定要先让他确认老师并未因此而改变对他的接纳和肯定，并未把关注其成绩置于关注其本人之上。

所以，无论我们想进行正向强化还是反向阻滞某种价值观、情感和行为，都有赖于情境中具体情形的研判和处理。可惜的是，很多教育活动都是去情境化的，缺乏具体情境中对学生的具体需求的分析和针对性回应，致使教育难以抵达学生的内心深处而显得苍白无力。因此，老师要有良好的教育伦理和教育机智，能敏锐地察觉并正确评判具体情境中的学生的需求，以让偶发的因素真正焕发其育人活力，使学生既感受到教育对自我生命的关切和呵护，又体验到教育的热情和力量，从而让生动鲜活的教育活动成为引导人、成全人的"营养快线"。这其实是一种以个案的方式变消极为积极、变漠然为热情的尝试和努力，正是这样一个个偶然、一次次个案的润泽，最终汇聚成引导学生通往生命成长快车道的必然性轨道。

事实上，每个孩子心中与生俱来地驻着一个"小火星"，千篇一律的填鸭式、程式化、标准化教育过程，不用走心的、肤浅的重复机械训练，成了浇灭希望之火、生长之苗的隐形"杀手"，会让学生进入习惯性、适应性无助状态，最终因习以为常而使自我品性、禀赋日益钝化。反过来，如果教育不以抽象的某个年级、某个班级为对象，而是以某个具体鲜活的生命为对象，走进孩子的心灵世界，找到每个孩子心中的"小火星"，给他氧气和空间，他的生命之火就会熊熊燃烧。"为了人"的教育应以激发生命活力、增强生命韧劲为旨归，立足当下而着眼长远，自觉限制填鸭式教学和重复机械训练的范围，转而设计和实施更有品质和内在价值的教育教学活动，赋予学生更多主动思考和汲取的权利，让学生在亲身实践中享受经历本身带来的充实感，沉浸在扩充智识、充盈生命的双向生长里。这会使学生的自我品性、禀赋日益锐化，会使越来越深刻、越来越丰富的物质和精神世界在学生面前层层拉开帷幕。循序渐进的学习过程取代乏味的重复训练,使学生无法进入适应性麻木状态而保持着向更深层次、更广阔世界开放的姿态。

若果真如此,则教育就从游离于学生生命之外的"他物"而变为其生命的有机组成部分,教育由外而内成为学生生活的基本需求。其前提是,我们的教育迫切需要从工业时代的"工业化"形态向后工业时代的人性化形态转变,意味着教育要从把人当作工具向人本身即目的回归。

人作为目的,其最具持久力的幸福出自一个人内心强大的精神担当。虽然精神担当要依托于物质,但当你被物欲奴役时,你同时也就被世俗迷惑了心智,失去了擦拭心灵的活力和欲望。因此,教育尽管要教给学生在现实世界里谋生和生存的技能,但更为重要的是要引导学生实现从物质世界向精神世界的跨越,以精神担当作为支撑服务社会、服务人生。一个精神从容、富足的人,将有更充沛的精力和机智去创造物质财富,在创造物质世界的同时,坚持自我生命的独立和高贵。不仅如此,还会影响到身边的人,我的一个正在上大学的学生在母亲节之际对其妈妈这样说:"要好好吃饭、好好睡觉,也要坚持锻炼、坚持读书。"我相信这个学生是有着浑厚的精神世界的人,她所说的两个"坚持"足以表明其生命中充满阳光、保持开放的优质状态。

习惯性优雅是修炼而成的一种本色(一)

我不是一个优雅的人,也许是因为生命中缺什么就会格外向往什么的缘故,我一直在思索并努力使自己变得优雅,自然也就多了一份主动地以优雅为视角而对自己、同事及所接触的各级领导、学生的观察。我发现,在我们教育日常中,领导、老师和学生都憧憬着遇见以优雅为底色的"重要他人"。可实际上,由于任凭情绪泛滥成灾的情况时有发生,斤斤计较于眼前蝇头小利或者不那么优雅乃至粗鄙下作的言行举止并不少见。

为什么人们向往的优雅总是不如我们想象的那样到位，想要的与实得的难免有出入，想看的与眼见的难免有差距呢？客观上可能与我们所处的人群环境中，难得有优雅之人给予示范引领有关，对优雅尚处于荒漠无知之中；也可能与成长中遭受了非优雅行为的伤害有关，实施伤害的人并未因此而受到任何谴责或处罚，所以形成或强化了一种错误的行事认知。主观上，这里面也许存在着一个视角转换的问题，我们总把对优雅的期待寄托于别人，而置自身于事外；我们习惯于对他人是否优雅进行评判认定，却较少深究我们自身是否足够优雅，以致难以形成一种非优雅以待他人不足以"互对"的心理诱导。

无论如何，把优雅的希望寄托在别人的改变而排除对自我的心性塑造和言行建设，则优雅难成气候。因为你想遇见谁，你就要努力成为谁；你想遇见怎样的世界，你就要努力成为想遇见的世界。尤其是作为教育者，无论领导或老师，如果我们对自己没有要求和期待，又如何能让教育经由我们表现出迷人的魅力，表现得优雅华贵呢？！当我们对别人求全责备而对自己无知又放任的时候，其实已经在破坏教育本应有的优雅气质、育人魅力；当我们示范给受教育者一种琐碎、粗鄙、"不过如此"的教育认知时，其实已经在不知不觉中瓦解着教育引导、启迪人们真善美的内在心性的功能和价值，影响人成长为习惯性优雅者的意愿和追求。对受教育者而言，我们想让他们成为谁，就要让他们遇见更多想成为的人；我们想让他们成为怎样的世界，就要让他们遇见更多想成为的世界。而我们，恰恰或主动或被动地扮演着他们心目中的那个人、那个世界的角色。

优雅是从骨子里不期然而然释放出来的生命气息，是由心灵最深处溢射出来的自由完满、得体舒适、内外和谐的生命状态。优雅的人端庄不做作，低调不自卑，自信不张扬，尽责不矫情，谦逊善良、从容温和、亲切温暖。这既是一种生活的态度和境界，也是一种对生活的自信和气度。所以优雅的人给别人一种可深交但却不可轻浮以待的感觉：可深交，乃因为优雅之人谦逊善良、亲切温暖、胸怀宽广、处事周全，给予其交往的对象以安全感、舒适感、助力感；不可轻浮以待，乃因为优雅之人自由完满、内外和谐、自信从容、自持克制的生命气息往往给人留下无懈可击的美与魅惑的享受与震撼,抑制了人们内心粗鄙和庸俗的因子,在言语和行为上变得有礼有节。

与天生丽质不同,优雅是后天教育和学习的结果,是长久教育熏染、文化陶冶、唯美生活沉淀与积累而来的硕果。对优雅的向往和塑造可永远拾级而上,所以无论是老师还是学生,只要渴望"长大"并获得别人有礼有节以待,都会同样渴望让自己变得优雅再优雅一些。面向优雅的成长和发展,是需要不断的自我修炼的,需要走出一条"习惯成自然"的路。因为,"习惯既是生活方式,也是内容,在习惯中做事,像风消失在风中,是天人合一的意味,大道无痕的感觉"①,只有习惯成自然,优雅方才成为无需做作而自然而然散发出的生命气息。

一是要修炼对生命的善良和热爱。善良的人有处理好自己的事情,过好自己的生活,不给别人添麻烦的自觉;善良的人不会任由情绪或道德泛滥,以自我为中心丈量别人或绑架别人,使别人沦为自己的情绪垃圾桶或道德影子;善良的人能察觉别人的处境,既不张扬自我,也不绕道而行,而是合情合理地介入,给别人一种舒适的陪伴、安慰或帮助。说到底,善良是一种由内而外自然流露出来的人格魅力,是推己及人及物的,对一切生命事物的深沉的热爱,爱到不舍得去漠视,爱到不忍心去伤害,爱到愿意花心思和精力去尽量照料其周全。

从这个意义上说,引导师生"从善如流"是教育的本分,而作为教育者的我们,更应当积极修为,使自我生命持续向上、向善成为自然而然的常态。我们要积极争取一种"爱的精神生活",真诚而恰当地爱自我、爱他人(包括学生)、爱自然,且因为这种自然流淌的爱而爱上学习,爱上研究,爱上教育,归根到底是要给予生命百分百的热爱。在此前提下,我们还要进一步修炼身体力行、言传身教的能力与艺术,向学生展现一个处处充满爱的温暖、善的美好的教育学习境遇,让对生命的善良与热爱的触角触及学

———————

① 麦家:《非虚构的我》,广州:花城出版社2013年版,第217页。

生学习生活每一个时空，从而使其善与爱的生命色彩不断向更高、更远的世界延伸。

二是要修炼消化失望与挫折的强大心性。当一个人不懂得如何处理自己的失落与挫折以及由此带来的痛苦时，就会任由泛滥的情绪绑架理智，失去风度，变得歇斯底里。所以要展现出礼貌和优雅，就要具备消化失望与挫折的能力。这意味着，如何让人稀释、消化失望与挫折的能力得到提升和强化，便显得尤为重要。这种能力可以来自书本上的学习，更重要来源在于作为教育者的老师的以身示范。因此老师首先要有消化失落与挫折的能力，要"宰相肚里能撑船""读万卷书行万里路"，不断拓展、提升自己的胸襟、气度，以便在遇到不顺心顺意的事情时，能自我调解、自我安抚，表现出一种风度、豁达与礼貌，这既是一种素养，也是一种正向传播的能量，传向孩子的眼睛、耳朵和心灵。

老师要有帮助孩子消化其失落与挫折的意识和能力，懂得去解决孩子面临的实际困境，而不是动辄就加以简单粗暴的道德审判。毕竟，当沉重的情绪以某种方式被接住而实现软着陆时，人才会重新考虑自己可能会有的其他选择。当你的学生因为你智慧、优雅地稀释、消化了他的失落时，他会冷静下来重新审视自己的行为并重新进行选择，他的礼貌、他的优雅可能就这样在你的示范下粉墨登场。

三是要修炼责任担当意识。很难想象遇事推诿扯皮，捡便宜没够，见任务就躲，自己有困难希望单位或同事伸以援手，却在别人有困难时唯恐躲之不及的人会表现出优雅！这样的人基本上都格外利己，他们眼里和心中只有对个人利害的计较和得失的权衡，缺少崇高与道义，也缺少敬畏与底线，见风使舵，骑墙观望，趋炎附势，往往给人一种油腻圆滑、猥琐萎靡之感。而这样的人也往往被利用为鞍前马后的工具，在网状的关系结构中失去独立的风骨和自在的气场，从而也在根本上动摇了优雅的根基。

我想，教育有义务和责任让我们生活的世界里少一些只逐利不尽责的马屁精和猥琐人，只因为"必脱弃势利，而后谓之雅也"（潘彦辅《养一斋诗话》）。我们要有意识去摆脱"跪着教书"的境况，基于对善好教育的责任和担当,基于对学生善好生活的塑造,也引导学生摆脱"跪着成长"的境况,让其成长为站起来的"铁肩担道义"的优雅的人。这应当成为师生的共同坚守,也是值得师生追寻和修炼的价值情怀。如此,师生生命才能摆脱猥琐和萎靡之态而呈现出蓬勃朝气和向上力量,这本就是内在的优雅,因为优雅不仅仅是一种不多不少的美,还是一种不强不弱的生命力量。

四是要修炼各美其美、美美与共的平和心态。生活中也能遇见虽然有很强责任担当意识且成绩卓越的人,依然不甚从容优雅。这类人总希望所有的成果、成绩都最好归结为自己的尽心尽力,见不得别人比自己做得更出色。"如果任何人的优秀都会给你制造一种伤害,你不会成为优雅者,你将会生活在自己为自己设造的那种人生的窘迫当中"①。可见,纵然在专业领域出类拔萃,也极易因心态失衡而产生局促、计较、拆台使绊等与优雅之态相去甚远的行为。

既然优雅与心态有关。对优雅的塑造,可视同为对平和心态的修炼,而心态又是由你对自己、对所在对象世界的看法决定的。所以问题的关键就转化为,师生都应锤炼自己在接纳自我的可靠和成就的同时,接纳和尊重他人的可靠和成就的基本素养,要不遗余力塑造自己宽广的心胸、开阔的格局、高远的境界,要有如此雅量去包容除自己外一切优秀的人及事物。如此方能在错综复杂的局面中建立起从容自处、共处和进退的尺度,各美其美、美美与共的平和心态。这是一种品德修养,我相信,在一个各美和共美的场域里,每一个个体都将被对方形塑和感染,表现出自信而不强势、平和而优雅的生命品质。

五是要修炼发现美的眼光和创造美的能力。优雅是指向美的,不懂得美,无视美,不善于创造美,则对自己教育的言行举止就很难有审美维度的审视和要求。例如,授课PPT是否在排版和色彩搭配上有美的考虑,教学语言是否在遣词造句中有美的思量,教学立意中是否包含有基于学科内容特色的美的要素,等等。老师如此,学生未尝不是如此。很多孩子身上带

---

① 唐江澎:《培养优雅生活者》,《人民政协报》2021年12月15日第11版。

有的那种粗俗与痞味儿，与他们对美的无知，以及他们周围较少有美的事物带给他们美的启迪不无关系。而没有对美的自觉和向往，就很难建立对"优"而"雅"的感觉和冲动。于是乎，对优雅的追求就不得不从对美的追求中寻求突破。

我们要培养自己发现美、欣赏美的眼光及在这种眼光背后的心灵。眼睛是心灵的窗口，心灵美则眼睛里的世界就美。我们还需要更进一步，去培养自己探索美、创造美的能力。眼睛看到的美是外在于自己的，只有自己创造的美才是对自我心灵的投射和表达，才是属于自己的。师生对发现美的眼光和创造美的能力的修炼，不仅要在校园工作和学习过程中进行，也要从工作延伸到生活，从正式场合延伸到非正式场合。一句话，要过一种心灵的、有情感的生活，要培养自我的审美情趣，使以审美的方式表达对学习、工作、生活的感受习惯成自然，不需要刻意提醒和转换即能以审美的眼光和标准去设计和创造学习、工作、生活，使周围的一切更鲜活、更精美、更儒雅。

六是要修炼能使自己玩得精彩尽兴的兴趣爱好。尽管目前人们似乎并没有因为科技进步、生产力水平提高及生活的改善而比以前有更多的闲暇时光，但毕竟闲暇还是有的。对这仅有的闲暇的支配利用方式，在一定程度上暴露了一个人的精神状态和生命品质：有的人花天酒地、声色犬马，以自我放纵的方式来找回非闲暇与闲暇之间的平衡；而有的人则琴棋书画、阅读写作，以个人兴趣爱好为支点，不遗余力地、有些"贪婪"和痴迷地找回在非闲暇时光中失去的自由与自在。在这二者之间，存在着一个"优雅"的距离：同样是在闲暇时光中的消遣和玩乐，前者除了即时的欢愉之外毫无秩序和意义，给人一种疲软、靡废的生命之感，与优雅渐行渐远；后者则自由自主地培养自己的欣赏力和文雅情趣，不断滋养丰盈生命，所以"玩"出心境、"玩"出品位、"玩"出发自内心深处的那种不多不少的自我接纳与欢喜，让自己变得越来越有"度"，越来越优雅。

每个人可能都有自己愿意投入时间精力的兴趣爱好，关键是要让它能在有趣味之外有情趣，带来欢愉外也带来生命的舒展和提升。以篮球运动为例，一有闲暇就去打篮球、收听收看篮球比赛，这是一个层次；在此基础上，扩展到对篮球运动规则的研究、对团队精神的体察、对篮球历史及文化的认知，以至于对运动美学、运动哲学乃至生命哲学的痴迷，这又是另一个层次。我认为，后者方可称之为真正的有情趣的兴趣爱好，它不仅填充了你的闲暇时间，而且扩充了你的生命宽度、高度和深度，变客体性的"时间"为主体性的"时光"，让你因为对篮球运动全方位、多层面的认知和体察，而遇见"光"，向着"光"，逐步成为一个优雅的篮球爱好者。推而广之，作为教育者，我们应该有育人者自育的自觉和主动，积极修炼能使我们的教育行为更优雅的兴趣爱好。

言而总之，深沉的爱、高阶的善良、博大的担当、自信的宽和，都是修炼而来的生命气质，是实践而来的生活气场，它摆脱了纯主观、纯表象、纯情绪、纯自我、纯现实的局促之境，是一种既有理性的思考、追问和持守，又有诗性的感觉、表达和灵动，二者相辅相成而归于知性的优雅生命状态。这种状态在解决人与自然、人和人、生活和事业之间的纠缠与矛盾的过程中，逐渐澄明了存在与本质、对象与自我、个体与群体、实然与应然、理性与情感之间的关系，进而拥有正直公道的为人风范，严于律己的自我治理，身体力行的务实作风，情趣盎然的生活姿态，"志于道"的崇高追求。

习惯性优雅是修炼而成的一种本色（二）

如果我们承认教育是引导人发现优雅，遇见美好，经营美好，那么我们就要承认教育是无法对庸俗、虚伪、粗鄙、腐朽的生命状态听之任之的，也无法对教育自身及其承担者的庸俗、虚伪、粗鄙、腐朽放任自流。总体上看，在我们已经全面建成小康社会，社会物质财富比较充裕和精神文化成果比较富足的情况下，教育自身及师生同步向优雅转型已具备了充分的可能性和可行性。我们所要做的，无非是立足善好教育和当前社会生活的现实，从多个角度对优雅的生命状态予以澄明，建立起对一切以庸俗、虚伪、粗鄙和腐朽为形式或本质的事物的有效防线，把优雅作为自己行为处事和开展教育活动的内在法度，用自己的实际行动努力创造"一棵树摇动另一棵树，一朵云推动另一朵云"的向美而生的教育生态，让优雅在这样的生态中自然绽放，持续强化，进而成为一种习惯性的温文尔雅的生命的本色，"做第一等人，干第一等事，说第一等话，抱第一等识"。

老师作为教育者，扮演着陪伴者、引导者、塑造者的角色，不能低估自己在学生成长中所发挥的举足轻重的作用。老师要努力使自己成为优雅的人，要有"出淤泥而不染，濯清涟而不妖"的自持、"采菊东篱下，悠然见南山"的从容恬淡、"己所不欲，勿施于人"的克制，也要有"路漫漫其修远兮，吾将上下而求索"的坚韧、"长安何处在，只在马蹄下"的实在、"落红不是无情物，化作春泥更护花"的境界。相信以如此优雅的气质形象出现在学生面前时，老师的美好形象一定会停留在学生心里，老师的言谈举止也一定会带给学生健康向上的生命力与美的启示。

从教育目标的可实现性角度看，优雅也应该是老师教育行为的基本色调和基本尺度之一。

一方面，就我们自身而言，要时刻追问自己的教育行为是否优雅以及如何优雅。比如，我们能否做到优雅的授课，包括授课过程中肢体语言的大方得体，以及对教学立意在至善臻美维度上的设计与构思、对教学语言在规范唯美意义上的有效组织、对学生质疑及讨论等学习权利和空间的充分尊重。又比如，我们能否做到优雅地与学生交往，当学生出现问题时，能娴熟而有效地与学生一起探讨、应对问题并最终打败问题，而不是以责备和批评的方式与问题一起打败学生；我们能否做到优雅地工作、学习、生活，纵然是面对挫折、委屈也能以淡定从容的姿态，给学生以昭示生命雅正力量的示范和引领；等等。

另一方面，我们要营造优雅的班级文化和气质。班主任和学科教师基本上都是以班级为单位组织开展教育教学活动的，都有责任和义务通过集体的"有意识"去解构个体的"无意识"，提供机会使学生们在创造、维护和发展优雅班集体的过程中，启蒙自我对优雅的知觉和品位。比如，对待班级中的少数派和另类成员,班集体在倡导怎样的价值观,在采取怎样的行动和措施,不仅对少数派和另类成员有意义,对全体班集体成员亦有教育启迪价值。我们要努力使班集体成为富有个性的全体成员共同的精神家园、共同守护的优雅栖居之所,而不能使集体成为压制、摧残某一部分人的,具有整体性压倒性力量的工具。因为作为一种习得性品性,优雅需要用优雅去推导、去蔓延、去传播,学生正是经由优雅的耳濡目染,才逐步褪去自身的粗俗而朝向优雅的。

当优雅成为一种习惯时,优雅就是一种生命的本真状态,随时随地散发着教养所留下的光泽和魅力。这种本真状态给他人以赏心悦目、怡情智慧的观感,但在此境界下其本人并不是以优雅作为自觉体验到的东西,优雅只不过是他们自觉体验到的东西的外显和具形而已。优雅的人真正体验到的是自我生命由内而外的自由与和谐。和谐让其本人自信而从容、温和而高雅,这给予他们处人处事时顺应和实现和谐的眼光和心境;自由让其本人拥有真正强大的力量,不仅包含着摆脱自身的枷锁的力量,也包含着以尊重并增加他人自由的方式生活的力量。这启示我们,如果优雅是教育应追寻的唯美目标的话,那么培养学生过一种自由、健全、和谐的学习、成长、生活的能力和智慧,就应该成为塑造优雅的主要途径。

培养学生过一种优雅的学习、成长、生活的重要性还在于,这将为每一个人都能拥有优雅生活创造良好的条件。不怎么讲卫生的人走进窗明几净、一尘不染的环境中,也会被其干净整洁的环境所震慑而收敛自己的不文明行为;同理,当你生活在一个非常优雅的环境中时,也不太可能让自己的行为过于放肆粗俗。也就是说,我们引导每一个学生去过一种自由、健全、和谐的优雅学习、成长、生活时,既是为己,也是为别人。就像每个人的自由全面发展是一切人的自由全面发展的条件一样,每个人享有优雅的生活姿态与气质,也是所有人都能享有这样的生活的条件。因此,对每一个人而言,优雅的生活不仅仅是关涉个人的私情私事,也预示着自己对他人所承担的一份责任,是关涉群体的共情公事。

只有这样,对于每一个人而言,其所处人群所构造出来的优雅环境,在客观上给予每个人以内外兼修、知行合一、进退有度、情理兼顾的示范和感召，也减少因被非优雅行为伤害而形成错误行事认知的可能性，以助其在耳濡目染中感知什么样的言行举止合乎优雅的无知和无感状态，在主观上生发对优雅的向往和青睐。而一旦主观上产生青睐优雅的情愫，人的言语及行为也必将随之改变，变得温文尔雅。我想，这是我们生活世界的应然之境，也是我们教育所要努力达成的育人之境。

二 褪去浮华，让教育成为终生幸福的发动机

幸福是一种自我需求得到满足后的喜悦并希望保持这种感觉的心理状态，是一种诸事顺遂的心灵体验，也是一种顺势而为又知足常乐的心境。它代表着内外兼修、身心和谐所带来的心情舒畅、心态平和、心灵美满和精神富足。如果教育应当为人的幸福负责，那么我们面向自己和学生所开展的一系列教育活动就应当看见人、关注人，把触摸人的心灵世界摆在突出位置。以人的解放和成全为使命，努力创设一种立足现实又指向未来、彼此上心又相互映照的良好境遇。教育不能只顾陷入眼前的浮华琐碎与"自言自语"中，还需要有面向人们内心深处更本真的生命价值追求而有所作为的智慧与胸襟，要有能力拓展彼此的成长空间、人际空间、选择空间。

解放与成全是教育的天命

每当听到有中小学生自杀的消息，乱七八糟的思绪总会在头脑中翻江倒海。未达到成熟状态的孩子，在他们的生命本应该具有更广阔的可塑性和伸缩性的情况下，毅然决然地选择终结生命，那一定是他们遭遇的困境，承受的纠结、孤单和苦痛超出可塑性和可伸缩性的边界的。人们常常认为，轻生的孩子是不珍爱生命的，是不考虑关心关爱他们的亲人的感受的，所以是自私和不道德的。我不同意。他们的肉体生命已然与这个世界作别了，还要接受这样的污名化评价和指责，而依然丝毫不见对他们的主体性关照和对已逝生命的尊重，这不合理，也特别冷酷。问题的症结也许就在于此！我们哪怕在头脑中有那么一刹那间会思及，这些孩子是承受了多么大的悲凉、痛苦和紊乱，以至于要以这种方式彻底地、根本性地解决问题，也许他们都会在九泉之下微微一笑！

我觉得自杀的孩子对生命是充满了崇高的敬意和热爱的，是将生命秩序置于社会情感秩序和现实教育秩序之上的。只不过教育和生活世界给予他们的支持、认同和成全太少，于是他们就在自己身上进行报复，也是向对象世界——教育和生活的世界——进行报复，他们毁灭自己就是为了不把自己交给虚伪且并不友好的那个世界。有些孩子会在遗书中说"我把生命还给您"，不就是对生命自主权的宣示吗！不就是对那些处处强势粗暴对待他人生命与心灵的人们无情的回击吗！对孩子而言，离开家则接受学校的正式教育，回到家又回到父母的非正式教育之中，教育几乎就是他们生活的全部，所以我们有理由将"把生命还给您"中的"您"理解为父母、老师乃至以各种形式存在的教育。天呐，教育居然让自己的对象——鲜活的、将要冉冉升起的生命——走投无路，这是不是很讽刺？！

与自杀是一种作用于自我生命的问题形态不同，在未成年人中更是大量存在着作用于他人生命的问题形态。从扇耳光到香烟烫，再到拍裸照甚至性欺凌等校园欺凌事件层出不穷,更有以隐性形态存在的校园冷暴力屡屡发生。这类问题同样值得我们追问,正在经历、接受教育的孩子,内心是如何变得这般坚硬残暴,怎么能残忍地对与自己朝夕相处的同学施以暴行而无动于衷?!何止是无动于衷,与被欺凌者的痛苦和屈辱相伴的,是施暴者盛气凌人的痛快和优越感,也许施暴者寻求的正是对忍受凌辱与痛苦的生命形态的嘲弄。更深一层看,这是把被凌辱者当作镜子而嘲弄自己同样的生命境遇吧。如果是这样,那么透过这种欺凌我们是不是也看到了施加于孩子的教育的"欺凌"本质?!

当教育把一个鲜活的、蒸蒸日上的生命欺负到要么以自杀来寻求解脱,要么以欺凌别人来映照自己的不幸与无奈,教育无论如何都不能与其所标榜的内容与价值相称。这其实是在警示我们,教育并不是天然地指向对生命的尊重和对人的解放与成全,教育和人一样,亦分善恶。现如今,当人们对幸福和自由的理解日益物化和庸俗化的时候,一切事物之于个人的价值可能都免不了陷于现实得失和损益的计算。教育与社会处在千丝万缕的联系之中,也一定程度上被裹挟、被污染,表现出过分的现实之维而缺少矜持的理想之维,使自身肤浅化,平庸化。施教的一方作为现行教育样态集体无意识的践行者,或者有意识的操盘手,对于教育中的缺失和问题缺乏敏感和改善的企图,表面上四平八稳、按部就班的,背后藏着的是心性的冷漠和远大追求的荒芜。于是,教育就简化成看似无懈可击的例行公事般的"平庸的恶"。

"平庸的恶"的教育越是无懈可击、密不透风,越发挥着对有朝气活力的成长中的生命的全面包围和欺凌,也越缺少对生命最起码的尊重和敬畏、疼爱与呵护。这样的教育中,大量充斥着施教与受教者之间、先来与后到之间、强与弱之间的规则与服从、工具与惩戒、统整与防范,唯独不给生命自由舒展的机会和空间。自杀和校园欺凌不过是对这种欺凌性教育的有样学样,惯性式的再现和重播罢了。思虑及此,我总是以一种迷惑的眼光来审视教育。人面对世界时需要窗子,面对自我时需要镜子。通过窗子,能看见世界的明亮;对着镜子能看见自己的污点。教育难道不应该是一扇窗户,以让孩子打开它时即被眼前清澈、明亮的世界所深深吸引？教育难道不应该是一面镜子,以让学生站在它面前即能看见自己未来的人生路？当教育是学生面前的一堵墙的时候,其实就已经埋葬了自己,也断送了孩子。

如果教育不提供给学生一个清澈、明亮的世界,而是呈现一个乌烟瘴气、充斥着不走心的形式主义和威权主义的说教,学生怎会有机会体验世界的美好,进而净化心灵？如果教育不提供给学生一个反观自己的"反求诸己"的途径,而呈现一个机械训练、弥漫着庸俗的唯分数论的教育世界,学生怎会知不足明敬畏,进而丰富和柔化内心世界？没有纯净、丰富、柔软的内心世界,又岂能渴望学生拥有一个尊重、敬畏、善待生命的情感系统和行为模式。说到底,如果教育从其根本上不能牢固树立对学生作为独立生命个体的同情、尊重和善待,就不能指望在教育之下能成长起一批拒绝冷漠、葆有生命柔情的温润之人。

教育对待学生的方式会成为学生对待世界和自己的方式,所以教育应该是滋养人性、健全人格、解放并成全人生的,教育应该是多情的、柔软的、温润的。学生只有被多情、柔和、温情以待,才能在经历教育的过程中发现、体会、领悟生命的尊严、灵魂的高贵、世界的善美,习得多情、柔软、温润地处事、处世及自处的立场和能力。我认为这样的教育是告别了"平庸的恶"而走向"高贵的善"的教育,当此之时,教育是"窗子"还是"镜子"已都不再重要,真正重要的是学生的心灵,他们内心敞亮,所以满眼春光,对外发现并维护一个明亮的世界,对内关照并经营一个阳光的自己。

曾经有一位学生在历史写作中与我分享了"少一点套路,多一些真诚"这句话,我琢磨良久。这句话能成为流行语而被学生所熟悉,足以说明这个社会运行机制的技术化、标准化和程序化所带来的社会反响！技术的世界里只有控制与被控制的较量,标准化的世界里必有规整划一与个性多样的角逐,程序化的世界里定存按部就班与创新生成的比拼。如果教育真被技术、标准和程序俘虏,那么教育的世界里就容不下真诚和真性情,剩下的大概就只有言不由衷、名不副实的套路。当教育被套路掏空时,学生作为一个鲜活的生命个体的内在精气神也将被掏空,虚化为薄情却多欲、冷漠又利己、崇强而凌弱的"浮游生物"。这是教育的悲凉之所在。

更何况,过去是把人变成机器的时代,而未来却在朝着把机器变成人的方向发展。当过去很多由人来承担的工作和任务转而由机器来胜任的时候,人的价值便不在于标准化、规模化、重复性的生产与生活,而在于兼具个性、特色、智慧、故事、体验的创造性活动,在于这些活动中具有稀缺性和竞争力的情感、心意、审美、乐趣。因为机器只有芯片、记忆和算法,人类才有爱、有心、有价值担当,人类才有心灵世界和精神需求。所以未来人的核心价值的承载方式表现为满足精神需求、情感需求,诸如"找个人倾诉一下""找点儿事情开心一下""找点儿内在目标自我提升一下"等等。人不仅要表现出"我懂你的感受,也懂你的需求",更要表现出相对于人工智能的超越性、独特性,即能够探视人类内心深处最细微的震颤并给予创造性、个性化、赋予同理心和情感接纳的回应和照料。

无论是基于现实的让教育"多一些真诚",还是基于未来的"把机器变成人",都指向了"高贵的善"的教育的变革性和超越性。

首先,面对教育的理想与现实之间的巨大反差,教育人不能被击倒,也不应听之任之。一方面,差距代表着大有可为的"创作"空间,我们不能被"套路",至少不能完全被"套路",而应保持一份对真善美的教育的坚定信念,发挥个人的能动性,在贫瘠的教育土地上辛勤耕耘,我们的每一滴汗水都将汇聚起教育变革的磅礴气势。另一方面,看着出现在我们面前那些渴望成长的眼神,在他们最需要温柔以待、最需要得到成全的年华里,我们岂能忍心选择冷漠,这是教育的良心。或许可以这样说,我们无力改变世界,但改变自我,在"我"与学生的教育交往中试着多一些坦率和真诚而少一些套路和虚伪,多一些"心灵之约"而少一些"得理不饶人",那么我们面对的教育世界、工作世界、学习和生活世界将会有更多的阳光透射进来,眼前的世界会更明亮。

其次,我们要从传递标准化、规模化、确定性的知识和技能的功能中部分解放出来,把更多的精力和智慧倾注在培养发展学生的智慧、情感、意志品质、伦理修养等方面，要在人工智能所无能为力的领域发挥教师作为"人类灵魂工程师"的独特价值。这也是适应学生在新时代背景下其需求的层次和内涵发生深刻转变的必然要求。人工智能可以解放老师，自然也可以解放学生，原来那些需要学生通过记忆、反复操练的内容可能再也不需要他们耗费大量的时间、精力于其上，学生有可能拥有更多的自由和闲暇，有更多的精力去关注精神的富足、心灵的润泽、情感的慰藉，有更高层级的对原本被大量分科分类设置的学习内容割裂的多元一体、综合融通的个性化全面发展的需求。这一切，均需要教师具有超越常规、统一、模式化、事务性教育观念与行动的意识和能力，转而将创意、灵活、个性、智慧、品味作为追求。

人是观念的囚徒，先有观念改变，后有行为跟进。因此，我们真的需要直面我们的教育价值观，真的需要把解放与成全视为教育的天命。我们真的需要在"技术森林""机制森林"全面统治的境遇里，引导孩子建立起稳定而强大的心理素质与智识情怀。

教育要为未来社会建造良知的大厦

1953年的政协常委扩大会议上，梁漱溟敢于就城乡政策差异问题直陈己见，甚至多次与领导人激烈争吵。他凭什么？凭的就是正直坦荡，凭的就是作为知识分子应该且必须履行的社会责任和担当。梁漱溟先生在小我与大我之间，他选择了大我，在屈我而升理和屈理而升我之间，他选择了屈我而升理。他人格伟岸、品德高尚，所以他令我等之辈肃然起敬。也许我们都会安慰自己，梁漱溟可以作为精神高地供我们敬仰，但我们有我们的难处，我们没有勇气和胆识效法梁漱溟可以理解。可是，是不是因此我们就可以无原则、无操守地见风使舵、骑墙观望呢？如果是这样，则人格塌陷、任事油滑，在彼此虚伪的相互吹捧中共同走向平庸甚至卑劣就无法避免。梁漱溟先生之于我们的价值之一，就在于他为我们展示了人格操守发展的可能性有多大,让我们用上他的尺度来丈量自己,据此反思自我提升的空间和潜力有多大。

空间不会在无所作为中被利用,潜力也不会自然而然地变为现实,自我提升是教育学习实践的可能结果,且这样的结果对于一个有良知的社会至关重要。我们的社会不缺少"精致的利己主义者",缺少的是以自立、自强、自尊为基础的利他主义者。前者带来的是更精致者对一般精致者的无情碾压,致使社会朝着尔虞我诈的恶性撕裂、对抗方向陷落,人与人之间没有信任、不讲良知,只有赤裸裸的算计和利益计较。对个体而言,在这样的环境中生活,纵然是获得了表面上的成功,依然会被无尽的压力和无穷的焦虑所包围,是很难感受到清爽、透彻、自足自洽的幸福的。后者带来的是你、我、他之间的相互成全和彼此照料,社会朝着相互温暖的良性融合、和谐方向上升,人们在为他人着想、给他人提供便利的过程中,也尽情享受他人施与自己同样的便利。应该说,这才是我们所向往的社会生活,因此也应该是教育的目标。据此而言,教育就是要为未来社会筑起良知的大厦。

显然,无论从当下社会精英人士各种违规乱纪行为,还是在校正接受教育的孩子的社会不良习染低龄化趋势来看,现有的教育生态不容乐观。这与历史传统中一些糟粕的惯性因袭有关,精神富足的脚步未跟上物质富足的脚步,也与教育自身的价值定位与追求所存在的偏差有关。当教育告诉学生"吃得苦中苦方为人上人""会吃苦苦一时,不会吃苦苦一生""提高一分干掉一千"的时候,教育只不过是学生借以塑造精致的自己并碾压别人的阶梯。教育过分地和时代贴近,过头地迎合时代,夸大了社会性竞争的一面,有意无意地放弃了对人的精神世界和社会良知责任的关照,人在未来社会中只不过是处于斗争中、要善于斗争的机器罢了,在成为"人上人"之后是否就会心里踏实感觉幸福呢?这是和时代结盟的教育所无法回答和承诺的。幸福人生要以有良知的社会作保障,有良知的社会要由有良知的教育通过对学生的塑造来达成,有良知的教育要在时代混流面前坚持自己的风骨才能保持清醒而不媚俗。也许,和时代拉开一定距离,是产生真善美的教育的前提之一。

的确,教育要扎根于中国历史文化传统,深植于现实社会生态,这样才能厚植文化自信与家国情怀,培养孩子强大而坚定的中国信念、中国立场。但教育毕竟是立足当下而面向未来、立足现实而追求理想的精神、心性培养活动。因此在必须关照现实、回应时代呼唤之外,还应有超越现实羁绊的理想情怀。没有理想的教育会将原本对社会和未来充满善意和好奇的学生束缚在现实及其运作机制之内,时间久了,学生自然而然地成为时代的接纳者、顺应者、盲目拥护者。一方面,教育因而也许永远追着时代在跑,而不足以矫正时代、引领时代、创造时代;另一方面,这些孩子的未来人生将囿于现实之牢中,终生幸福的品质与可持续性堪忧。

这并非危言耸听。大数据、人工智能以及共享时代已经走进人们的工作和生活之中,在不久的将来,它们将会更加深刻、充分地介入到社会的各个角落;一些知识和技术或许在成型的那一刻便已经趋于过时。这带给人们的影响是深刻且多方面的,人们接触的信息更加庞大和复杂,在处理人际关系之外还要再加一层认真面对人与人工智能的关系。建立在互联网基础上的物联网使世界更加紧密地联结在一起,致使跨文化、跨界交往的能力素养变得至关重要,以至于利己、点状、对立的思维方式和行动模式更加难以生存。总而言之,人在各种有形无形之网越织越密的世界里将会显得更加渺小和卑微,以至于对生命的尊重和人格的尊严的珍惜比以往任何时候都更加突出。

未来社会里,人们唯有提供创造性劳动和个性化服务才能对抗高度互联互通的强大世界,机器无论如何智能它终究是机器,物联网无论如何无孔不入它毕竟只是信息的互通使用,并不能提供需要偶然性、随机性和人情味的产品和服务。那时的人将更加珍惜情感和人性,对饭菜里妈妈的味道、衣服上情侣的温度、共事中团队的默契等,都将有更加个性化的表达、个性化的需求。为未来社会建造良知大厦的教育,其眼光需要瞄准可见的未来人的处境及需求,毕竟无论社会形态如何变化,社会还是人类的社会,对社会的每一个成员的关爱和呵护是通往良性社会的必由之路。这要求教育从当下的现实实践中,就要着手以维护和增强个人在他人、人工智能及自然界面前的尊严、能力和福祉为目标履行育人之天职。

同时，我们也应该意识到，想让一个开放又多元、智能又密网、竞争又合作、参与又自持的未来社会像一首田园诗一般似乎不现实，一定会有或多或少乱哄哄的闹剧存在，生旦净丑各色俱全，鱼龙虾鳖海怪均在舞台中，然而最终支撑和建设这个社会的，一定是有大眼界、大胸怀、大格局的正正经经的人，那些歪七扭八的人担不了大任，也成不了气候，无非匆匆过客兴勃败速而已。未来社会里，教育对工具理性的盲目迷信和崇拜一定是不合时宜的，未来是价值理性与工具理性俱在且高度互动融合的，呈现出一种价值理性引领工具理性、伦理道德规范效率利益的时代。所以教育要在承认人的本性的丰富性、微妙性、多样性和多面性的基础上，发现其正向因素的可贵和可塑，通过有意识、有目的、有计划的独特实践活动，将正向因素放大、扩充、强化，真正让学生成为未来时代的主人、亦是自己的主人。

在社会历史与社会未来的维度之外，我们也要从教育对象的维度思考。教育所面对的人既处于自我现实之中，也处于社会生态之中。在自我现实中，人是个性鲜明的，是有灵有肉、有情有义的丰富而具体的个体存在，每个个体都可理解为一种"例外"，每一个"例外"都需要被看见、被点燃、被照亮。在社会生态中，人们又受各种或显性或隐性的关系约束或规范，是共性鲜明的群体性存在，每个个体都可视为一种"关系性"存在，唯有好的关系才会有好的学习、生长和生活。所以教育中的人既具有丰富的个性，又有着与自然、与他人、与社会的历史与未来的统一关系的人，是有着个性化生命和社会化生命的人。

"高贵的善"的教育既需要立足现实，以对个体的尊重和呵护为底色，避免把那些独一无二的生命状态"削齐拉平，整理归类，还原为无个性的概念"①，让学生在每一个"当下"都能充分感知到自己是自己的主人，也是社会中平等的一员。其实，人生就是由无数个"当下"串联起来的一条射线，这条线的韧劲、色彩、品质等核心构件的形态和分量取决于每个"当下"的

_____

① 周国平：《成长是一件孤独的事》，北京：中国青年出版社2016年版，第19页。

质量。谁能保证今天的忍辱负重和委曲求全，在将来的某个"当下"不会作为其一贯的生命姿态而有形无形地牵扯着人的生命姿态，今天的放弃并不必然代表着明天的获得。所以我们要关注学生当下的个性需求，丰富学生当下的生命体验，提升学生当下的生命品质。

"高贵的善"的教育也要拥有育人理想，要理解"每一个当下的生命状态的意义就在于其不可重复性，但人还是要寻找一种使这一切不可重复的个别状态不致失落的恒在的意义"[1]，让"恒在的意义"在学生头脑中、心灵里萌芽、生长。所以我们还要面向未来，追寻着人和社会发展的逻辑与轨迹，引领学生建立与自然、与他人、与社会的历史与未来的统一和谐的"恒在意义"的关系，为学生将来那个"当下"过有品质、有价值的生活奠定"私人订制"的良好基础。在此意义上，每一个"当下"教育的不同层次、不同品质某种程度上决定了人们对生命价值的不同体验、不同认知。教育越是发达有效，个体生命越具有向学之情、向学之心，学生的生命越自然、越不可阻挡地呈现出可持续地向着更高层次、更恒在的意义开放、迈进的姿态。

这样的教育既是一种以情感、体验、生活为实践路径所构成的具体的存在，又以符号、图式、逻辑等为底层逻辑的教育伦理价值观所构成的抽象的存在。作为教育人，我们要以对人、对社会的良知为依据，磨砺和塑造自己的教育伦理价值观，构建自己的教育逻辑、教育符号、教育言说、教育行走系统，以情感的、体验的、生活的方式，促进教育理念的实践转化与应用。

如果这样的目标表达过于理想，如果我们做不到每个时刻都能有饱满激情和执着信念，至少我们也应该在应试之外，引领学生去体验、感悟、思考自己想在一个什么样的未来社会里生活，以及如何才能实现这样的社会目标，应该有超越功利和现实的更高层面上的追求。我们没有力量去改变世界，却完全有可能通过我们的努力去改变一个孩子一辈子的生活轨迹。也许今天我们对学生做的某件事儿中就潜藏着其未来生活的因子。希望你的学生将来面对世事纷扰时能保有一份克制、从容、自立、宽厚、温婉的

---

① 周国平：《成长是一件孤独的事》，北京：中国青年出版社2016年版，第20页。

心境和生活态度,能过上受人尊重又惠及社会的、内外和谐的完整美满生活,那么你就要有相应的诚意和实际行动,去有意识、有方向地引导你的学生尽早思考、体验、感知对其终生幸福有益的生活样态。

这是教育人对人的良知,对教育的良知,对社会的良知。

善好教育就是一道美丽的园林风光

选择好学校,遇到好老师,享受好教育,是每个家长和孩子的心愿,可对好学校、好老师、好教育的认知,大家有共识也有分歧。社会上,无论什么职业、什么教育经历及背景的人,似乎都可以对教育评头论足,以至于很多情况下,分歧昭昭而共识难求。但是我们可以换个思路,从什么样的教育是不好的教育来探讨好教育的模样。

片面追求效率的教育可能不是好教育。最有效率的事情莫过于"一对多"条件下的统一行动。以效率为中心,要求教育中的学生以彼此一致的、大家集合的整体面貌出现,而非以个性鲜明的、你我独立的个体面貌存在。在片面追求高效率的情况下,学生作为鲜活的、完整的生命存在被漠视,对个体生命成长的多元化需求和多样化发展潜能的压制就不可避免,教育很容易滑向卢梭口中"心灵的屠宰场"。从根本上看,压制是源于教育者内心的恐惧,惧怕因对个体生命的关注和尊重而导致效率的"下降"。

的确,这样的教育有可能是高效的,它就像开足马力的高速列车,带有某种惯性地疾速前行,显得如此行色匆匆,因而其基本思路是千篇一律、削平补齐、齐头并进,以至于没有闲暇充分进入教育情境去延展、去深化、去体悟、去反思,所以很难想象它会透过群像注视个性,突破平庸走向卓越。这种带节奏的教育是一种无形而强大的裹挟,深陷其中的学生看似全力以赴地参与其中,实则内心的惶恐与心灵的荒芜将伴随其求学受教之始终,因为谁也无法保证自己不掉队,谁也无法承诺心灵的苏醒不会对片面追求效率产生更多的质疑或痛苦。就此而言,长期浸染其中,学生的生命履历将带有浓厚的模仿痕迹和随俗倾向而失去光泽。而他们在未来某一时刻起想要重新获得生命光泽时，将不得不克服更加沉重的包袱，付出更加艰辛的努力。

过于自我又强势的老师主导下的教育可能也不是好教育。这一类型的老师以其当然的领导地位而使自己生活在一个不想面对"新人类"学生这一事实领域，而空悬于由回溯式理想构造而成的观念世界中；而其相对封闭和僵化的思维方式反过来又成为维持其带有某种特权式的观念生活的工具，从而与其身份合为一体，无法分开。所以他们往往以"我希望""我要求""我主张""我反对""我讨厌""我不许"等作为师生交往的主导思维，经常以自我意愿为意愿、好恶为好恶、标准为标准，盛气凌人，容不得异见。这样的老师，往往以身份和阅历优势为依托，在爱的名义下，理所当然地、急切地将其要求和意志强加给学生，也就顺理成章地省去了对学生当下境遇的切实观察、充分理解与多维判断。

这类老师的自我逻辑和权力意志的相互结盟，会进一步强化老师观念生活的自我中心和自我扩张，而学生的所有言说、所有行为，都要围绕教师的自我并接受其检视和改造。学生不再是他自己，而是老师的投影；学生的生命个性在阴影里是看不见的，老师的一切教育言说只不过是与自己的影子展开的自说自话而已。老师正是在这种学生对自己的仰视和顺从中获得自足自洽，所以往往拒绝接受开放和挑战，尤其是来自自己学生的。对他们而言，学生的挑战与冲击，最核心的影响是他们赖以安身立命的、几无回旋余地的观念世界被质疑。在他们看来，这是一种连根拔起式的否定与挑战。

此时，这类老师往往会表现得焦虑并展开应激反应，使得原本就相对封闭和僵化的思维及观念变得更加紧张、激烈和僵硬，因而也就丧失对挑战与冲击本身是非曲直的客观观察和理性从容思考，丧失在周全的思考和应对中拓展更加宽广教育空间的可能性。这其实是一种价值回路以及精神自足的幽闭状态。

这种幽闭，锁住了自己，也伤及了教育和学生。无数案例表明，强势的父母与教师教导下的孩子,更容易唯唯诺诺、缺乏主见、人云亦云。而当自我又强势的老师与你追我赶的"效率崇拜"声浪"联姻"后,学生自身的生命环境也就变成了与其主体身份与角色、主体意识与需求无关的客观而又朦胧的背景,身处其中却又分明感到置身事外。于是教育只不过是痛快了师长而牺牲了孩子的一厢情愿罢了。这对学生不公平:他们在场,却无足轻重;他们"活"着,却模糊为某种特定的符号或整体性叙述;教育缺乏尊重、宽容和善良,也缺乏对生命的照料、成全。

殊不知,我们每一次面对的每一个学生都是唯一的、不可重复的、丰富而又具体的完整的人。这个"人"既不是老师的某一部分,不是某个学生的一部分,也不是某个人或某种意志的不自觉的工具。他就是他,一个拥有独特而又完整的目的的他。我们只有把一个个学生的成长看成是不可分割的生命协奏曲时,每一个学生在老师面前才摆脱阴影而获得独立自主的主体身份;我们只有承认花开有期而静待花开,每一个学生才能从千篇一律和削平补齐中挣脱出来而被看见,以清新鲜活的姿态舒展生命的七彩斑斓。

此时,教育带给学生的,是不断强化的主体认同和不断深化的主体使命与担当。这样,每一个学生才能免于或因身心负担过重,或因心灵的荒芜,而倾向于或自我封闭或自我放逐的境遇,有宽松的空间,也有充裕的时间,来得及经由教育生活,不断推进并生成对自我、他人、美善的感知和体悟,使自身感受力日益充沛发达,倾心于自我心性的塑造、融情于自我生命的拔节生长,让个体生命超越平庸走向完满。

我相信,这样的教育,有山有水、有花有草、有阴有情、有阳光有雨露、有风霜有彩虹,它本身就是一道绚烂的园林风光。这是很具有艺术性和某种神秘感的存在,花草山水的高低错落有致、羊肠小径的蜿蜒曲折变化,春风拂面或雨露沁心的畅快惬意,使其具有某种私密性,总给身处其中的人以想象的空间和继续前行一探究竟的好奇心,从而增进了园林风光般存在的意义感。

作为新时代的教育人,我们不能不解风情,七转八拐的小径不走,却聪明地利用"两点之间直线最短"的知识穿草坪而过——教育中所蕴含的一波三折、荡气回肠、扣人心弦、触碰心灵的那种神秘、优雅和美丽被行色匆匆的师生践踏的七零八落——留下一道道被人为踩踏后裸露的光秃秃的地表大煞风景。我们不应缺少漫步欣赏、感受、玩味别致风光中的真善美的开放姿态——步履匆匆中带着对善好的拒绝和对自我的封闭，好奇心没了，灵魂伸缩的弹性没了，相互生命成全没了，剩下的只有师生心领神会的技术性教育投机罢了——致使园林风光之于"我"的意义已经支离破碎、荡然无存。

把教育视为园林风光，即意味着视学生都有独特存在的意义，各自的生命地位与价值均被看见，被尊重，意味着一枝独秀不是春，百花齐放春满园。这对师生双方均有重要意义。对老师的意义在于，帮助其意识到视教育交往为老师与自己影子的交往的单调灰暗，重新定位自己与教育、与学生之间的互动关系及彼此地位。实际上是促使老师从自我而又强势的教育姿态中解放出来，限制自我膨胀的欲望而视自己为教育园林风光中平等的一员。对学生的意义在于，有助于其克服横向比较的不合理内卷状态，而更多地在纵向比较中扩充、发展自我生命；不再因为削平拉齐的需要而压抑自己，让每一项才能、每一种潜能都有发光的机会，让每一种志向、每一个选择都有同等分量的尊严、同等广阔的舞台。

把教育视为园林风光，对教育自身同样意义重大。这有助于消除片面追求效率和唯分数论的顽瘴痼疾，克服竭泽而渔、杀鸡取卵之固执，消除有知识无文化、有形体无灵魂之极端，让教育慢下来，也丰富起来。教育只不过是提供充沛的以知识和素养为主要成分的阳光雨露及沃土，和煦的以技能与价值信念为主要成分的春风作信使和媒介，然后静待小草长成小草的样子，大树长成大树的样子。这种教育是善的教育、好的教育，是善好的教育。此时，我们才愿意、才能够给予教育一些闲暇，关注并重视师生独特生命个性，营造师生平等、相互尊重、相互信任、相互开放、相互成全的教育场域，我们才能倾心于此时此刻师生交流的深度和广度，倾心于此时此刻师生生命本身，让生命自然地舒展、多元地体验、惬意地生长。

每当此时,我总会想起以"仁"为核心思想主张的孔子。在孔子那里,特别强调人际的和谐,这恰恰是善好教育所必需的。唯有"己所不欲,勿施于人"方才有机会构建和谐善好的教育关系,唯有和谐善好的教育关系才会孕育充满魅力的教育风光。既然己所不欲,勿施于人,自然就要因材施教、有教无类。所以因材施教、有教无类的提出,是"仁"的主张在教育中的具体要求和体现。孔子说"克己复礼为仁","复礼"与"非礼"相对,当我们能做到非礼勿视、非礼勿听、非礼勿言、非礼勿动之时,也就是"复礼"之时,是因材施教之时、有教无类之时。

日常教育活动中的一些师生冲突,或多或少地与老师不由自主地对学生有各种名义的非分之想、非分之言、非分之行有关,与构成对学生的"非礼"和"不仁"有关。解铃还须系铃人,缓和、修复糟糕的师生关系,乃至经营、塑造善好的教育关系,对老师而言,尤其要做到以克制和礼让的态度宽和地对待学生。孔子有言"夫仁者,己欲立而立人,己欲达而达人",则说明我们必须让自己具备充分、突出的关于"仁"的意识和信念,才能"仁者爱人",施教以仁,给予学生个性多元发展的机会和空间。若如此,则"爱人者人恒爱之;敬人者人恒敬之",我们老师在创造一幅阳光明媚的教育园林风光的同时,也将收获教育回馈于我们的仁爱和温暖。

让同情心站在教育的正中央

同事两岁多的女儿,将她姥姥的衣服从卧室拿出来扔在了客厅地板上,同事好几次提出把姥姥的衣服拿回到卧室的指令,孩子就是不为所动。后来同事换了一种表达:"哎呀,姥姥的衣服离开家已经很久了,它想回家了,你能把它领回家吗?"结果孩子很痛快地将姥姥的衣服放回到卧室。前后沟通效果天壤之别,除了沟通技巧、表达形式上的因素外,更为重要的是,后一种表达是与孩子内心深处对归属感和安全感的朴素体验相一致的,或者说它符合孩子对归属和安全的认知。孩子从自我对安全和归属需求的体验,同情于姥姥的衣服并视其需要同样的安全与归属感,所以爱屋及乌。这其实是对最为朴素的同情心的坚持和践行,是本能性的善举。

依本能而行善举,说明孩子幼小生命里对帮助姥姥衣服回家的行为有一种自然而然的使命感,尽管她还没有办法意识到这一点。但这恰恰表明其可贵,因为无意识,所以就没有夹杂任何形式的算计,是生命本色。我们发现,越是年龄小的孩童,其同情心越自然越充沛越真挚。我家小孩在故事中听到主人公因妈妈受伤而哭泣时,他也会抹眼泪;看到别的小朋友受伤或委屈而悲伤时,他会走到跟前默默拉起小朋友的手。所以行走和陪伴在这些孩子中间时,我们总会有天使在身边的感觉,仿佛自己本已迟钝、消沉的情感与心灵也焕发了生机。

可是成人世界中"天使"缘何如此稀缺?为何我们如此渴望他人与我们"同情"而不得?为什么人的情感和心灵会日渐失去童真?为什么随着教育学习成长的介入,社会习染日渐增多,一些人的生命在富有同情心和善念的本色意义上呈现日趋蜕变之势,似乎越成熟越势利,越精致越计较?其实,个中缘由我们清清楚楚。概而言之,教育目标功利化,教育内容的理论化、空泛化、矛盾化,教育方法的单一与死板,教育行为偏好理性与技艺而弱化情感与体验,都影响了同情心教育的成效,致使人与人之间竖起了无数道无形的"心墙"而影响彼此之间心与心的靠近、情与情的融通。

当我们这样追问的时候,似乎已经暗含着教育实践在启迪和扩充人的同情心方面不仅建树无多,反而有些适得其反。这难免有些难为情,这有违教育的初心,教育本应在保护儿童青少年的同情心上展示出比我们目前所体验到的更好的价值与追求。

虽然难为情,我们依然要直面教育现状与问题。长期以来,我们在工作总结或汇报、个人表态中总在信誓旦旦地诉说着以生为本,呵护学生的心灵,关注学生的德性,可事实上未必切实做到言行一致、名实相副。消极地看,这一定程度上掩盖了教育实践中的真相,让教育或多或少、或轻或重地戴着假面具在"歌舞升平";我们的教育实践,并未真正地让人的心灵和德性站在正中央,学生同情心的守护和扩充被置于无足轻重的地位。积极地看,纵然在实践中未能做到,至少我们在言说中、在观念中已经有了呵护心灵、关注德性的或明或暗的意识,这种意识就是承载着使命与希望的一道光。

我相信,随着越来越多人的言说和表态,这道光一定有很多机会逐渐温暖并照亮教育现实,一定会有越来越多的老师们去尽力让人的心灵、德性、同情心等站在教育的正中央。实际上,在我们身边,就不乏高度重视学生内在品性的养成性教育且在其教育教学实践中有颇多建树的优秀老师,这些老师是我们看齐的对象和学习的榜样。他们的以身示范,给予我们诸多启示。

首先,教师要富有真诚的同情心。比如,从以张桂梅为代表的优秀教师身上,我们就会看到,他们恰恰是发自内心地、基于对生命深刻理解与呵护地把学生放在了自己心里最重要的位置。这是最真挚、最纯洁、最无私的一种同情。从他们身上,我们发现所谓的同情,"与其说是我们设身处地生活在对方的世界中,还不如说是对方已经生活在我们的内心世界中"①。这预示着,我们是否真诚地允许孩子生活在我们的内心世界中,将影响着我们的同情心的真假与强弱。

关键是,很多老师很难把学生当作一个完整且独立的生命个体而接纳,接纳学生身上符合我们预期及标准的部分容易,而接纳与我们预期及标准相冲突的部分较为困难。在此基础上产生的所谓同情,往往是伴随着邀约条件的,本质上是一种契约关系或交换关系,同情只不过是一种即时性的、短暂的感觉,缺乏崇高的感受和付诸行动的意愿,同情只不过是一个好看却不中用的漂亮包装而已。而在此基础上成长起来的孩子,大概也会"青出于蓝而胜于蓝"!这表明,师生交往中所蕴含的深沉而热烈的情感,所追求的心灵温度不能被虚假的、欺骗性的、交易性的同情所吞噬。

其次,要呵护和培养基于善良的仁爱之心。正如叔本华所言:"一切真

---

① [加]马克斯·范梅南:《教学机智——教育智慧的意蕴》,李树英译,北京:教育科学出版社2014年版,第93页。

纯的爱都是同情，而任何不具有同情的爱就是自私。"①同情是爱的表达，同情是爱的呈现与转化。没有爱就没有同情心，没有付出爱，也就没有因为同情而产生的行为改变。所以同情心的培养实质上是对爱心的培养。优秀的老师往往不假思索、不带功利地深爱他们的学生，"因为爱着你的爱，因为梦着你的梦，所以悲伤着你的悲伤，幸福着你的幸福；因为路过你的路，因为苦过你的苦，所以快乐着你的快乐"；这样的老师，因孩子的苦恼而苦恼，为孩子的喜悦而喜悦，看孩子的成长而成长，见孩子的幸福而幸福，因而他们往往也获得来自学生不假思索、不带功利的深深爱戴。这其实就是师生之间自然而然地发生了"同情"。

优秀老师们的智慧和经验启示我们，要在最能保护和激发同情心的善良与爱心处着力。大千世界，存在着各种各样的生命形态，这些生命之于我、我之于它们的相互依存、彼此照料的成全性而非对抗性关系的感知和体验，就有助于帮助孩子在同为"生命"的层面上建立对其他生命的情感联结。这是善之端、善之念。在善端善念的基础上，对爱心的唤醒尤为突出。爱不仅是一种流淌着善端善念的情感，也是一种需要学习和经验的能力。"好心办坏事"情况的出现，不是爱之本心的问题，而是爱的方式、时机、节奏等出了问题，而对这些问题的克服有赖于教育实践中的学习和经验。只有经历恰当且真诚的爱，才能形成一种关于如何爱的推己及人的体察；只有经常被恰当且真诚的爱所包围，才能形成一种柔软而多情的心相，从心底里构筑起宽和待人接物的自觉品性。懂得爱、学会爱是学习中的重要内容。

再次，要培养细腻良好的自我感受能力。过于粗枝大叶，或者过于理性冷峻，或者过于麻木消沉，则无论师生有多少关于善良、爱与同情的理论知识和深刻认同，都未必能实实在在地促使其所拥有的认知和理解转化为助益性行动，其情感的世界往往荒芜一片。懂得与行动是两码事儿，中间隔着一道自我感受能力的距离。自我感受能力弱，则体验到的爱和同情会

---

① ［德］叔本华：《作为意志和表象的世界》，石冲白译，北京：商务印书馆2009年版，第515页。

较弱,相应地,对于付出爱与同情也会表现得笨拙木讷。相反,有良好的自我感受能力,则会对周遭的蛛丝马迹都做出主动的、充沛的、向善向好的情感回应。

自我感受能力是带有鲜明的主观感情色彩的、对客观事物的综合反应能力。这种能力以个体主观投入的主动性、向客观事物开放的积极意愿为前提。就像你永远叫不醒装睡的人一样,如果一个人的心门和情感之门是主动封闭的,那你无论如何都很难使其可能具有的爱与同情苏醒。问题的核心在于,作为社会性情感类生命体,人们在初始阶段都是愿意积极主动向他人敞开自己,也愿意接纳客观事物之于自己的塑造的,那么主动选择封闭自己,必然事出有因。

一般来说,这与其成长历程中遭受的嘲讽、误解、屈辱、冷落、忽视、疏遗等等负向体验呈正相关;而且,被其视为生命中的关键事件、重要他人所发挥的作用至关重要且影响巨大。所以让心门敞开,让同情苏醒,要有赖于学生成长中的重要他人在关键事件中给予孩子足够的信任、温情、尊重、重视、成全。而关键的关键是,我们要能准确识别哪些事件在我们眼里稀松平常而在孩子眼里却是关键事件,包括我们自己在内的哪些人是孩子心中的重要他人却尚未发挥充分而恰当的育人作用。说到底,这需要我们有学生视角、学生立场、需要我们时刻准备着并切实地进行换位思考。

最后,要培养向善向好的想象力。想象是一种源于现实又不拘泥于现实的跨时空的超越性能力,经由想象,人们可以把周围的人和事在头脑中"设计"或"描绘"得更糟糕或者更美好。基于让现实世界变得更美好的善良的想象力,往往能给予我们力量和指引,它的超越性帮助我们穿过现实际遇的墙,而跨越到对温暖与和谐、欢愉与美好的创造性构建中,以助推我们采取助益性行动,帮助我们摆脱、改善、优化现实境遇。

人与人之间的情感连结必然经由想象,生动鲜活的情感总是伴随着生动鲜活的想象。设身处地地把对方的境遇或发生在对方身上的事情,想象成自己的境遇或发生在自己身上,以主角的身份去感受、去畅想、去识别、去寻求应对之策,进而主观推断对方的感受、畅想及可能的应对之策并付诸行动。没有想象,很难会有共情的发生,没有共情,就很难有把自己剥离之后的对对方的同情。

很多时候,想象力源于细致的观察和细腻的倾听。因为只有观察得足够细致、倾听得足够细腻,经由我们想象去加工的材料才会比较充实,去调动情感、智识与经验的方向感才会比较清晰,这既决定着想象的起点,也影响着想象的走向和结果。所以尽管有各种各样的培养想象力的方法,但万变不离其宗,我们应该把培养孩子的观察能力、倾听能力放在首要位置。尤其在情感领域,观察和倾听的深度及广度代表着用情用心的程度,也就代表着用情用心去想象的程度。

概而言之,同情,与其说是看到或感受到了对方的某种遭遇而生发的,不如说是因为看到或感受到造成这种遭遇的某种境况,并对这种境况进行了设定自己"在场"的共情性想象而产生的。车祸本身不能促成同情的产生,但车祸中受伤的人的痛苦,或者因车祸而丧生导致一个家庭失去父亲或母亲、儿子或女儿、丈夫或妻子,致使这个家庭的生活处境将变得艰难惨淡,是会促使我们在共情性想象的过程中产生同情的。对于优秀学生,优秀本身不能促成同情的产生,但其使自己变得优秀、保持优秀而长期努力、克制、坚守的样子,甚至对某些不利因素的顽强抗争的场景,会使我们产生深深的同情并心生敬意。

既然同情是在具体的情境中生发的,那么情境就是同情的介质。要让同情心站在教育的正中央,则无论是我们教师真诚地表达同情,还是呵护和培养基于善良的仁爱之心、细腻良好的自我感受能力、向善向好的想象力,都应在具体而鲜活、真实而生动的情境中达成。在这样的情境中,孩子听到、看到、经历过的事物,才会有血有肉,有悲欢离合临场感,才会有耳濡目染中对他人给予关切和帮助,这其实也是修正、重塑自我观念和行为的过程。当这样的过程处于教育的正中央时,孩子彼此之间会形成无形的模仿与借鉴、熏陶与感染的同经历、共成长的和谐关系。这种关系,将让受其润泽的生命更加温润和高贵。

日常教育生活中，我们还要警惕同情心被利用为有目的的控制、教唆等不正当行为的手段。富于同情心的人容易通过融化的、柔软的感情，以及带节奏的情绪渲染，而影响其心灵、判断和接下来的行动。那种靠故意卖惨而控制你为其鞍前马后，或者引诱你破财或误入歧途的，都是利用善良和同情心而达到一己私利的典型表现。站在教育正中央的同情心，不仅要表现为让孩子懂得爱和愿意付出爱，还应表现为让孩子学会爱、学会付出爱。不能让善良和同情心成为帮助一些人为非作歹的软肋和突破口，所以同情心教育中，还应补上这样一课：所有人都应自觉对同情心保持最虔诚的敬意，不得视同情心为获利的一种廉价且好用的工具。这样或许我们每个人所拥有的同情心才能真正站在生命的正中央，既不廉价地挥霍而上当受骗受辱，也不吝啬地持有而变得刻板冷漠。

不要让误伤成为教育生活中的常态

早读时间，有一位老师当着全班同学的面批评课代表说："让你昨天就把作业收齐给我送到办公室，到现在我都没有看到你们班的作业，都要上课了，作业还没有批改，这课怎么上！"课代表诺诺地说："我昨天去了好几趟您的办公室，都锁着门。"老师缓和了语气说："昨天我事情多，以后你可以再多送几次，实在找不到我，先把作业放在办公室门口。"

上课了，老师让学生把课本翻到某一页，看到学生执行指令不是很迅速齐整，有些着急，从讲台上走下来到第一个学生那儿，用手一边敲击这个孩子的课本一边说："让你把教材翻到某某页，怎么一动不动呢？"孩子指着教材的页码说："老师，我教材已经翻在了您说的这一页。"老师看了一眼他的教材，淡淡地说了句，"哦，我没看见"。

一节课前，老师对各小组分头利用课余时间合作编制各单元思维导图的情况进行点评，重点批评了其中一个小组，因为这个小组编制的思维导图非常凌乱，一眼能看得出来是敷衍的，没有认真思考和研究。该小组长向老师解释说，其他小组早早就从课代表那儿领到了具体的单元任务，自己小组由于课代表在发任务时组长不在，后来课代表忘了这事儿，直到快要交作业时才想起来给他们任务，所以做得很匆忙。老师听后回应说："既然已经说了有这项任务，你们为什么不主动找课代表要任务？说明你们根本没把这项作业放在心上！"

以上事例无一例外地展示了老师对学生的误伤。相信很多老师看到这些事例都会心有戚戚焉。的确，类似伤害并非老师有意为之，但在中小学课堂上、师生日常交往中又是普遍而真实存在的。这些事例表明，一方面，似乎老师永远是立于不败之地的，无论什么情况下，都无需向学生道歉。这或许就是成人世界里，任何身份不对等的双方中，优势一方不假思索的固执和霸道吧——这种固执和霸道在师生关系中的老师身上似乎格外显眼和突出；这种固执和霸道在教师内心难以启齿的层面上，或许还反映了对某种威胁的恐惧："我们想要的是符合我们开出条件的相遇，以便我们能够控制其结果，以便他们不会威胁到我们关于世界和自我的观点。"[1]另一方面，也许是与恐惧相关联的，似乎老师的思维永远是结果导向的，只关注最后那一刻，而对于过程中方方面面情形几乎没有丝毫兴趣去一探究竟，甚至可能还存在着有意回避的强烈渴望。

我相信，孩子从老师口中得到这样的回应时，心境是委屈的，情感是消极的，因为他们和我们一样，也渴望得到公正的对待，不愿意蒙受不白之冤，不愿意承担超过其本应承担之限度的责任。我更相信很多孩子听到这样的回应，已经激不起他们心境和情感的点点涟漪，因为他们从小到大，差不多都是被包括父母在内的师长这样对待的，早已经因习以为常而处之安然了，甚至可以说有些麻木了。

"只有蒙冤的往事，却无抚痛的忏悔，大约就只能是怨恨不断地克隆"[2]，这是作为唤醒生命的教育事业所不应有的结局。然而老师们意识沉

---

① [美]帕克·帕尔默：《教学勇气——漫步教师心灵（十周年纪念版）》，吴国珍等译，上海：华东师范大学出版社2014年版，第31—32页。

② 史铁生：《灵魂的事》，天津：天津教育出版社2010年版，第83页。

睡中的误伤使学生处于漠然和麻木的状态下,生命自然很难变得敏感、热烈、丰盈、富有向善向好的潜力的。这是否意味着对生命活力的扼杀,对温润心灵的炙烤?！如果唤醒生命是为了获得创造幸福人生的素养,那么这是否意味着对孩子当下即享受幸福教育生活,进而在未来创造更美好幸福人生的无动于衷,乃至反其道而行之呢?

教师也很委屈。在自己的受教经历中,我们就是在这样的对待中成长的,教育日常中,我们就经常被大大小小的领导们如此对待的,以至于我们已经彻底地接受了这种境况,觉得这不足以大惊小怪,不足以深刻影响人的生命。所以很多老师才觉得以类似方式对待学生未必不合理,甚至有个别老师还会产生用别人对待他的方式来对待学生的念头和行为。我们是否也嗅到了这种对待方式的代际传递性?！可是,当老师认为"未必不合理"的时候,当老师用别人对待他的方式对待学生的时候,他的价值观念及行为模式难道不是已经不容置疑地被其受教育和从教经历所深深塑造了吗?！

这也反映了,很多普通老师已经放弃了对现实的抗争,也放弃了对自我生命的再次唤醒和提升,安于现状、甘于平庸,试图通过与现实世界的消极性、被动性"和解"而求得心里的安然,以让自我心灵沉睡或装睡的方式换得生活的舒适。作为人类灵魂的工程师,老师们表现出这样的状态,多么悲凉！尽管教育生态不容乐观,苛责老师似乎有些找错方向的感觉。但是我们都是处于这个生态中的活生生的人,如果把改变的希望寄托于外在的生态环境,恐怕这希望之光永远照不进我们教育生活的现实,"代际传递"将依然延续,教育将依然灰暗不明。

教师不是普通的成人,而是承担着塑造孩子心性,承载着孩子的前程与梦想,承载着民族复兴使命的专业人,那些不假思索的无意识行为是职业行为所不能也不应接受的。做现实的奴隶,就意味着"跪着教书",而习惯了"跪着教书"的老师只能培养出跪着的学生。我们老师有何优先权去决定其精彩人生远未充分展开的青少年儿童未来发展及生活的空间和样态?！作为自然人,教师当然可自由选择其生活姿态,但作为教育的职业人,教师必须站在教育对象的立场上去选择、去创造教育生活样态。

教师作为教育职业人,"育人先育己"应成为我们的普遍共识和教育行动指南。教师本身就应有强烈的唤醒、尊重、提升、成全自我生命的自觉,要有清晰敏感的生命意识、细腻温润的生命情感、向善向好的生命追求。从理想的角度看,教师的生命品质与姿态随其言行举止而"随风潜入夜"地映入学生的感官,浸入学生的心灵,发挥着引领、示范、矫正等育人作用,教师必须拥有这样的生命正能量。退一步看,信息时代里对学生生命姿态产生影响的人和事物已然非常多。教师对学生的影响,分量上或许有所减弱,但至少不能任凭自己的生命姿态成为掣肘学生生命成长的阻力或障碍,不能让自己的生命姿态成为消解学生好不容易建立起来的良好生命姿态的反面因素。这也要求教师在师生交往中要时刻对自己的言行举止保持警惕和反思,不能向现实缴械投降,更不能对形形色色的误伤不以为然。

教育日常中还有一种误伤,是不合理的规矩制度造成的。我曾经与学生一起制定了班规:没有正当理由而出现迟到,则站着上课以示惩戒,站着上课时长以半节课为单位,随迟到的次数累加。有一天我外出教研,有个经常迟到的女孩子又迟到了,结果一整天八节课她都是站着听下来的。第二天到校,我得知这一情况后,感到非常震惊。我震惊于这个孩子能在无监督的情况下站着上课长达八节之久,纵然利用课间她可以坐回座位休息,这八节课也是超长的,她的这种很强的纪律意识、自律意识及其做法我于心不忍;我还为这条班规感到震惊,它的本意是约束迟到现象的蔓延,但它却在这个孩子多次迟到后实实在在地伤害到了她,不仅是身体上的伤害,可能还有心灵上的伤害,而身体的伤害很快能恢复,心灵的伤害也许会跟着她一辈子。

这个女孩子的做法让我陷入了深深的自责,作为班主任,我在主持班规制定时考虑不周。人世间有很多事情是个人主观意愿和行动左右不了的,就像这个女孩子,在明知迟到可能要站八节课的严重后果的情况下依然迟到了,且迟到后丝毫没有退缩,而是把纪律制度挺在前面,说明这种迟到已经超出了她主观所能控制的范围。而我明明知道她上学的路途遥远（要先坐公交倒轻轨后再坐公交车才能到校，途中若要遇上堵车、轻轨突发暂时性停运或者人太多而没有挤上轻轨、恶劣天气影响等，都有可能导致迟到），却没有在班规中对类似特殊情况予以豁免，这说明我在班级治理中，心中有规矩而目中无人。正因如此，本来用以约束迟到现象蔓延的班规，却在客观上误伤了一个自律的孩子。

这件事情对我影响很大，它在一定程度上促成了我生命意识的再一次提升。当我以同理心去想象这个孩子的迟到及迟到后的自觉承担时，我的同情心是泛滥的。换作是我，在把纪律规矩挺在前面的同时，也许心中会有一些瞬间去抱怨命运的不公，为什么我就得承受如此波折才能坐在我的教室里享受学习?! 天哪，这难道不是暗含着对父母的埋怨、对人生的怀疑吗? 这难道不是对自我生命未能得到温柔对待之委屈的表达吗? 长此以往，人的生命岂不变得坚硬冷酷! 这不是一种积极向上的生命姿态，而这种生命姿态在一定程度上却因为一条不合理的班规被放大、被强化。

事实上，在教育教学日常中，或成文，或口头，我们针对学生制定的纪律规矩，提出的要求，都有可能存在误伤现象，却普遍地没有意识到误伤的存在。我的反思是，在最内核的层面上，教师的教育教学治理行为，必须牢固地站在生命教育的立场上，要同理、同情地站在学生的角度，评估、研判相关纪律和制度对学生生命成长可能造成的风险。如此，一项制度、一个纪律要求，才有可能目中有人，逻辑中有生命的呵护。在技术操作层面上，任何的制度和纪律要求，在限定性、规范性条款上都应当是适度的，过了这个度，无论你的出发点具有何等的正当性，都应该受到批判性审视。

从本心讲，任何老师都不愿意看到误伤情况的出现，但有效避免误伤的存在，是需要极好的教育素养和育人智慧的。尤其是老师们要通过各种方式积极倾听来自心灵深处的声音，与内心对话并对其作出应答，这样我们才能舒舒服服地接受内心的指引和教导，破除自我生命的坚冰，维护自我身心健康的同时也让心灵变得柔和温暖。我相信,这样的老师也一定会出于对柔情似水的生命的呵护而去倾听学生。毕竟,"心灵深处直对心灵深处才产生共鸣,如果我们不能发出我们内心深处的声音,我们当然听不到学生内心深处的声音"①,所以,我们不能因为别人眼里只有事和势,我们也效仿着没心没肺地目中无人而只想着事和势。

只要我们一起朝着使自己,也使学生成为目中有人、心中有爱的人的方向奔跑,教育的行程里一定会一路阳光一路芬芳,看见美好也拥有高品质的幸福和未来。

教育的力量就藏在教师对学生真诚的道歉中②

一次,因为作文判分出现问题,学生希望老师修正作文分数并重新核算总分,老师嫌麻烦不想改。学生有些激动,再三请求下,老师修改了成绩,冷言冷语地说:"照你的意思办,现在我已经修改了,你还有问题吗?"老师的态度出乎学生意料,也激起了学生情绪的反弹,这种不公平感知促使学生对老师说:"老师,您还欠我一个道歉!"冲突由此爆发,在一阵唇枪舌剑后,最终老师说:"好的,我道歉。对不起,是我错了。这下可以了吗?"师生不欢而散。

教育日常中,类似情况常有发生。老师给学生道歉似乎是一件很困难的事情。老师没有主动向学生承认错误的意愿,虽然在学生的"纠缠"下道歉,但心里不是滋味,觉得学生矫情,没有给足老师面子,所以常常会在道歉中夹带"私货"——认错是有附加条件的(你觉得我应该道歉,所以我才道歉),并隐晦地表达了学生的敏感和纠缠才是问题的要害。另一方面,学

---

① [美]帕克·帕尔默:《教学勇气——漫步教师心灵(十周年纪念版)》,吴国珍等译,上海:华东师范大学出版社2014年版,第25页。

② 此文以《给学生道歉又如何?》为题发表于《班主任之友》2023年第13、15期(2023年7、8月合刊)上,出版时有删减。

生做错了事,老师又教育他们要勇于承认错误,若学生拒不道歉,则老师心里又会皱皱巴巴,给这孩子贴上蛮横不讲理、冥顽不化的标签;只有学生主动承认错误并道歉,才被老师视为是该有的态度。这是典型的"双标",却在很多老师心里并未觉得有何不妥。

问题的复杂性在于,在与亲朋好友或同事的相处中,老师们该道歉时会积极道歉,该接受道歉时也会表现出对道歉者的谅解,缘何偏偏在与学生相处中表现出"双标"特征呢?!一般来说,对于有意道歉的人,选择道歉可能是出于:"第一,他们因为冒犯他人而感到羞耻、内疚,对给他人造成的伤害感同身受;第二,他们试图修复彼此的关系,他们害怕遭到遗弃、报复与其他惩罚,使关系进一步恶化。"①从道歉者的需求和目的出发,给了我们理解老师"双标"行为的窗口:第一,老师们会对冒犯亲朋好友或同事感到内疚并感同身受,但对学生则很少有这样的感受;第二,老师们很重视维护与亲朋好友和同事之间的良好关系,但漠视维护与学生之间的良好关系;第三,老师们视亲朋好友和同事为交往圈中平等的一员,但视学生为可以任其摆布的附庸。

道歉,是面对错误时,既给别人也给自己的一个负责任的交代,以恢复彼此的尊严,修复受损的信任。"双标"反映出了师生人格地位的不平等,老师心底里希望学生对自己负责,却不承认自己同样对学生负有责任,也暗含着把信任受损的责任和修复受损信任的义务都推给了学生。这是利用师者之身份欺负学生的表现,本质上则代表着老师的这样一种心态:我们在学生面前就应该是事事正确、毫无保留被认可的完美形象。殊不知:"犯错误比完美更容易促成良好关系的形成。我们无法改变一个'完美'的人。如果两个'完美的人'走到一起,他们肯定会吵个不停,因为他们既不能理解对方也不能忍受对方。"②

---

① [美]艾伦·拉扎尔著:《道歉的力量》,林凯雄、叶织茵译,北京:北京联合出版公司2017年版,第29页。

② [意]玛利亚·蒙台梭利著:《有吸收力的心灵》,高潮、薛杰译,北京:中国发展出版社2011年版,第200页。

　　学生当然不会视他自己为完美之人，但他们也无法忍受时时处处把自己放在"完美的人"的位置上的那种老师，所以会以各种若隐若现的方式来表达出这种无法忍受。而当事事正确，或者无保留地被认可受到质疑或挑战的时候，老师往往产生心理上的抗拒，并把这种抗拒表现在不屑、冷嘲热讽、冷言冷语的神态言行上。更为"用心良苦"的是，通过这种神态言行所制造的氛围，既准确地表明自己道歉了，又准确地迫使学生明显感觉到是学生失去了风度，所以学生虽然争取到了老师的道歉却在心里也很不是滋味。这是基于患得患失的恐惧而和学生争短长、较输赢的较劲伎俩，使学生有理由推测，老师在以后的任何一个需要道歉的场合中，会依然故我地曝光其虚伪和高高在上的那种自命不凡。这不是教育，也不是维护师道尊严的正确方法。

　　虽然老师通过迫使学生心里不是滋味的方式，在具体的某件事情上似乎"扳回一局"，但失去的是自己在学生心目中的良好形象，以及教书育人的可信度。其实学生希望老师道歉的目的很单纯，只不过是想确认错不在自己身上；老师积极主动地道歉，并为失误或所犯错误及时进行修正或给予合理补偿的过程，就是学生确认错不在己的过程。老师选择不道歉，其实是有意无意地搁置或模糊化了失误或所犯错误的责任方，这是学生不能理解也不愿意接受的。因为这样一来，学生并不能确认错不在己，也会在思想观念上产生"面对错误我们该怎么做才合理"的苦恼。

　　但在争短长、较输赢的师生相处模式下，老师视师生双方是利益的对立面，形成的是一种试图以某个事件为机会，去制服、消解对方的离散型关系。这种关系下，师生双方的彼此认同和相互信任感是非常低的。而作为相对被动一方的学生，更为糟糕的潜在风险是，被不公平对待后所产生的对具体老师的不信任，可能会导致他对陌生人的普遍信任程度的降低，此其一。其二，也会扰乱或动摇学生对"知错能改""有错必改"的价值观念的信心，给学生健康成长造成困扰。

　　显然，教育不应该是这个样子的。在教育生活中，师生应该是教学相长的伙伴，是相互成全和照亮的一道光。但同样显然的是，教师在师生关系中更具主导性,自然应该承担更多的责任。遗憾的是,许多老师既视自己为普通人,因而允许、接受自己工作中出现或大或小的失误、或轻或重的错误,又视自己为学生面前极不普通的人,因而很难允许、接受自己向学生承认错误并道歉,很反感为学生承担责任。这也许是优秀教师和普通教师的区别之一,越是优秀的教师,越能放下身段,以平等之姿态真诚地向学生道歉,他们都懂得这道歉中充盈着教育的力量。

道歉的力量源于真诚。因自己的失误或错误带给学生的,一定是或大或小、或轻或重的创伤性事件。有创伤,就应有修复创伤;谁造成创伤,谁就应承担起修复创伤的责任,而真诚的道歉就是积极主动修复创伤的努力。上述作文判分的案例中,学生情绪反弹,师生不欢而散,就因为学生认定自己接连经受了老师带给自己的创伤,却丝毫没有从老师这里感受到修复创伤的意愿,感受到的是老师的嫌弃和敷衍。如果说第一次因为作文判分失误带来的不公正的创伤,若老师能及时痛快地修正,则学生不仅不会在意老师的失误,还会感谢老师(这就是孩子的可爱之处)。可是老师不重视自己的失误,不把给予该生公正的作文评判视为无需学生再三争取而自己理应承担之义务,还在修改分数后表现出极不情愿的冷言冷语姿态,让学生再次领教了老师带给自己的羞辱性创伤。在学生情绪反弹之后,老师又迫于摆脱孩子纠缠之需要而口是心非地道歉,空有道歉之表象而毫无认错之诚意,学生又一次领教了老师带给自己的羞辱性创伤。

不真诚的、虚伪的、不得不低头的、敷衍的道歉,不仅不足以弥合师生间的信任裂痕,反而适得其反,使师生关系变得更糟糕。而没有善好的关系,又何来善好的教育?!因此,看似一次普通平常的真诚道歉,实际上却对师生关系和教育成效发挥着隐性的重要作用。真诚的道歉中往往孕育着幸福情感的生产力,产生出淡化学生的愤懑和苦恼而获得心理平衡与知足的力量,也产生出老师重返学生心目中"事事正确"的高大形象的力量,更产生出师生协同面向未来而重塑与发展新的积极聚合性关系的希望。这一切让师生都感受到来自对方的尊重和善意,都沐浴在因交往而生的真实幸福中。

真诚的道歉只可能发生在平等、民主的情境中。学生给老师道歉易而老师给学生道歉遮遮掩掩,说明师生平等、师生民主交往只停留在老师的观念和言说中,还没有内化于心、外化于行。尤其是出现工作失误或犯错误时,老师本能地画地为营,进行自我开脱、自我谅解,而较少考虑学生的想法和感受,也较少主动、开放地倾听学生的心声;老师既没有做到错误面前师生人人平等,也没有做到民主探讨,共谋解决之良策。这种情况下,纵然教师表现出了道歉的行动,也只不过是一种姿态:一种你愿不愿意接受都得谅解我的姿态。在这里,老师潜意识里所坚决捍卫的,是对自我毫无保留地拥护,包括出现的失误和所犯的错误,学生只不过是配合老师完成他的道歉表演的道具而已。在这里,不可能有教师对学生由内而外地、完整地接纳和善待,也不可能有教师面向学生对自我由点及面、完整地展示和交付。

当老师不能完整地接纳和善待学生时,他往往会以自己之好恶和判断,去选择以更加利己性的方式和情境与学生交往;当老师不能完整地展示和交付自己时,他总是有意识地只允许并期待学生看到光鲜的一面,而忌讳学生对自己评头论足。这种地位的不平等、交流的不民主,使老师产生优越感而使学生产生附从感,是很难激发起学生的情感共鸣和认同的。

老师的道歉本来就遮遮掩掩,学生心里也清楚老师是虚晃一枪,这种少了真诚的道歉,对于育人来说几乎没有多少有价值的建设性意义。言传身教的使命和职责又要求教师的言行举止理应被赋予教育功能、体现育人价值。这就要求,老师们必须像毫无保留地拥护自己一样,毫无保留地接纳和善待学生;只有教师心中装着的那个人由教师本人被置换为学生时,教师对学生才会表现出像对待他自己那样的真诚、平等和尊重。在这种情况下,教师的道歉方可摆脱维护自我的局限性而延伸至对学生的体量和维护。而因为有对学生的体量和维护的加持,老师的道歉一定会更加有诚意,这份诚意里,携带着老师向学生完整展示和交付自己的民主与宽和,一定会激发学生向善向好生长的生命活力。

真诚的道歉刻画了一个谦虚、严谨、正直的教师人格形象。真正善于自我教育、自我完善的教师，从来不会避讳自己的失误和错误，也不怕暴露自己的缺点于众人面前；真正愿意平等以待、陪伴孩子一起体验挫折与成长的教师，从来不会在学生面前故作姿态，也从不惧怕来自学生的挑战和质疑。他们清楚，和学生一样，教师也是教育生活中不完美的人，在教育人生中，既需要影子也需要镜子，而学生既可以充当老师们确认自己的影子，也可以充当老师们反思自己的镜子。

作为师生关系中积极主动的一方，老师的真诚道歉所传递的善意、平等、尊重、温暖，会被学生们消化吸收，学生会以自己的实际行动展示消化吸收的成果，而老师们又从学生的成果中得到对自我行为确认或反思的资源和依据。这是一种非常难得的良性共生、共长、共育的教学相长风景，前提是老师需要有主动精神——先于学生打破僵局、先于学生进行自我批评和反思、高于学生评估失误或错误对学生的伤害程度、超越事件本身透视事件对当事人双方潜在教育价值的精神。

虽然真诚的道歉发生在一念之间，但很显然，在这一念之前或同时，它的背后却真实地发生了老师们所经历的必要而丰富的心理建设活动。这些建设活动是以老师的谦虚好学之愿、严谨务实之态、正直公允之心为内在动力的，其实是老师作为一个谦虚、谨慎、正直的人的"自动化"活动。网络流行语所谓"你不主动，我们之间怎么会有故事"，反映在师生关系中，则是老师的主动创造师生交往的多姿多彩的故事，不仅无损于教师形象和尊严，反而提升了教师人格和道德感召力，成就了教学相长和立德树人。

真诚的道歉，暗含着师生提升自己的勇气、决心和行动。有些时候，老师也意识到自己应为工作失误或所犯错误道歉，却放不下身段，冲不破所谓的"师道尊严"，没有决心和勇气去直面自己的问题，便以做做样子式的道歉来迁就自己。实质上反映了老师们内心深处对失误或错误的不安，以及由此带来的教师形象受损的恐惧。殊不知，采取逃避或迁就的方式应对不安和恐惧，难保此后不再有此类情况出现，因为老师并未从这些失误或错误中真正有所借鉴、有所成长。学生也会失去体验道歉中蕴藏着巨大教育力量的机会，他们没有从老师那儿学到做错事说错话必须坚决承担的意识,反而使老师以后的所有教育行为失去因信服而产生的力量。

真诚的道歉,意味着老师们要刀刃向内,主动把自己的缺点、失误或错误暴露给学生,自觉承认自己的不完美,这是需要极大的勇气的。成长的精神力量就蕴藏其中。一方面,以平常心直面缺点、失误或错误,就有机会获得以平常心去检视它、以平常心接受来自学生的挑战和质疑的良好基础。这个基础为老师们接下来在师生交往中,以平常心采取自我提升、自我矫正与完善的行动,开辟了广阔的道路和前景。另一方面,老师的真诚道歉,以及从道歉中获得自我教育、自我成长的力量,会因老师的以身示范和引领,转化为学生汲取自我启迪、自我化育之智慧的生命力量,不断促进学生人格的健全和完善;而作为正在成长中的人,学生需要有更多、更广泛的类似这样的机会去学会与人相处,学会自我塑造。

真诚的道歉可以抚慰受害者的心灵,让其恢复尊严,重拾自尊。对学生来说,老师的失误或错误对其造成的或大或小的伤害,有些人表现木讷不往心里去,有些人则表现敏感多疑苦闷。前者可轻易地原谅老师,而后者则可能要经历一番自我纠缠,"因为宽恕意味着受害者要从整个事件的道德制高点上走下来,经历与施害者相同的情感斗争,并在理性层面上发生转变,对施害者以及创伤经历产生新的认知"①。解铃还须系铃人,老师的真诚道歉其实就是对学生的拯救,而且必须拯救;即便是能轻易原谅老师的学生,老师也不能因此而"见坡就下"——逃避真诚道歉的责任和拯救的义务。

真诚道歉行为的实质是,老师在认真、正确、深刻地界定所犯错误及所造成伤害的实质与程度的基础上,真诚地、彻底地表达歉意并为此而采取包括但不限于情感方面的行动。"通过道歉,冒犯者实际上是在表达'我确实仍是你心目中的那个人',重申自己仍然忠于双方关系中潜在的规范与价值观"②。如此,才有可能使歉意顺利地传导到学生那里并被其接受,唤

---

① 赵静蓉:《道歉的机制和力量》,《文化研究》2020年第42辑。
② [美]艾伦·拉扎尔著:《道歉的力量》,林凯雄、叶织茵译,北京:北京联合出版公司2017年版,第29页。

起内隐在学生心底深处的、对老师的共情与原谅、接纳,从而迎来双方之间坦诚的对话和彼此照料。在这样的互动中,学生被践踏的尊严得以恢复、被误解的委屈得以释放、被伤害的心灵得以抚慰、被压抑的苦恼得以宽慰,重拾师生交往之信任与信心。更为重要的是,如同为教师的自我教育、自我成长开辟道路,这同样为孩子以平常心对待自己的失误和错误,树立有错愿改、有错能改、有错即改的信心和勇气开辟道路。

一言以蔽之,真诚道歉比高冷的沉默、虚假的敷衍,更能让学生体会到老师的道德修养和人格力量,更有助于学生对师生间的平等、信任、信心保持积极情绪及评价,从而修复师生关系、重塑教育的感召力量。因为信任和信心是教育生活中的必要成分,能够降低教育中的精力成本、易化师生合作行为、提升师生教育生活幸福指数、促进教学相长及师生生命成长。

善好教育需要大智慧、大胸怀、大魄力

经常听到老师们在闲聊中议论纷纷:"这个孩子,只要不跟他谈学习,什么都好!"言语中流露出可惜之情,似乎"不谈学习"的他完全配不上"什么都好"的他。这其中可能蕴含着深刻的教育伦理,一方面对于"什么都好"的学生,是否必须使其学习也非常好,方才体现教育的良心和作为? 我们是否允许"百花齐放春满园"? 另一方面,为什么孩子"什么都好"而偏偏学习不好,什么原因造成的,谁又该为此承担责任? 还有,如果孩子什么都不好唯独学习很好,而我们却"一白遮百丑",教育是否尽到了促使学生全面健康成长的责任?

我们的教育教学实践行为往往是缺少这样的较真和追问的。所以教育允诺给孩子的如此之多,可是真正兑现的却如此之少,以至于学生不认为教育是尊重他们,是为了他们,只不过是老师们为了自己的生计和前程装模作样地套在他们身上的,对他们来说并不称心如意却看起来似乎很光鲜漂亮的衣服而已。所以学生会有理所当然的逻辑结果,即当把教育理解为老师的生计前程之时，老师所实施的"教育"与他们期待的"教育"相比并不具备道德优先权，因此他们没有必要唯老师所实施的教育马首是瞻、唯命是从；他们不认为学生有义务为老师的生计和前程负责。教育过程中出现的师生矛盾，其部分原因正在于此，学生是在以他们的反叛和对抗向他们认为不属于自己的教育说"不"。

老师经常会以"都是为了你"为理由对学生进行苦口婆心的教育，然而这么一个"为了你"的理由，既可用来糊弄学生的道德良知，也可用来弥合自己内心中的道德创伤。你们看，我们老师所做的一切都是出于对你们成长的责任和道义，你们要不领情不乖乖就范，能对得起老师的这份心思和奉献吗？于是学生被老师逻辑中的道德绑架，当他们对老师的教育有一些不同看法时，这种逻辑首先在良心上就把他们自己置于不道德的境地，显得理不直气不壮。而那些不把老师的逻辑放在眼里的学生，老师往往给他们贴上"人品有问题"的标签，以此修复自己所遭受的道德质疑的创伤，毫不费力地继续将自己置于道德的宝座之上。

显然，这样的教育是难以激发学生的参与热情的，因为学生只会为属于他们的教育投入热情。问题的关键出在教师的教育观、学生观和生命观上，以什么样的眼光看待教育，以什么样的指导思想对待学生成长，以什么样的意识去感知并成全生命，都将影响着老师们所描绘、所创造的教育风景。而且，教育观念存在问题的情况下，越是认真负责的老师，其给学生成长带来的灾难性后果可能越严重，因为"在成长中，教师品格色彩有可能涂在学生的精神底色上"[1]。那么我们到底需要怎样的教育观念以承担我们的教育使命呢？

在日常教育活动中，如果教育者仅有眼前利益的表达、得失的算计，没有真实情感态度，没有人格立场，没有人类文化视野，那么其教育一定是矮化的教育，也是对真正教育的矮化和对学生生命成长的不负责任。教育是关涉人的生命品质的大事业。人类通过教育，把自己文化之中真善美的记

---

① 吴非：《课堂上究竟发生了什么》，北京：人民大学出版社2015年版，第31页。

忆活化于个体心灵上,让这些记忆在个体生命中生根发芽、成长壮大,从而使个体活在人类之中,享受人类文化精神价值的陶冶,从人类精神的高度提升个体灵魂的境界——对美好事物的继承和追寻。这样的教育已经上升到个体精神生长与灵魂化育的境界,当属善好的教育。它不仅使个体生命变得厚重、富有魅力和气质,同时也使个体的生命经历——基于个性和爱好——有所专注,并在专注领域发力而获得成功。一旦成功,其中自然包含着对人类文化精神、物质财富的超越和丰富,这样的人生既成全了自我生命,也有所贡献于人类的精神世界,是真正地活出尊严和价值的人生。我认为,这才是教育的大智慧、大胸怀、大魄力。

尤其在人工智能技术日新月异的新时代大背景下,知识的生产与淘汰的速度同样惊人,教育智慧、胸怀、魄力显得更为迫切和重要。当下,我们的学生虽然看似生活在一个相对封闭的校园里,但其获取信息的渠道是开放的、多元的、立体的,是学校的围墙难以阻遏的。如果我们将教育教学仅仅看作是校园内的事儿,是课堂内的事儿,是阅读教科书的事儿,是刷题得分数的事儿,那么教育对人工智能时代原住民们的无可奈何几乎是命定的了。当我们固守传统的观念不放时,当我们面对时代巨变的浪潮而显得木讷迟钝时,学生已经在用自己敏感、好奇的双眼和心性去自发地打量这个多彩的世界了。

然而,孩子所接触的世界是没有经过选择的世界,是未经规划的、漫无目的的世界,是没有分寸感和方向感的世界。一句话,它是一个非教育的世界,一个对学生的生命成长及我们的教育而言,可能毁誉参半的世界。虽然这有可能增长见识、助力精神发育和成长,但也有可能传递负能量,促使学生误将一些不良现象及观念当作是时尚和潮流而加以追捧和奉行,从而对本已失魂落魄的教育和人类优秀文化精神传承构成严重的消解。

这也决定了新时代需要有新教师,百年未有之大变局需要有大格局、大胸怀的教师。我们应当有意识地引导我们及我们的学生看看外面纵横交错的世界和个体生命成长。我们的使命在于突围基础上的积极介入,我们需要突破已有教育及生活观念对我们的束缚,高度重视人工智能时代教育的扁平化和开放性并知行合一，既不囿于教材和校园，也不顽固和专制；我们需要基于现实又高于现实，着眼于生活又超越当下生活，立足于物质基础又关照精神文化传承，既脚踏实地又仰望星空的魄力和胸怀。我们需要立足学生精神发育和生命成长的当下需求和长远富足，将外面的世界引入教育、引入课堂，去积极地创设条件和氛围，引导学生与生活对话、与大师对话、与人类精神文化财富对话，进而关注生活、关注自我生命及精神体验、关注人类精神文化发育及演化历程，去寻找人生和社会发展的本真价值和意义。

以这样的心态和观念看教育，实施教育，会产生巨大的教育成效。一方面，在这样的教育中，教师的私心杂念和利益算计少了，对世界的理解、对生命的同情与成全多了，是从人类精神文化深处和时代背景实处迸发出育人内容与样态的，更具有滋养生命、润泽心灵、陶冶情操的吸引力。另一方面，这样的教育中，进入学生双眼和心性的世界是有选择、有方向、"有教育"的世界，它赋予学生以自由，点燃孩子内心的激情及对美好生活的向往，激发其创造和自我完善的欲望；它也赋予学生以边界，引导孩子融入人类精神文化坐标和时代潮流之中，激发其引领历史和时代的"成事"欲望。

退回到学生的视角看问题，大智慧、大胸怀、大魄力的教育，其实是一种由这样的教师所主导的教育：教师对问题有独特见解，对事物有独特看法，对既定观点有独到质疑或阐发，对历史与时代的交汇点有独特的认知。这种独特性对学生生命成长尤为重要，因为能给学生留下深刻印象的、能在较长时间后依然让学生回味的，常常是老师经由自己言行系统所展示出来的以智慧、思维、通达、情意为核心的独特性，而不是老师所传递的具体知识。而它之所以能给学生留下深刻印象，乃因为这些东西帮助学生经常性地擦拭心灵，吹拂心性，让学生经常性地体会到他自己作为社会历史中的人的优势所在，唤醒和强化学生学习和成长的内在尊严及生命热情。

教师的独特性还体现在，对学生具体而深刻的认识。"事物的本质具有相对稳定性,它不但决定了事物的历史发展,而且也决定了事物的未来发展"①。我们面对一个具体的学生时,要尽可能通过对其"历史发展"的过程深入、细致、严谨地考察和分析,判断其相对稳定的本质,较为准确地评估其"未来发展"的可能性和潜力之所在,从而在"现在"即给予他们个性化、建设性的指导,以促进他们按其"本质"的禀赋来学习和成长。

这种独特性的突出价值是,它体现了基于学生立场的"本质尊重",是真正属于具体的学生个体的教育。但这并不意味着学生未来发展的必然性,否则就会陷入宿命论的泥淖。事实上,学生未来发展也与其未来所处的内外环境密切相关,我们"现在"的教育,帮助孩子学会正确认识并处理与内外环境之间的关系也是题中应有之意。简言之,大智慧、大胸怀、大魄力的教育,要培养学生心系天下的大胸怀、创造辉煌的大智慧、经营善好生活的大魄力,真正让学生成为他们自己幸福人生的发动机,在未来不仅长于打好"一手好牌",更善于打好"一手烂牌"。

回到文章开头的话题,尽管老师们都在不可避免地戴着滤镜看学生,也不能因此就全时域、全空间、全方位只戴着一种滤镜,更不能因为滤镜的存在而让自己变得狭隘、世俗、功利。相反,我们要多准备几套滤镜,以更准确地在不同滤镜或交叉、或重叠的透视下,还原学生的生命本色。这需要基于以人为本的敏锐观察力、灵活应变力以及对教育中的人之生命的高度责任感、充分尊重、真挚的爱。如此就赋予了教育活动一种神奇的力量——不虚伪、不矫饰、不做作的力量,它能唤醒教师自己,也唤醒教师们接触的人。在这样的教育中,教师更像是艺术家,师生关系的艺术家,饱含对生命的爱与真诚。经其手,师生过着一种有意义的教育生活,共同在成长为更好的人这个艰难领域中发现善好、体验善好、传承善好、创造善好。

---

① 施良方:《课程理论:课程的基础、原理与问题》,北京:北京教育科学出版社1996年版,第323页。

如果行动暂时不能抵达,那就先请心灵抵达

除非重归于尘和土,我们生命的年轮都在不停地旋转,但最终能畅享快意人生、尽赏人间温情与美景的,一定是那些心中有爱、眼里有光,并为之不懈努力的追梦人。基础教育呼唤这样的追梦人,这是基于教育理想与教育现实之间的距离而形成的。我们都怀揣着教书育人的美好憧憬和一己之力塑造他人的理想情怀步入教育职场的,然而当我们日复一日被琐碎事务和"难缠"学生折磨得死去活来时,当我们做出自认为正确且必要的教育行为却在学生那里碰得灰头土脸时,教育的激情在消退、意志在退坡,对自我的怀疑和对教育信念的动摇在心中反复地闪现和推演。作为教育者的我们开始分化,一些人爬坡过坎,成就学生也载誉而归;有些人则日渐消沉倦怠,耽误学生也蹉跎了自己。

就我观察和体验到的情况而言,那些能够成就学生也载誉而归的老师,其独特性在于,不仅能感受到理想与现实之间的距离,也能理性积极地看待这种距离,进而让心灵越过外在的困顿与琐碎,始终保持奋进的激情与斗志,并首先抵达教育追求的理想之境、信念之境。这些老师同样面对着工作的繁杂琐碎,体验着重复性常规工作的平淡寡味,但他们能抵御周遭对自我教育热情与耐性的侵蚀,因为他们的教育心灵是敞亮的,深孕着教育的诗和远方,追寻着教育的智慧与力量。对于这样的老师来说,因为他们的心灵已经抵达,所以他们都听从心灵的召唤而坚定不移地行走在前往教育理想之境的路上。

作为成长过程中的人,学生一定会遇到各种各样的困难,他们也一定会生出各式各样的问题和事端,这些琐碎的具体事情是教师工作中最需要花时间、精力和心思去面对和解决的,这本就是教书育人的一部分。更为别扭的是,我们还需要应付名目繁多的拍照留痕、数据统计、总结汇报、检查评比、达标验收、点赞跟评转发信息,要配合公安、消防、食安、卫生、科协等完成各类"进校园"活动,或者完成各类App学习及答题活动。这类事情

与教育教学似无关又相关，同样成为老师们劳力烦心又不得不为的工作任务之一部分。在时间的长河里，在实践的琐碎中，我们往往被繁杂和零散羁绊，而不止一次地将心灵想要抵达的地方推迟了又推迟，搁置了又搁置，使自己被迫受困于日常的浑浑噩噩中。

很多的行动都是一种关联的存在，既受自我主观条件限制，也为他人的行动创造条件或者制造麻烦。所以相对于心灵而言，行动的自由度的确是有限的，行动必须考虑到方方面面关系的平衡。我们要清楚，世间万事万物都是互联互通且辩证的，这个世界上本就不存在只做想做的、只要想要的，而不承担那些不想做也不想要的事情。其实，你能在那些麻烦的事情上担待多少，可能决定着你能在那些喜欢的事情上获得多少；想做又想要的是用称职于那些不想做又不想要的换来的。而心灵是内在、内隐于自我生命之中的，在把心灵之所愿所求转变为行动之前，它是可以任意地、自由地驰骋飞翔。它驰骋的广度、飞翔的高度，将为我们建造出一个可欲可求的目标之境，就是这一点规定着，也形塑着我们对待工作和学生的态度及所要采取的行动。所谓"心明亮，世界就明亮"大致说的就是这个意思。这是作为教师的我们，应当具备的理性态度及认识上的稳定性。

人的生命总归都有要求原创的冲动，理性与认识的稳定性只是帮助我们更好、更平和地理解和平衡各种行动，并非能够消除行动上的有限和某些无奈。既然行动上的有限和无奈无法消除，那么对它进行超越就成为一种有益而且可能的选择，这正是心灵在自由驰骋飞翔中所能发挥作用的领域。如果我们的心灵也如行动一样受限，或者也如某些行动那样"无色无味""不咸不淡"，甚至"哭喊不止"，那么整个人的生命将是极其痛苦而漫长的，每一天都会在煎熬中度日如年。但反过来，如果我们有丰富的心灵与精神宇宙，有自我职业生命的澄明与觉醒，带着心灵和情意行走在教育教学各式各样的现场中，则我们会把许多常态性工作当作创造性的工作去对待，面对学生去处理哪怕是同一个问题，也会因其具体的境况和情势的不同而具有唯一性。我们在琐碎平常中，看见别人未曾看见的师生生命更新与再造的资源、财富与机会，关注到别人未曾用心用情的内在教育空间与价值，也就更有可能让教育人生的每一天都充满挑战性和新鲜感。而这一切，皆因心灵的创造性转向，而使外在的实际行动也发生改变，满足了人之生命要求创造性的冲动。这让经我们之手的工作平凡而不平庸，朴素而不失精致，纵然匆忙粗糙而不缺失内在的价值品质。

当我们拥有这样的心态、葆有这样的心灵，再去面对教育教学工作的烦琐以及学生的调皮捣蛋时，就会有一探究竟并力争让做法更具建设性、生成性的渴望和意志，这会带来我们行走方式的转变。

首先是视线的转变，即从只看得见事情转变到具体而灵动的人被看见。在只看得见事情的时候，学生只不过是我们观念里、语言中和行动时的工具（很多时候都当他们是不称心、不好用的工具），他们不可以有喜怒，不可以有不合我们心意的非分之想，不可以有独立的意志与心灵。可当我们的视线发生转移，从事情本身移开，而更多地去关注学生作为生命主体的人的时候，情势是会不一样的。我们会发现，学生内在的心灵是另外一个真实、强大的世界，是一个由价值和意义建构的世界，这个世界是他们情感态度、性格志趣、价值观念等人格心性的栖息地和陶铸园。

这样，我们解决学生中诸多问题的切入点和关注点也会随之改变，不再一味地计较并苦恼于一事一物的好坏优劣，而是重点去透视这些事物或行为背后的痛苦与焦虑、需求与期待、乐趣与智识、态度与信念等属人的成分。学生的行为可能一时半会儿无法抵达佳境，但完全可以让他们的心灵先期到达，即留足空间、创造机会让学生飘逸的思绪和跳跃的理想摆脱行为的困扰和羁绊而自由驰骋飞翔，使其眼光瞄向远方，心有所属。这其实就是把外在教育转变为自我教育、自我激励的过程，只要学生那渴望抵达远方的翅膀愿意不停地扇动，最终都有可能无需扬鞭自奋蹄。

其次是立场转变，即从只在乎"成事"向关注"成人"转变。不能仅仅停留在事情做得怎么样、问题解决的好不好，而要花更多的心思去想一想师生在所做所经历的事情中得到了怎样的锻炼和成长。一件事情虽然很糟糕，但能让学生从中获得一些经验教训，加深或拓宽他们对某些事物或行为的认识,进而赋能于自我生命,那么这件事情对学生成长来说依然是发挥了它的积极意义的,这件事情对我们来说就值得抛掉满腹牢骚而去认真地对待。

由此,我们日常工作中所要承担的在我们看来原本是形式主义的,或者徒增我们负担,或者白白浪费我们精力的事情,都能让它在助力学生心灵增色和生命成长上发挥原本不曾发挥的作用。消防安全教育往往缺乏创造性、针对性和生动性,某些学校总以应付了事处之,其实我们完全可以从生命教育的立场出发,围绕生命的可贵与价值、风采与脆弱,以及安全风险后果的可怕与无情、伤害与痛苦等话题实打实地开展消防安全教育;从心灵深处触动学生,让他们认识到原来我的生命是如此与众不同而有价值,是如此的不易而同时拥有美好的前景,是如此的需要精心照料与呵护。这样做,就把原本不痛不痒的事情转化为对学生提升生命安全意识、履行维护生命安全责任大有裨益的、有价值有意义的事情。说到底,只要心中有"人",则一切身边的事情都有可能成为很好的育人资源,关键是我们有没有眼光看透它潜在的育人价值。

再次是态度的转变,即从急功近利、避重就轻、拒斥走进学生内心世界,向重视内涵品质而轻数量与速度、重师生内在心灵感悟而轻外在虚假表演转变。任何人的成长都不可能一夜之间翻天覆地、改头换面的。人的行为和气质根植于隐性的、深厚的、独特的文化背景和生活环境,通过教育改变一个人,实际上就是要将他从已在的文化背景、生活环境中疏离出来,置于一种新的生活环境、文化氛围中,用一种别样的文化资源去濡染、置换已在其身上发生作用的文化痕迹。而环境、文化对人的影响和塑造是如此深刻、稳定且持久,那么要进行"换血"其难度可想而知,此过程中必然存在着曲折、反复甚至是无效等让人丧气的情况。

这意味着真正有效的教育从来不可能一蹴而就,它需要我们慢下来,也需要我们等待。在慢慢的展开中,在舒缓的等待中,师生才能从被时间追着跑和被空间压迫着疲于应付中解脱出来,而有时间和空间彼此深度介入,做触及心灵的持久性交往。只有这种严肃地将清理浮华的形式和抵制虚假的内容统一起来的心灵交往,才能让学生心灵深处的"文化景观"逐渐被打开晒晒太阳、见见世面——这恰恰是能让教育发挥作用的前提和基础。而一旦教育对学生的"文化景观"、生活式样有效置换,成功塑造,一旦学生的心灵世界无论指向内在的自我层面还是外在的社会层面都得到升华,那么这种教育对他们的影响同样深刻、稳定且持久,它将以人内在的精神气质被传承,引领学生一步一步地抵达想要抵达的那个地方。

总之,教育就是站在历史与未来的交汇点上,帮助学生有理、有利、有节地克服自身局限而昂首阔步向着内在生命的富足迈进的事业。途中必然面临来自历史文化和社会现实诸多因素的掣肘,但只要师生心灵世界是温润的,是有一个渴望能抵达的远方的,则师生一定会在温润的照顾下、渴望的呼唤下,在同样的历史文化与现实社会土壤里,焕发出果敢坚决的执行力,耕种出别样的精彩和希望。其实我们用怎样的眼睛去看,以及用怎样的信念去理解教育世界,我们就会逐步创造并拥有怎样的教育生活,就会树立并拥有怎样的教育人生。

三 承担责任,赋予生命崇高的价值品味

如同医生有救死扶伤的责任,律师有维护公平正义的责任,老师有的是立德树人的责任。与医生尽责于人的身体、律师效力于法律不同,老师履职于人的心灵,指向生命内在品质的拓展和提升。生命内在品质与人主观感受和认知的密切相关性,决定了老师必须转换视角、转变观念,撤掉以老师和知识为中心,俯下身子,倾注心力,把学生生命绽放放在教育生活的正中央。以务实、平等、尊重为本分,以不错位、不缺位、不越位的担当,慈善、真诚以待学生,把融入家庭社会的权利还给孩子,用好社会大课堂,让他们的精神回归教育现场,以引领他们在全身心的参与和投入中,尽情、尽心、尽力体验、感悟和反思重建,推动他们生命的解放与成全。若如此,老师就是优秀的责任担当者,且这种责任担当会在潜移默化中被学生习得和传承。这样不仅老师的职业生命变得崇高,孩子的生命品质同样会被赋予崇高的价值品味。

慈善从来不是施舍，而是爱与尊重

在时代发展、社会进步和教育推动下，我们发现越来越多的人加入志愿服务、扶贫济困、启智增慧等慈善活动中，他们努力奉献自己的光和热，的确使更多人正在遭受的伤痛和苦难得以抚慰。雪中送炭也罢，锦上添花也好，都是让爱和温暖在人间流淌。但是，也有一些慈善行为又似乎带有某种让人不太舒服的感觉，一些机构或个人在捐款捐物后，要通过与受助者合影的方式予以记录，并用这种方式在其他场合进行公开报道或展示宣传。这似乎合情合理，但在对受助者的充分体凉、尊重及人格尊严的保全上，又似乎是欠考虑的，这无异于把受资助者心中最敏感、最难为情的窘迫公之于众。对受助者而言，他们可能要在众目睽睽之下背负"我是个可怜虫""我是个没本事而只能寄生于他人捐助的人"的心理负担。如果是这样，则我们的慈善在解救一个人于物质匮乏的同时，又制造了这个人在精神上的匮乏——自尊心和自信心的匮乏。

这让我觉得有必要讨论慈善的本质。慈善究竟是一种"由我及你"的施舍，还是"由你及我"的爱与尊重？如果是前者，则慈善更像是以"我"为中心的一种借助于施舍对方的手段来自我展示与成全，受助者更像是一个道具，一个只有他们的存在才能确证"我"的慷慨的道具。由于双方赠与受的身份地位之悬殊，使得受助者只能默默地服从和配合捐赠者的要求，从而成为非常好用且安全的道具。如果是后者，则慈善更像是一种为了全身心地雪中送炭于对方，让对方能在一定程度上摆脱窘境与苟且，进而在精神上享有更多阳光与尊严的仁慈事业；为此事业，"我"的生命"沦陷"于受助者的生命而显得只有他们而没有"我"。

我认为，后者才是慈善活动该有的样子。慈善在本质上应该是对遭受苦难的生命实施救助的无私行为，是不附加条件的爱与尊重、深情与成全，是对人间真善美的坚守和弘扬。任何附加条件的慈善，也许都没有做到百分百的无私,都是带着某种意图的"交换"行为,是不怎么纯粹的伪慈善。如果一个社会慈善本来就相当稀缺的话,那么不够纯粹的慈善也是要欢迎的,有总比没有好。在这个意义上,慈善和教育在内在品性上具有相似性,都是站在对方立场上,帮助对方纾困解难,只不过慈善更多地指向眼下短期性和物质性(当然也有捐书送文化之类的精神性慈善)层面,而教育则更多地瞄准生命长远发展和精神层面,但都需要我们把自己深深"沦陷"于对方,都需要我们以真善美作为重要标准。更何况,就像慈善可分真慈善和伪慈善一样,教育同样有真好的教育和伪善的教育。所以,教育其实也是一种更深情、更长久的慈善事业。

我当然希望,教育不要成为一种退而求其次的成色打了折扣的慈善,而是一种彰显慈善本质的,不附加任何条件的爱与尊重的事业。那些老师把自己的喜怒哀乐、个人的兴趣爱好挺在前面,而一味地要求学生听话、配合和服从的教育,都是带着先置条件的、有瑕疵的教育,甚至是"反教育"。正如很难想象一个缺乏爱心的人会真情投入做慈善一样,我们也很难想象一个缺乏爱心、缺乏成全人的意识的老师会真心以"学生立场"为核心做教育。但是正如慈善作为一种人的社会实践活动,有它的一定阶段和条件下的问题和软肋一样,教育实践中也并非一路欢声笑语,也是有诸多磕磕绊绊、灰暗不明的场景的。

譬如,当我们以施舍的姿态做教育、以赏赐的心理面对学生时,师生地位很难平等,师生关系很难融洽,师生交往很难温润感人。老师在心理上的优越感会无形、无意识地外显为行为上的"自我角色膨胀",无事则罢,但凡学生有点儿风吹草动,比如与老师展开争论、向老师提出质疑,则师生关系往往被打回"施舍—感恩"的关系原形:老师眼中的学生成了不知天高地厚、不懂回馈感恩的,冷漠无情的坏小子,而学生眼中的老师也成了妄自尊大、狭隘固执、霸道不讲理的讨厌之人。由于这种关系,教育在它最应该发挥作用、产生影响的时候,反而踪迹全无,或者给学生以反面的"教育",在其意识里留下"强权就是真理"的教育"果实"。请问,慈善有这样做的吗?教育可以这样做吗?!

　　显然，就像慈善家面对受助者时，要保持仁慈的爱与尊重，老师面对学生时同样如此。我们必须时刻警惕职业优越感对自己工作的羁绊、对学生的"霸凌"，要不然，我们有可能越卖力气、越认真工作，越对教育事业和学生造成伤害。因为教育作为一种帮助学生心灵和精神上纾困解难的活动，要远比其他慈善活动精细和复杂。仅举两端：一是我们大都在上大学或工作后开始怀念美好中学时光，也因此常常教育学生要珍惜中学时光，不要等到失去了之后才懂得其可贵。可是，大学和工作是学生将来才能面对的事情，他们无法把自己换位成老师而拥有和我们同样的体会和感悟。那么，我们如何帮助学生从认识中学时光的美好与可贵的困难中走出来？二是我们所经手的学生并非白纸一张，而是经由家庭、社会及以往的教育学习而有了一定心性情意底色的人，是带着个性化烙印的人；这其中，有些习染是善好教育和良好生长所不容的，但它却在我们接触到学生之前就已经深深地扎根了。那么我们如何帮助学生告别或优化此前的"底色"，而迎接一个乐于自我更新的自己？教育不得不接受学生已有的"过去"，也不得不面对在老师这里已经是"过去时"和"完成时"而在学生那里还是一无所知的"将来时"。仅这两端就已经使教育变得非常复杂，我们最好是对孩子的底色保持"同情之理解"的基础上加以改造，对孩子尚且不得而知的未来要保持真诚敬畏的基础上让他们能有合理的预期，这都使得教育呈现出脆弱性、敏感性、不稳定性等特点，更加需要我们把自己完全献出去的无私奉献和精细耕耘。

　　正因如此，教育也可以看成是一种充满了遗憾的慈善活动。即便如此，我们的教育也可以有对这种遗憾已经有清醒的感知和对其浑然不知两种状态，而我们能做且能发挥作用的是，对遗憾有自知之明且在教育教学实践中尽可能避免或减少遗憾的发生。这预示着，我们在教育行进中，要一茬接一茬地开展明历史与社会、明教育、明自我、明学生的"四明"活动。

　　明历史与社会。教育是有目的、有特定方向的社会性行为，它在被历史和社会所深深塑造的基础上，自主而主动地形塑着学生和社会。所以我们必须扎根中国优秀历史文化、中国社会来理解和实施教育。由此了解我们的历史与文化、理解我们的社会,就成为教育是否符合真善美之标准的前提。作为老师,我们需要跳出教育看教育,要广泛地涉猎,对我们经历了怎样的历史过程才形成现在这样的社会面貌,我们的社会在纵向的历史长河中和横向的世界各国关系中处于怎样的地位,有什么样的问题,发挥着怎样的独特价值,未来将在纵横两个方向的发展上有何期许与愿景等,有相当程度的思考并形成较为独到的见解。这样,我们才能更好地看清楚教育所处的时空坐标,更有把握地领悟教育的担当与使命,方便我们更科学、更符合社会历史潮流和民族复兴需求地组织和实施教育。

明教育。虽然教育深深地被历史和社会所塑造,但它依然有很大的自由空间,这个空间赋予教育一定的权利,以让它能合规律地"创造新人"。所以除了从外部理解教育,我们还需要从教育的内部看教育。什么样的教育才是正义的,符合预期的? 一次真正的教育的发生需要哪些要素参与其中,这些要素如何组成一个相互匹配的有机整体以使"1+1>2"? 在教育的现实之维下,如何处理好诸如教学评一体化问题、五育融合问题、学生的共性与个性问题、家校社协同育人问题等,以推动教育走向理想之境? 只有对教育的本质及相关要素有比较透彻、深刻的认识和理解,并内化为具有自生长特性的教育价值观念,我们面对学生时,所遵循的教育理念,所采取的方法举措,才能更接地气、更有灵性和温度。

明自我。教育是主观见诸客观的活动,明历史与社会、明教育帮助我们更好地读懂教育的客观性一面,但影响真善美教育出现的、最具活力和能动性的要素是人——教师和学生——的主观能动性。所以我们首先要对作为教师的"我"进行全面的认识。"我"的教育经历带给我什么样的教育底色及价值观念,"我"的性格、知识结构与目前教育实施之间是一种怎样的现实关系,"我"对好老师有怎样的心理期待并在采取哪些措施让自己变得更出色,"我"是否愿意花精力和心思去走进学生的心灵世界等,这些指向自我的问题是一种"刀刃向内"的自我省察。相信经常面向自己主动地开展这方面工作的老师,他们面对学生时一定不会很霸道,也不会太自我,他们深知"我"的视界是有限的，不能成为学生生命长宽高的尺度和标准的，因而是带着仁慈和谦虚去和学生交往的。

明学生。我们要有意愿且有能力和方法去读懂学生，这既包括我们的学生观，也包括我们对具体学生的熟悉程度。一方面，我们需要反思和重建我们的学生观：在我们心里，学生是迎合我们和教育的工具及载体，还是有生命及生长活力的、整体的人？学生是其"成人"阶段的预备期，还是他们的每一阶段都具有独特价值和值得尊重的风采？不同的认识将会导致我们对待学生的方式不同。另一方面，走到我们身边的每一个学生，他们有着怎样的兴趣爱好、家庭及社会背景？他们对什么比较敏感，以及在哪一刻会比较脆弱？他们内心对自我、老师和学校有着怎样的期待？他们到目前为止的生命历程中，有没有"关键事件"和"重要他人"，这些"关键事件"和"重要他人"是如何影响他们的思想和行为的？这些问题将进一步帮助我们走进孩子的心灵深处，让他们感觉到自己被当作独一无二的人而真正地被珍视、被读懂。

我想，只要我们一而再，再而三地融入并加深对我们历史和社会的认识，对教育、对自我的认识，也提升对学生细致入微的了解，我们就有可能实现教育从"由我及你"到"由你及我"的转向，我们对学生的教育活动，就有可能从盲目的、冲动的、零碎的、先入为主的，也往往会后悔和自责的状态中走出来，放下自我而扶起学生，达成目标温暖而清晰，态度温和而坚定，学生得到充分的爱和尊重的一种无私而仁慈的心灵之约、成长之约、成全与照护之约。

这个样子的教育应该更为纯粹，也更符合慈善的本质。老师作为传道授业解惑的主体，理应有这样的觉悟、责任和担当。这不仅让我们的教育生命走向崇高，也让学生的生命在真善美的滋养中走向崇高。更为重要的是，学校本就是弘扬优秀传统，传播先进文化，净化和升华社会"土壤"的地方，这是学校的责任和使命。通过学校纯粹而善好的教育，让我们以无私的爱与尊重的实际行动示范于学生，并感染和"摇动"学生爱与尊重的意识和能力，同时也进一步营造良好的扶贫济困、关爱弱势群体、一方有难八方支援的仁爱气度与风范，让学生有样学样，这是功在当下利在将来的好事情。因为，当慈善成为教育的一种日常样式时，教育给予学生的不仅是体验到基于爱与尊重而纾困解难的知识与情怀，还有良好的"自我输血"与"自我造血"的能力，即让慈悲和善良的习惯在孩子的心田里扎根，实现代际传承。

如果做不到喜欢，那么尊重就是底线

一个品学兼优、深受老师喜欢的学生生病请假，老师嘘寒问暖，满眼的关切和怜惜；一个大问题没有小毛病不断、不招老师待见的学生生病请假，老师冷言冷语，满眼的不屑和冷漠。不以病的轻重缓急为标准，而以个人情感好恶为尺度，有选择他、有倾向性地对待自己的学生，这是我们教育日常中心照不宣的、真实存在着的现象。这与学校、学生、家长和社会希望老师们能够喜欢、关爱每一个孩子的期待及要求是有距离的。其实，老师们也能意识到自己的行为与那些期待和要求之间的距离。

尽管各方面有很高的期待和要求，尽管老师们也在尽力按照这样的要求来约束、标榜自己，可实际上要做到无差别地喜欢上每一个孩子的确很不容易。老师，抛去笼罩在我们身上的光环后，也是一"枚"极普通不过的"教书匠"，是芸芸众生中的一员。作为普通老师，我们有自己的喜好、价值观念和人情冷暖，我们也有自己的处事处世方式、行为偏好，这些都是先于遇见学生之前就已经存在的，在一定程度上构成了我们"命定"中的一部分。我们无法预知会遇见怎样一位和我们一样带有生命中"命定"的一部分的学生，也就在改变我们以适应学生方面存在不确定性和滞后性；也因此，就像我们很难做到让每一个学生都满意一样，我们也很难做到喜欢上每一个孩子。然而笼罩在我们身上的光环依然在，各方面的期待和要求依然在，以至于我们无法理直气壮地说出不喜欢某个或某类学生这一基本事实。结果，老师在公开场合不厌其烦地、不假思索地用一团和气、喜欢所遇到的所有学生的假象来粉饰麻醉自己，也掩盖了真相。我们的教育中充斥着虚伪和谎言。

如果一个老师真能做到喜欢其所教的每一个学生，那极有可能是这样三种情况：第一种是这些学生在性格、禀赋等人格特质方面与老师高度相似，师生属于同一类人，在与对方交往时仿佛看到另一个自己，有自然的、熟悉的味道，容易彼此理解、相互亲近。第二种是这些学生都特别优秀，优秀到他们身上都散发着迷人的魅力，每个人都是一道雅致的风景，共同营造出一个炫目的、姹紫嫣红的美妙世界，对老师产生了强大的吸引力，心生爱慕。还有第三种情况，这位老师对学生、对教育有一种宗教般的纯情和痴迷，天然地喜欢孩子，愿意用最大的善意去关怀走到他眼前的每一个学生，渴望用慈悲的爱引领这些学生走向圣洁。

若说这三种情况在现实中是不存在的，一定有失公允，然其存在不具备普遍性也是不争的事实，这三种情况是一种相对简化的理想状态，教育的实际情况要远比这复杂。也就是说，我们当然希望老师能喜欢、关爱每一个学生，希望老师能以此为目标不断攫升其专业境界；呼唤理想的教师、理想的教育本身并没有错。只不过，当理想难觅或一时之间难以抵达时，我们该怎样为自己的教育人生确定一个合适的坐标。

作为面对世界上最复杂的"材料"，以人的心智世界为工作对象的教书匠，我们也应该具备作为匠人该有的精气神和操守，那就是要匠心独运，就算做不到喜欢每一个学生，也必须做到尊重你所讨厌的学生。我认为，这要远比老师们口口声声宣称自己无差别地爱着每一个孩子更贴合实际也更真实可靠。教育若没有尊重作为底线，其后果可能是满满的伤害，对那些不受老师待见的学生而言尤其如此，因为他们有更大可能遭受到老师的冷暴力或偏见的摧残。这是有违匠人操守的。此时教育在人格意义上已经失去了道义和公正，但这样的情况在教育现实中却普遍存在。老师并非刻意要这样去做，只是不经意地顺从了自己没有加以道义规约的本心罢了，是一种不自觉地、无意识地跟着感觉走的行为。

这并非为老师们辩护——认为不经意地跟着感觉走就是应该的，而是提醒我们，要对不知不觉中就这样去做了的行为有所察觉和醒悟，这很重要。唯有察觉和醒悟过后，当我们告诉自己这个学生我不喜欢时，才能带有一种审视和反思的眼光：他的哪些思想和行为是我不能接受的，有没有改变的可能？不喜欢他是不是因为我的个性或偏见造成的，这样对他公平吗？我和他之间有没有可能找到一种双方都喜欢的东西，以让我们彼此靠近？等等。这样才有可能使我们逐渐改变对一些孩子的态度，由不喜欢而逐渐喜欢他们，被我们喜欢的学生规模随之扩大。纵然是依然对一些孩子做不到喜欢，至少我们也会克制自己本能的情绪和感受，从事项、频次、场合等多个方面限制自己表达负面情感，而给予他们应有的宽容，特别是尊重。

显然，这是我们老师作为教育者的职业自觉和职业责任，是这种察觉和醒悟将我们的偏好与行为从无意识中揪出来，让我们拥有一种清醒的匠人操守和教育自觉：这不是随便两个或多个人之间凌乱的交往，而是教育双方的交往，它承担着厚重的、促进生命解放的责任和使命，应有它仁慈宽和的一面。于是，如果我们还做不到喜欢某个学生，那就请以尊重作为师生双方交往的底线。

尊重，意味着一种不错位的守护。无论是有教无类，还是因材施教，无不表明老师要能教、善教各种类型的学生。就像我们无法选择父母一样，孩子大概率也是无法选择他们的老师的，而是否喜欢他们的选择主动权却掌握在我们手里，注定了若非学生与我们同频共振或主动迎合我们，否则很难成为我们所喜欢的学生中的一员。难道教育的目的不是让学生成为更好的自己吗？难道让学生成为老师的样子应该是教育的目的吗？可是由于情感上的不喜欢而形成了态度上的不接纳，这些孩子的真正需求、心灵个性、情意态度等，往往不为老师们所深入感知，极易造成我们的武断和一厢情愿。他们的困难和真正的问题存在于我们的意识和教育行为之外，他们得到的却是未必适合、适用于他们的东西，这就是错位"服务"；当我们不了解"客户"或了解有限时，错位"服务"在所难免。

基于此，所谓尊重，首当其冲就意味着对多元化、多样性的一视同仁。有多少个学生，就可能面对多少种个性。我们需要反复提醒自己，作为专业的教育人，不可以任凭自己的喜好奴役我们的职业行为，不同个性并无高下贵贱之分，一定要对不合己意的学生等同视之。我们是怎样自觉而主动地了解所喜欢的学生、了解到了什么程度，那就要尽责尽义务同样地了解不喜欢的学生，同样地看见这部分学生的"庐山真面目"；这样一来，隔靴搔痒、盲人摸象、供非所需、求而无应的情况就能少一些再少一些，而真如其所愿、所求地帮助并引导他们成长的行为就能多一些再多一些。简单说，我们有权喜欢想喜欢的学生，对于这类学生之外的其他类型学生，我们也有义务尽可能充分地了解他们，提供给他们恰到好处的教育，以呵护他们按自己的天赋和兴趣、以其自有的节奏和方式去成长。

尊重，意味着一种不越位的坦然。作为成年人，我们很容易把对孩子来说尚未经历，而在我们这里已经是"过去时"和"完成时"的那种优越感和膨胀感拉满，以至于对孩子正在经历的诸多事情看不惯：总嫌弃他们这么慢，这么笨，这么不着边际，这么"说了八百遍"依然稀里糊涂。特别是面对那些不喜欢的学生，表现得更甚，而全然忘记了自己曾经在接触新知识、新事物时，有着和他们一样的状态。这种意识下，我们容易越俎代庖，越过学生探究、试误、体验等诸多过程，越过学生为自己的思想或行为进行解释说明的过程，越过学生对不当行为进行自我反思与调试的过程，而直奔结果。我们总是倾向于以最快速、最确定、最简便的方式结束双方之间的"纠缠"而还自己以清静。这是一种非常隐蔽的越位行为，它因不喜欢而在急躁中生发，又在我们的强势压制下以学生的默默承受而归于平静。我们不曾想过，这些孩子也有权利要求老师等一等，帮一帮，夸一夸；我们不曾想过，这样的做法对这些孩子来说是不仁慈、不公平，也是不负责任的。即是说，孩子成为我们所看见的那种样子的过程中，难道我们不用承担责任吗？

是的，教书育人是我们的天职，我们不喜欢的孩子，他们首先是孩子，然后才是我们的"不喜欢"。对这些孩子，我们对他们的成长同样负有不可推卸的责任；最为关键的是，不能以快刀斩乱麻的方式教育他们。最好的教育都是自我教育，最好的成长都是自我激励。所以，我们要搁置"不喜欢"，尊重他们学习、成长的权利和机会——把体验、试误的权利还给他们，把自我反思与调适的空间还给他们，把展示真实自我的勇气还给他们。我们即使不能让他们变得更好，也不能让他们因我们的嫌弃和急躁而变得每况愈下。在我们喜欢上这些孩子之前，这种尊重其实是一种底线性的情感与价值中立，这样我们才能尽可能地避免戴着有色眼镜去差异化对待他们的学习生活，才能给予他们和其他学生同样的宽容和坦然，让他们有权利、有机会、有自由享有他们该享有的，承担他们该承担的；而他们的成长，就在这样的环境中悄然发生，却与我们喜欢他们与否无关。

尊重，意味着一种不缺位的担当。相对于急切的要和不喜欢的学生撇清关系而言，坦然已经是一种态度上的进步。其实，即便是对不喜欢的孩子，我们所能做的也远比想象的要多。这些孩子获得权利、空间和自由，的确使他们拥有了自我教育和自我激励的更好环境，但他们总归是孩子，面对得手的权利、空间及自由如何分配和使用，依然处在自生自灭的状态和层次中。自我教育和自我激励的确动人，但它是要以生命的自觉为基础的，这显然不是仅就老师一个坦然的态度就能解决的。在此意义上，所谓坦然其实也是一种缺席和缺位，我们没有积极主动地参与到这些孩子生命的更新与再造中，而是做了事不关己高高挂起的旁观者；孩子没有成功赢得老师的喜欢的代价是，他们失去了老师真心的"教"和"育"的机会，这也是有失公允的。

尊重这些孩子，意味着我们不能从不分清红皂白、不问需求的，急躁而先入为主的强势介入的一端走向撒手不管、悉听尊便的另外一端（这两端其实都是某种缺位），而是依然要把他们同样当作有活力的完整生命个体，担当起促使其生命成长绽放的责任。这意味着，我们需要冷静而多维地观察和倾听，当他们的学习遇到困难需要帮助时，当他们心理波动难以自我平复时，当他们的学习取得成绩而应获得嘉许时，当他们的人生抉择需要来自老师的意见建议时……我们都不能缺位，而是要站得出来，及时到位。虽然他们未必能成为我们喜爱的人，但是通过我们的担当尽责和无私付出而使他们同样获得成长，这的确是一件重要而光荣的事情。因为这不仅带来学生的发展，也成就了我们职业生命成长。

用好社会大课堂，培植生命健康态

社会是一本深刻、复杂而厚重的书，是一个鲜活、生动而有料的大课堂，可身处社会中的学生似乎又绝缘于社会，在各方面的"保护"中单纯地享受着脱离社会现实的教育，而鲜有机会翻开社会这本书，走进社会这个大课堂。这倒不是说学生不接触社会，而是说在教育的意义上社会很少有机会参与到学生生命形态的塑造中。从学校、家庭到社会，似乎都有为青少年儿童构建"免疫"屏障的无限冲动，尤其是与学生成长直接相关的老师和家长的不信任、不放手、不尊重的"三不"现象很突出。这使得学生们生活在一个被老师和家长"安置"的环境中，而非完全真实的社会中；为"安置"之需要，便产生了包办多、控制多、武断多的"三多"现象。

"三不"与"三多"相互声援，织起了一道致使孩子在夹缝中求生存的网，产生了一些并不乐观甚至令人悲凉的后果。一名留日学生在上海机场将其母亲刺伤导致其一度生命垂危，一位高三男生在办公室将其老师割颈杀害，一位时尚少女因拎着大包小包行李的母亲坐错地铁而在众目睽睽下连踹母亲数脚……诸如此类的"新鲜事儿"似乎已经成为普遍现象，只不过程度上有轻有重而已。这些"熊孩子"并非没有受过教育，可是我们发现很多这样经历过精致教育的孩子比少受教育的孩子身心更不健康，生命萎靡态更多发，飞扬跋扈更花样百出。这些孩子普遍有较为极致的自我意识，强调自我需求，但合作意识、家庭责任意识、感恩意识及社会责任与服务意识普遍较弱，既不愿担当角色责任，也不愿接受纪律约束，变得冷漠而薄情寡义。

因为不信任，所以我们对孩子所要做的一切事情都先入为主地抱以怀疑、否定的态度，从而以挑剔的眼光审视孩子的行为以证实"不信任"的正确性，而不是给予他们应有的支持和指导。因为不放手，所以我们对孩子所想所做的一切事情都坚持置自己的想法和要求于优先地位，从而从精神到身体严格控制孩子的活动边界，而不是鼓励他们勇于突破和挑战。因为不尊重，所以我们对孩子内心的挣扎和呼唤充耳不闻，往往以"小孩子家哪来那么多想法"为自己的强势与霸道辩护，而不正视孩子真正的问题与渴望。为什么？

因为包办多，所以孩子无需努力或还未曾想到时就已经由我们替他们办妥了，只管坐享其成，同时也无缘经历承担义务与责任的淬炼。因为控制多，所以孩子无需有自我意识和主动精神，按部就班、照单全收即可，同时也失去了探索尝试的生命自由与成就感。因为武断多，所以孩子无理可讲也无处讲理，隐忍吞声、不做反抗便是，同时也失去了培养论情、讲理、担当的机会与能力。

显然，在"三不"与"三多"环境下成长的孩子，他们享受了超过其需求的爱与保护，这种爱与保护失去了克制和边界，也就变成了一种"变相隐蔽的暴力"。我们往往以自我无尽的牺牲为由不断地自我激励和感动，然而在孩子那里，这反而使他们不得不相信自己是弱小的，要做的事情需要有人替他们蹚路；也不得不变得敏感而好斗，通过自我膨胀或一味地索取以掩盖自己的怯懦。而一旦当他们步入并面对真实而复杂的社会，再也没有人能为他们蹚路，或他们的怯懦不可避免地要暴露时，孤注一掷、不管不顾的"病态"行为就成了他们"水到渠成"的行为模式。

这一刻，真实而复杂的社会在他们面前展开，而他们也把不加掩饰的真实展露给我们：外在于自己的一切"他人"都只有工具性地位。在家庭，对父母缺乏信任和感恩，不懂体谅和回馈，反而极度依赖又不加节制地索取；在社会，缺乏公德心和参与热情，享受他人照顾和服务却不愿意承担同样的责任，风平浪静则罢，稍有风吹草动则惯于逃避、躲闪或迁怒。是的，我们看到了一个不讲责任和担当、不懂感恩和奉献的结果，但将其完全归咎于孩子是有失公允的。就像面对社会里的某种恶，普通人未必能确认自己完全是无辜者，孩子的种种缺陷与问题，作为家长和老师的我们并非是无辜的，他们的生命轨迹里有我们的影子，他们的各种"熊"样子我们是要承担责任的。

我们有责任把融入家庭、社会的权利还给孩子。成长本就是孩子的独立性日益增强、与我们的分离日益加深的过程，"三不"与"三多"却阻滞了这一过程的自然进程，因而也阻滞了他们融入家庭、社会的机会和权利。独立性的增强意味着自主决策与选择、自行评估并承担相应后果的能力的增强，这是需要在参与家庭与社会事务的过程中逐渐训练和提高的。分离的加深预示着从身心到情感的"断乳"的加深，这是需要在一次又一次由浅入深、由近及远地体验断舍离的苦与乐的过程中，培养起来的强大身心状态作为支点的。追根溯源，独立与分离是以家庭作为最初的试验场的，然后顺其自然地向社会大舞台延伸，而我们的责任就是做好顺其自然的推手，退居幕后，在家庭中找机会，在社会中找资源，让孩子亲临真实社会现场体验风霜雪雨及阳光雨露。这样的权利和机会越多，责任认知、责任选择就越多，越有利于孩子成长得茁壮、健康。

我们有责任营造民主协商的成长环境。权利与义务相伴而生，孩子逃避责任与义务，往往是因为在决策和选择环节，他们处于被安排、被决策的位置上，不愿意替别人的安排"背锅"。所以想要让孩子摆脱各种依附而独立地承担责任、履行义务，就必须要使他们能独立地参与决策和选择。无论是涉及孩子的事情，还是有关家庭、集体或社会的事情，均要把孩子当成平等且独立的资格主体，和他们一起民主平等协商，充分尊重他们的想法并认真执行协商的结果。这样，事情最终无论成败好坏，孩子都会意识到自己在其中所发挥的作用，结果喜人则他们会自我肯定与激励，结果不妙则他们会考虑自己思虑不周的影响。这种自主地反思和总结，都将成为他们自我更新的资源和推手，以便在下一次活动中能表现得更好、更可靠。

我们有责任从生活入手去培养孩子的责任心。社会的确是个大课堂，但由于我们和孩子交往中经常以长者和智者的心态去"主宰"他们，只论理通不通,既不顾情顺不顺,也不讲方法与时机的当与不当,忽视社会时代元素对孩子的独特影响,希望讲"昨天的故事"而育今天的孩子,其结果是空洞的陈词滥调和缺乏时代感的高谈阔论,让孩子腻而生厌。高高在上的姿态和脱离社会生活的做派,让学生既难以理解社会,也难以理解他们自己;他们看到的、听到的以及参与其中的,时不时地与我们所说的、所要求的相背离、相冲突。这破坏了他们生命的自然与和谐,而总是在拧巴中、在将信将疑的左顾右盼中,跌跌撞撞地成长着。对此,我们应有足够的清醒和认识,要试着放下成人立场和程式化的固有观念与态度,以孩子的视角去看社会生活,积极参与到他们喜闻乐见的各种活动中,走进他们的心灵世界;在参与中陪伴,在陪伴中观察和引导,在观察和引导中建立并强化对孩子的信任,逐步放手而给予他们越来越宽广的生活与成长空间。

当我们把融入社会的权利还给孩子,并能以民主协商的和积极参与孩子的生活与心灵世界的方式对待他们时,则家庭和学校、父母和老师就不再是套在孩子身上的枷锁。相反,这样的家庭、学校、父母和老师将共同努力,变遮风挡雨的温室为与社会息息相通的小世界。在这个小世界里,人类社会诸多问题如环境、能源、改革、民生、战争与和平、公平与正义、冷漠与慈善、索取与反哺等,或许都能唤起孩子的思考和体验,得到不同程度的关照和模拟性解决。而孩子对这些问题的投入,都将转化为一种培植自我生命健康态的无形资源和资本,促使他们带着对自我、对他人、对社会的期许、敬意与责任,走向独立,走向社会化的成熟的人。

从学生出发,让精神回归德育现场

在立德树人、三全育人的时代背景下,学校德育活动越来越丰富多彩,让人兴趣盎然。这体现了"学生成长在活动中",让孩子的校园生活中有更多的参与性、体验式成长机会;但同时,过多的活动与一些不得不做的活动叠加,让学校有些应接不暇,到了学生那里往往成了走马观花、花拳绣腿的

"把戏"。当把工作的关注点放在活动是否如数开展了,是否留有活动过程及结果的相关材料时,德育活动本身的价值可能就沦落到教育的一角。这是管理规范化、科学化以及量化的必然要求,有其合理性,但不可否认它也透射出了当前表面辉煌与内里苍白并存的德育困境:活动太多太频繁,使得身体在场而精神离场的现象越来越多。

每个学期的德育活动都满满当当,主题班会、学军与学农等社会实践、志愿活动、才艺展示、系列传统节日,消防、网络电信、食品安全、防溺水、防交通事故、疏散演习等系列安全教育,以及爱国、法治、尊师、节能环保等主题教育活动,不一而足。这些活动中的任何一个都是宏大主题,都是非充分投入而能有些许成效的活动。活动如此多样又频繁,很难保证学生全身心地投入。而一次活动能在多大程度上使学生的精神世界和内心需求得以释放、满足和发展,恰恰是必须下一番观察、体验、调查、反思和研究的功夫不可的,这是需要耗时耗精力的繁重劳动,却在当下德育活动境况下似乎是没有市场的。

与之相对应的,学生"卖力气"地配合着参与各种各样的活动却非常"有市场",以至于他们已经习惯了在这样的"市场"上销售自己,但凡需要他们用真情实感去体验和领悟,却表现出明显的厌烦和消极怠工。显然学生只是以身体在场的方式配合教育者完成了他们对自己进行德育的活动,对教育者而言"卓有成效",对受教育者而言价值空虚,因为他们的精神完全游离于德育活动现场之外。这也难怪:精神的东西还没有来得及拿起来就不得不放下,要接着赶往下一个德育现场;更何况,从小学到中学的多年浸染,学生似乎对德育活动已经建立了一套自认为有效的、意会但不言传的免疫策略,那就是让干就干、让改就改、让停就停,有相当一部分学生已经不再把自己当作有灵魂的精神存在。

过多过频繁的德育活动还带来两方面"次生灾难"。一方面,从高远道德理想出发设计和推动德育活动,它远远脱离学生人格修养及心灵需求的实际水平,难免空洞地说教和粗暴地灌输;另一方面,无视学生作为成长中的人的独特价值和精神气质,而把德育变为琐碎的行为训练、不良问题的防范与矫正,师生对话中既缺乏温暖的"共情",又少有充分的"同理"。如果说前一方面脱离了学生外在的生活世界的话,那么后一方面则脱离了学生内在的精神世界,无论是哪一方面,都是促成学生精神离场的重要因素。

解铃还须系铃人。当我们希望学生的精神重回德育现场时,就应围绕过多过频繁的形式化德育、脱离学生实际的理想化或教条化德育做文章。要站在学生立场上,把德育"还"给学生。学生感受到德育就是自己心智情意的生长时,他们自然就会愿意让自己整个身心都在德育现场驻足。

务实应当成为日常德育活动的基本原则。太过激情的运动式德育带有明显的成人化、政教化色彩,且充斥着各式标签和口号,这"很可能是思想的懒惰和形式主义盛行、习惯于做表面文章而抗拒艰苦细致的劳动的表现"[1],这种东西在学生那里会产生心照不宣的疏离感。"还"给学生的德育,一定是与学生需求相协调的德育,这要求德育必须实事求是,从学生的迫切需求和面临的实际问题出发,尊重学生,也要遵循德育基本原则与规律。

我们须明白:"如果成长中的青少年没有对某一项活动较为持久的投入和倾注,如果对一切都只是浅表性的接触,那么,心灵的疆域就不能得以拓展,也不能生发出良好的责任意识和责任能力。"[2]所以,我们应克制无限扩充德育活动内容和频次的冲动,对德育活动的安排坚持少而精的取向,让德育活动少下来、慢下来,让学生有条件去"投入和倾注",使其"心灵疆域的拓展"不因时间的不允许而受到限制。

另一方面,德育活动不应以我们对自身成就感的关切为核心,而应以解决孩子成长中的实际问题为焦点。"教育是对现实的、具体的人的教育,是在现实的、具体的人的生命历程中展开的师生的心灵相遇"[3]。我们应放下自我,以乐观从容、平易近人的姿态,用心倾听和感知学生心灵深处的呼

---

① 肖川:《教育的使命与责任》,长沙:岳麓书社2007年版,第274页。

② 肖川:《教育:让生命更美好》,北京:北京师范大学出版社2015年版,第6页。

③ 肖川:《教育的使命与责任》,长沙:岳麓书社2007年版,第59页。

唤和渴求,以让德育渗透在关注、关爱学生的意义上获得方位感、实在感。这样我们所做的努力、所花的心思才能贴合学生的内心和实际,避免在他们不需要的地方耽误工夫。

平等应成为日常德育的底色。作为教育者的我们,应当自觉地、主动地做出改变,把自己当作和学生一样需要成长和接受教育的一员,这样既可实现师生间身份的平等,也可实现德育活动现场师生间地位的对等。我们以学生伙伴的面貌活跃于学生中间,不夹杂任何优越感和施舍意味,自然也就多了一份和他们"打成一片"的资本,多了一份对学生真诚的尊重和厚爱。而这恰恰是学生成长中最为看重和珍视的,因为这最能让学生体悟到自我生命的价值与质感。如此师生之间就有了信任、默契和乐观的期待,德育现场才有可能成为学生真实生活世界的再现,在场的不仅仅是身体和皮囊,还有精神世界的亲临与栖息。

这是因为,我们真心诚意地作为对话的一方,平等地参与到活动中来,是能够消解学生观念中"被主导"的意识的。当然,在此过程中也需要我们表现出足够的好奇、热情、宽容、谦虚、理性、渊博、美感、情趣和思想开放,并随时准备承认自己的错误和不足,这既是师生平等的保障,也是师生平等的体现。也是因为在此情境中,压抑感消失了,自卑倾向逐渐得以改观,转而会因为实在感、舒适感而产生精神上的愉悦和富足,这种即时获得的成就感进而会慢慢沉淀为较为强烈和稳定的自豪感。有了自豪感做支撑,则学生会心甘情愿在活动中与他人分享并进行创造性劳动——作为"精神上存在"的具体的人而非概念中和身体上的人的劳动,这恰恰是精神在场的证据。

内潜应成为日常德育的内核。"真正的教育存在于人与人心灵距离最短的时刻,存在于无言的感动之中"[1]。什么时候心灵的距离最短?什么时候容易感动?这并不容易说清楚。但可以肯定的是,一切与支配控制、单向传输、好大喜功、封闭性结论等相关的情境中,都很难拉近心理距离并产

---

[1] 肖川:《教育:让生命更美好》,北京:北京师范大学出版社2015年版,第6页。

生感动;因为人天然地具有捍卫个体独立性的需求而反感被他主、被教育。相反,一切亲切自然的、谦逊随和的、协商一致的、相互关心与提携的情境中,都容易让人产生心心相印的知遇之感;因为人天然地具有合群、被尊重和被珍惜的需要。

所以德育的艺术性和美感可能就在于,不动声色、不留痕迹、"随风潜入夜"式地潜入学生心田,润物无声。一方面,要抹去一些德育活动的形式线条,化活动于无形。水无形方才随波就势,至柔方才至刚。大张旗鼓地宣示德育领地与动作,它犹如一堵墙,像杯子约束了水至柔的力量之美一样,阻隔了心灵的感应及触角由有限伸向无限、由特殊迈向一般、由外在化为内在的可能性。而去形式化就是隐去或拆除围墙,符合学生内心深处对自由的期盼,因为它拆除了感觉、体验、欲望的围墙,摆脱了因被控制、被灌输的枷锁而获得精神上的自在和自主,自我建构也就可以名正言顺地出场了。

另一方面,可通过生活中典型案例的深度评述等方式,强化德育活动的质感,让学生不知不觉中被"征服",感受到生命成长的厚重而又不至于产生过于沉重的情感或道德负担。这种厚重感是通过德育所体会到的生命境界的层次感,即每当自我感觉已超越了生命的某个层面时,发现不远处有另一座生命高峰在向自己抛出橄榄枝,也就是说生命成长是不断攀登和提升的过程。也就是说要给学生的生命成长营造一个开放的、纵深的价值空间,既尊重其内心需要和价值多元,又坚持教育终极的规定性及追求而避免无所依傍的教育空虚。

优质的德育活动应当只为呵护学生的健康、和谐成长而存在,而不是为了任何外在目的——无论这个目的听起来如何动听和不可避免。德育活动要以平等和尊重为底色,以内潜为内核,认真回应学生的关切,解决学生成长中的实际问题,努力唤醒学生。归结为一点,就是努力打造精品德育活动,实现对学生生命的唤醒,争取学生精神重新"出场"。学生不是既成的、固定的、被给予的现实,而是一个寻找中的、自我突破中的现实,是存在于自我确认与自我否定之间的不断互动生成的过程中的现实。唯有被唤醒,学生才能睁开自己的眼睛,调动自己的心智,激活自己的情意,自觉主动地在学习、体验、实践中提升对当下及未来生活中真善美的辨别力,于自律、自觉、自省中释放出更充分的生命活力。

让学生的心灵和精神在场,唤醒学生,这是德育活动的责任与担当。

"向'生命不能承受之重'说不"主题班会及反思

长在阳光下的新时代青少年儿童,犹如温室里的花朵,享受着最适宜的阳光雨露的滋养,一切风吹雨打都被家庭、学校、社会撑起的巨大保护伞挡在了他们生命世界之外。在孩子的认知里,他们的世界似乎天然就是被保护的,而无论自己付出与否;他们理所当然地应该享受这样的美好世界而无论自己是否常怀感恩。全社会关爱未成年人的付出的确让孩子的生活世界更清澈,较少有杂音、杂质干扰他们的生活和成长,这客观上有利于孩子在温润中感受温润,在美好和谐中习得和传承美好和谐。但同时,这也容易给孩子造成一种误解,让他们把经过层层过滤的世界误认为是真实的世界:一方面,这种感觉可能使他们变得冷漠而骄横,活在虚幻的自我世界里而缺乏同情心;另一方面,可能使他们变得脆弱而易折,活在不真实的世界里而欠缺对残缺的感知,缺乏生命的韧劲。

2011年10月,广东省佛山市南海黄岐广佛五金城年仅两岁的小悦悦前后被两辆车碾压,相继路过的十八名路人见死不救,最终小悦悦没能从死神那里逃脱而去往了另一个世界。这是存在于我们身边的、引起全国轰动的真实事件,也在一定程度上折射出了每个人在温室的保护中成长带来的不良后果,令人心痛不已。这是一个契机,全社会的关注、讨论和反思为在校园里开展教育活动营造了良好的氛围。为使教育活动取得更好效果,我以具有真实性、生动性、典型性的小悦悦事件为核心,辅之以徐本禹、胡忠夫妇不计回报的付出,夹叙夹议,以案动情、以案说理、以案摄魂,学生在鲜活的故事情境中涤荡心灵;引导学生意识到在一个免去了保护罩的真实社会里,生命是何等的脆弱,而冷漠又是如何让这种脆弱性雪上加霜的,大爱无疆的无私奉献是如何让"生命不能承受之重"变轻的,进而促使学生自觉反思,拒绝冷漠、及时伸出援手对照护生命周全的重要价值,以升华学生珍爱生命、热心助人的情感与价值认同。

一、活动主题

"拒绝冷漠 让世界充满爱"人人有责,人人尽责

二、活动重点

以小悦悦惨剧为核心话题,引领学生批判性分析整个事件过程中的众生相,揭露冷漠的可怕和不可取,以激发学生恻隐之心;辅之以对徐本禹、胡忠夫妇不计回报的付出所反映出来的人性的光辉,展示真实人间大爱依然在,以给学生光明的信心。正反相呼应,冷热相交替,推动学生在情意流动中、在潜移默化中感受爱恨、生成是非,自助、自主建构正确而高尚的社会情感,树立"生命诚可贵,助人价最高"的态度与价值观。

三、活动准备

背景音乐、PPT、相关视频、纸和笔等。

四、活动过程

情节一　通过《萤火虫之墓》展示宏大社会背景中
冷漠对普通人的伤害

我截取了《萤火虫之墓》中的两个片段分别做成小视频。

第一个视频是清泰和节子简单而开心生活的场景。我在视频中适时加入了"善良体贴的哥哥""纯真可爱的节子""原来生活如此简单"等文字。视频播放后,我说道:"这是因为战争而成为孤儿的清泰和节子兄妹,他们的命运是不幸的,然而因为一颗糖果、几只萤火虫而增添了几分幸福的暖

色。但往往越是这样，越让人觉得心酸、难受。但更难受、更让人内心难以平复的，远不止如此。"

第二个视频是节子离世前的场景。我在视频中加入了"命运如此多舛""生命不可挽回地在一秒一秒地流逝"。播放视频后，我说道："一个多么善解人意、带着银铃般笑声的活泼可爱的小女孩，她对生活的要求那么低：小小的糖果、几只飞舞的萤火虫就足以让她感到幸福和快乐。然而，就是这样一个讨人喜欢的小女孩，却因为寒冷、饥饿和病痛，离开了这个世界，在她离开的前一刻，竟然还想着给哥哥做饭。为什么会这样？她的哥哥，那个衣衫褴褛的少年，躺在通道出口，忍受着失去亲人的悲痛及饥饿和寒冷的多重折磨之后也随妹妹而去。善良的人们，恐怕都要在尽力克制之后才可以避免眼泪的流淌。"

在这里，我们看到了什么，感觉到了什么？我认为战争就是国家意志的疯狂，就是国家意识的冷漠。这种疯狂、冷漠对于如影片中的两位小人物而言，又怎能承担得起，怎能承受得住?！世界每天都在死人，但善良的哥哥清泰、单纯的小姑娘节子他们该死吗？不该！但又能有什么办法留住他们的生命?！他们的命运如大海上飘零的一片树叶，随浪起落沉浮，不能自主。这就是主人公生命里不能承受之重。同学们，你愿意这样的不能承受之重落在你的亲人身上吗？

既如此，我们就应该大声地向"生命不能承受之重"说不，我们不要冷漠。同学们，请跟我一起大声地喊出来：向"生命不能承受之重"说不！拒绝冷漠！

如果说，这种冷漠是宏观社会背景所决定的，不是小人物、普通人所能左右和改变的，是一种无奈的话，那么在我们生活中，在我们身边所发生的某些事情，却原本是我们普通人就可以改变的，前提是如果少一些冷漠……

情节二　以小悦悦事件为核心强化对冷漠的反思

我剪辑了一段小悦悦生前生活的小确幸，播放给学生。我说："这是一个快乐的小女孩,日子简单却也幸福,她叫王悦。有爸爸的陪伴,玩耍显得那么开心,稚嫩、清脆、爽朗的笑声告诉我们,小悦悦正在尽兴地享受着她的幼童时光。但是,看着这段资料我却高兴不起来,因为接下来的事情让小悦悦永远没办法享受亲人带给她的快乐时光了。"

我把小悦悦惨剧的前后经过录制成了小视频,视频中加入了这样的旁白:

2011年10月13日下午,小悦悦出门,哪想天降横祸,一辆面包车迎面撞来,前一秒她还是一个可爱的小公主,下一刻却成了车轮下的牺牲品。更可悲的是,此后有3名路人经过,竟无一人伸出援助之手,任凭生命在马路上一秒一秒地流逝,随后竟有第二辆车也从她的身体上碾压而过,接下来的15名过路人仍然熟视无睹……直到第19人——捡垃圾的陈阿妹——出现,才将受重伤的悦悦抱到路边……2011年10月21日零时32分年仅两岁的小悦悦因伤重不治永远离开了人世,她留下了太多的不情愿和遗憾,留给我们化不开的沉重……

每一个人的内心深处都有一个最柔软的角落是不能碰的,一碰就会碎。看到这样的惨剧,我内心五味杂陈:我在想,如果我是她哥哥,前一秒睁开眼能看见她的容颜,伸一伸手就能碰到她温热的身体,竖起耳朵就能听见她灿烂的笑声。可是下一秒,就在下一秒,眼睁睁看见她被车轮一次又一次碾过,她无法与我交流,不知道我是谁,将永远离我而去,咫尺天涯,这是一种怎样的痛苦!这样的痛苦我是否能承受得了!这是怎样的不愿却又不得不面对的残酷!我想不通的是,人为什么会如此冷漠?所以我想问:

(一)问第一个司机:前轮碾过后本已经停车,怎么那么狠心,接着一脚油后轮再次碾过小悦悦?

一个生命就是一个奇迹,生命不值得敬畏吗?当你明知故犯地开着车扬长而去时,你是否知道自己在犯罪?你是否意识到这是在践踏他人生命的尊严?你是否为自己的行为忏悔过?怎么能够安心地回家?回家后的晚饭你吃得可好?晚上休息你睡得可好?

比尔·盖茨说："犯下错误之后，如果只想到推诿和逃避责任，那么受到最大伤害的只能是自己，我们必须面对属于我们自己的问题，归咎于环境、他人，毕竟不是明智的做法。因为这样做，问题并没有得到解决，只会让错误像高利息的债务一样越滚越大，成为横亘在我们人生路途上的一座大山，无法逾越。"

朴实的语言，简单的道理，但是有多少人能够真正明白和领悟？！各位思考一下，第一位司机发现撞了小悦悦之后，如果他敢于承担责任，他就会把车停下来，把小悦悦送往医院，我相信小悦悦有机会活下来的；更重要的是，假如他这样做的话，他不会接受严重的惩罚，因为他被抓起来了，肇事逃逸，惩罚是非常严厉的；而且这种逃避责任的人，就应该受到法律的严惩。可怜的小悦悦用生命的代价告诉我们责任的重要性，我们也一直在强调"责任重于泰山"，可是我不确信到底有多少人会领小悦悦的情？包括在座的我们。

（二）问十八名目击路人：你可知道躺在血泊中的是活生生的人，是一个这世界对她来说无限阳光美好的小孩子？

仅有两岁大点的小女孩，正是需要别人像宝一样呵护着的年龄，你们的眼睛一双双地在小悦悦身上聚焦，却未曾驻足施救，难道她不是活生生的小生命吗？！在小悦悦的世界里，这个社会如此美好，她以小女孩的天真看世界。形成鲜明对比的是，这个社会的人并没有为小悦悦撑起一片活下去的安全天地……小悦悦稚嫩的身体怎能承受得住汽车的几度碾压！这是她生命不能承受之重！而小悦悦生命中更无法承受的，是比这更寒冷刺骨的人心的冷酷，比这更撕心裂肺的人性的缺失！如此世道人心，要经过多少冷漠的沉淀，多少缺德的累积，才会在光天化日之下形成这么根深蒂固的冷血？！

可能我们会说，人心不古，做好事会招致祸端。但是，我要问：行善的成本难道就可以成为冷漠的通行证吗？！打个电话可以吗？叫救护车可以吗？报警可以吗？站在那儿拦着其他的车辆可以吗？！难道这个行善的成本比付出生命更昂贵吗？！

我们一直说社会在进步，人性在回归。但昨天与今天比一比，我们会发现，或许社会并没有进步多少。

我给学生播放了一段某地以"拒绝冷漠"为主题的公开演讲视频，大意是：德国有位牧师在二战之后发了一篇忏悔文，文中说，当年当纳粹党抓工会会员的时候，我不说话，因为我不是工会会员；当他们在抓犹太人的时候，我不说话，因为我不是犹太人，我是雅利安人；当他们在抓天主教教徒的时候，我不说话，因为我不是天主教徒，我是新教徒……当他们来抓我的时候，已经没有人为我说话，我只能对上帝忏悔！通过短片我们看到，六十多年后的今天，我们并不比当年那个牧师高尚多少：

看到纳粹抓人：我不说话，我不是工会会员、不是犹太人……他除了忏悔，还能干什么？

看到小悦悦：我不救，她不是我的孩子……如果是你的孩子遇到麻烦，有人支援吗？

看到垃圾：我不捡，它不是我扔的……当你周围堆满垃圾又无能为力，有人会帮忙吗？

看到同学孤独：我不帮，他不是我的朋友……当有一天你孤独时，有谁会真心帮你？

看到小偷：我不报警，他偷的不是我的东西……当你的东西被偷时，有谁会为你说话？

从中我们看到什么？时空轮换，换不掉的是人性冷漠依旧！既然如此，我们凭什么说自己比前人更高大、更健康、更人性?！冷漠，它伤害的绝不是别人那么简单，它最终伤害的是我们自己呀！

既然如此，我们为什么还要沿着冷漠这条不归路继续走下去呢？为什么不能给自己的生命，也给他人的生命减减负呢？聪明的人、有良知的人当然不会。所以，我们再次向"生命不能承受之重"宣战，请大声跟我一起喊出来：向"生命不能承受之重"说不！拒绝冷漠！

（三）问陈阿妹：救人时你是否想到过会招致恶语中伤？如果想到了，你还选择这样做吗？

陈阿妹出于人性的善良,本能地伸出援救之手,可是有人却说老太太是为了出名,是为了要钱! 很多人可能对一切都冷漠,唯独不冷漠的是钱,想到的也只有钱! 这是我们这个社会最大的悲哀:做惯了阴暗的人之后,有些人的内心是见不得阳光的;当阳光想驱散他内心的阴暗时,他会狗急跳墙用那张破嘴去咬人的,经不住被狗咬的人,内心也会被污染而阴暗起来,于是开始"小人常戚戚"……物质丰盈的社会里,为什么有些人精神世界如此荒漠、扭曲甚至变态,看到别人做好事,这是羡慕? 是嫉妒? 还是仇恨? 在良知的天平上,我们应该分得清楚:谁君子,谁小人?! 谁伟大,谁卑鄙?!

我们一直在说机会是留给有准备的头脑,今天我要说机会是留给善良的、拒绝冷漠的人。十八名目击者,任何一位都有充足的机会帮小悦悦一把,但他们都没帮,因为他们不把生命当回事,因为他们习惯了冷漠! 只有第十九人,陈阿妹珍惜了这个机会,因为她善良,因为她有一副好心肠,因为她不冷漠。陈阿妹是捡垃圾的阿婆,她的社会地位不高,但就是这样一位其职业被我们很多人瞧不上的阿婆,凭其善的本能、爱的本能营救小悦悦于血泊之中。这位阿婆人性的光辉,她在用自己的实际行动教我们这些自认为社会地位远在她之上的人做人,做一个有温度、有良知的人。我想问,难道我们受教育的结果就是要让自己变得越来越冷漠吗? 所受教育越多就越没有人性吗? 我想,教育不应该是这样的,受教育也不应该是这样的结果。我们应该向冷漠宣战:拒绝冷漠,我要做第十九人。

(四)问小悦悦:你是否怀疑过自己的天真善良,是否痛恨你曾身处其中的这个社会?

亲爱的悦悦,曾经的快乐、曾经爽朗的笑都已成为记忆,你曾深深地、毫无保留地相信过、依赖过这个社会和身边的人,可结果是,从你身边经过的人置你的生死于不顾! 你是否怀疑过自己的天真? 你是否有被出卖的悲伤和愤怒? 你是否为人性的冷漠而感到恶心? 你是否会原谅我们这些活着的人? 如果有机会,你是否愿意重新选择来到这个带给你灾难的社会?

为此,我有一些话想对小悦悦说(我把这段话做成了小视频播放给学生):

亲爱的悦悦:

我选择"痛苦"来纪念,是因为你是一面单纯、善良的镜子,照出了世态炎凉、人情冷暖;冷冷的光线刺痛了有良知的、和你一样善良的人的眼睛,刺痛了他们的心。也许这个社会什么都不缺,唯独稀缺的就是对痛苦的品尝和记忆,所以,我谢谢你给我们上了一节鲜活又无比沉重的课,谢谢!懵懂中你永远离开了我们,还没有真正好好地看过这个世界,过想过的生活;多么可爱的小天使,因为冷漠而匆匆向人世做了永远的告别,多么可惜,多么令人心碎!我们没有资格请求你原谅,但我希望你在天堂里开心、快乐,所以请你忘记这段不幸;也许天使就应该生活在天堂里。祝福你在那个没有冷漠的世界里过得幸福!愿你去往天堂的路上没有车来车往!愿你的付出能唤醒世界真爱一片!

同学们,今天这节班会课就是一节痛苦的课,因为这个社会也许什么都不缺,唯独稀缺的就是对痛苦的品尝和记忆,往往选择性地好了伤疤忘了疼。

(五)问同学们:你想对小悦悦说什么,想对自己和周围的人说什么?(请同学们把想说的话写在纸条上,略)

同学们,尽管很多人已经习惯了自私和冷漠,尽管我们耳濡目染了很多的狭隘与偏执,就像有些人把我们丢进了冰窟一样,但这并非我们所面对的真实世界的全貌,也有很多人在尽全力守候社会的良知,把我们带到春风拂面的温暖世界。

情节三　以诸多普通人的先进事迹为重点突出人间依然有大爱

我以"心的呼唤,爱的奉献"为主题,把胡忠、谢晓君夫妇带着两岁女儿坚守支教阵地、孟佩杰侍奉瘫痪的养母、吴菊萍接住从十楼坠落的小妞妞、徐本禹大山深处支教的动人事迹做成了小视频,课堂上播放给学生。视频旁白如下:

胡忠、谢晓君夫妇带着两岁的女儿从成都中学来到海拔三千八百米的藏区福利学校坚定地当起志愿老师，如今女儿已经长大，他们还在坚守。在一个物质繁盛的时代里，他们仍然让世界相信：精神无敌；他们带上年幼的孩子，是为了更多的孩子。不是冲动，是不悔的抉择！他们脸上的高原红，是这个时代最新鲜、最健康、最动人的红润。

孟佩杰，一个二十岁的青春女孩，八岁开始侍奉瘫痪的养母。从那一刻起，买菜做饭、替养母洗漱梳头、换洗尿布、全身涂抹褥疮膏便成了她每天生活的一部分。四千多个日日夜夜，她一力撑起了久经风雨的家，她付出的是孝心，赢得的是尊重；贫困中她任劳任怨，虽然艰辛填满四千多个日子，可她的笑容依然灿烂如花。

吴菊萍，一位正好路过的婴儿的母亲，当她张开双臂接住从十楼坠下的小妞妞时，她并没有犹豫、权衡的空间和时间，这是本能，是善良的本能！她有一双孩子感觉中最柔软的臂膀，也是2011年中国最有力的臂膀。她托住了"幼吾幼以及人之幼"的传统美德，她并不比我们高大，但那一刻已经让我们仰望……

徐本禹，一个出生于贫困农村的孩子，在2003年放弃攻读经济管理硕士的机会，义无反顾地去大山深处支教。他走进大山，用一个刚刚毕业大学生稚嫩的肩膀，抗住了倾颓的教室，扛住了贫困和孤独，扛起了本来不属于他的责任。徐本禹点亮了火把，刺痛了我们的眼睛，爱被期待着……他哭了，却是为了山区的孩子，如果眼泪是一种财富，那他就是最富有的人……

我不知道，面对小视频中提供给我们的点滴信息，我们是应该高兴呢还是应该失落？我想问同学们的是：

那样的学习环境你们经历过吗?没有!

趴在野外的荒草地上写作业你们经历过吗?没有!

喝水都困难更别提洗澡的日子你们经历过吗?没有!

照料孤寡老人数年如一日你们经历过吗?没有!

徐本禹非洲津巴布韦支教，十六个芒果蝇幼虫钻进肚皮，由于缺乏医疗条件,他只好自己全部挤出来,准备用一年的创可贴一次性全用了。这样的处境你们经历过吗? 没有!

所以,同学们的记忆和经历是贫乏的,是缺少精神洗礼的。而他们是富有的,因为他们经历过,因为他们富有爱,博大的爱!他们有热乎乎的、足以融化坚冰的强大的心! 而同学们生活在一个安逸、舒适的避风港中,除了富足的物质生活之外,还剩下什么?! 如果加上冷漠的心,那么就是十足的穷光蛋! 所以,我们应该向他们学习,学习他们一副热心肠、学习他们人性的善良,学习他们做一个精神富足的人。

为什么? 生命是短暂的荣誉却永恒不灭!因为短暂,我们要关注生命的质量;因为永恒,我们要关注生命的价值!

为了短暂而又永恒不灭的荣誉,让我们大声向"生命不能承受之重"说不,拒绝冷漠,传递温暖。因为从来没有理所当然的救世主,我相信,真正的决定权、好与坏的选择权,是在我们每一个人手中。所以,请拿出最大的善意,用良心的尖刀解剖社会的丑陋,救赎我们麻木的灵魂,用良知唤醒爱,用爱演绎精彩人生!

为什么要用良知唤醒爱?

社会光靠楷模是远远不够的,一个社会最需要的是平凡的良心。我们都需要守候一颗平凡的良心,我们都需要平凡人对良心的守候。正是无数平凡的良心才能共同筑起社会道德的堤坝,共同营造起一个属于文明社会的、高贵的人的温暖世界。

五、活动反思

冷漠,离我们如此之近,以至于我们对它已司空见惯到自然而然,到认为大家都如此,所以反倒在心里默认它无可厚非,已经无意愿去追问、去挣扎、去反拨,除非某天一个突如其来的事件震颤大地,让我们不得不把目光和思绪聚焦到这件事上。小悦悦事件正是这样一个爆雷性事件,它的那种天使与魔鬼狭路相逢的表征意义,它的那种无辜者成悲剧而我们人人都有可能是悲剧的推手的典型性,使得它具备了独特而浓郁的教育价值。这里的"人人"可能是你,可能是我,也可能我们面对的光鲜靓丽的任意一个学生。这种挥之不去的相关性,让"人人"都有些心虚,真实的社会在我们面前展开,也意味着真实的"我"借助他人的一举一动而毫无保留地呈现给了我们自己。由此,我和我的学生们也获得了一次真实地面对自己心灵深处善与恶、热情与冷漠的机会。

在没有特殊典型事件作为参照时,"人人"都可以不假思索地说自己是天使;但当"人人"把自己置换到特殊典型事件的现场时,那种身临其境的真切感会促使人们内心开始对自我的审视、剖析和省察,就有可能将旧有的我更新为重生的我。这正是我设计并实施"向'生命不能承受之重'说不"主题班会的初心和希望所能达到的效果之所在。

以"生命不能承受之重"为题,暗含人与人之间理应多情温柔以待的期许。人作为某个国家、某个社会中的一员,有很多事情如国家层面的战争、社会层面的群相氛围等,都会不以小我之意志为转移地、泰山压顶般地向我们袭来,面对庞大的国家、沉重的社会,"我"犹如浮萍一样风雨飘摇,任其摆布。清泰和节子兄妹的遭遇,小悦悦事件的前十八名路人的所为无不向我们昭示,国家战争机器岂是清泰和节子的生命力所能承受的,十八名路人为代表的社会群相氛围又岂是小悦悦柔弱的生命所能承担的! 这种远超个人承受力的负担总让人感觉生命的沉重与悲凉。然而,正因为这种沉重与悲凉是众人的共生相,我们何不在国家和社会层面之外的个人层面上,相互多情温柔以对,以让艰难的生命之旅能因彼此的关照和扶持而变得轻盈明快一些呢?! 胡忠谢晓君夫妇、孟佩杰、吴菊萍、徐本禹,一个个普通人的事迹走进孩子的心灵世界,他们平凡却不简单,用无私的爱为他人撑起一片湛蓝的天空,他们感动了中国,感动了我们所有人;他们让我们感到人间依然有爱在,有明媚阳光驱散心中和生活中的阴霾。他们让我们认识到,纵然生命有"不可承受之重",只要人人尽心、尽情、尽责地献出一点爱,拒绝冷漠,我们的世界都将更加美好。

是的,一个温润有情感的社会是否能到来不在于他人,而在于每一个"我"。基于这样的思想,我设计了"德国牧师忏悔"环节,是想通过牧师的忏悔叫醒孩子，冷漠伤害的不仅是别人，更是我们自己；我设计了"问同学们"环节，是想让孩子把别人的"故事"当作自己的"事故"来对待，析出勇于担责的义务感和道义感；我设计了"问陈阿妹"环节，是想让学生从陈阿妹身上获得向上、向善的力量，懂得拒绝冷漠是人人都应该承担的责任和义务，愿意跟着陈阿妹一起去"做第十九人"。整个活动过程环环相扣，逐层展开又逐级转化，从最黑暗的谷底一路向着光明的山顶前行，最终是要让孩子心中有爱、眼里有光；要让孩子经历一场真切而奇特的心灵之旅后，依然能坚定信念，相信人间自有真情在，相信只要"我"改变，世界就会跟着改变。

为此，我对班会课上的语言进行了较为严格的规划和塑造，"行善的成本难道就可以成为冷漠的通行证吗""做惯了阴暗的人之后，有些人的内心是见不得阳光的""这个社会也许什么都不缺，唯独稀缺的就是对痛苦的品尝和记忆""生命是短暂的荣誉却永恒不灭"，等等。我认为，就像人的一生总要经历一些"重要他人""关键事件"一样，一节有生命质感的课上，学生也是需要经历这样的"关键语言"的洗礼和醍醐灌顶的。可以说，语言是心灵的显示器，但反过来，我们也完全可以利用这一特性，先通过语言对心灵的抚摸，而期待心灵逐渐有新的萌动与创生。这也应该是这节班会课的一个特点吧。

这节班会课把社会大课堂搬到了教室小课堂上，打破了学生"两耳不闻窗外事"的定势，也因为这节班会课先抑后扬依然对生命、对教育充满希望与信心的总基调，或许还因为这节班会课足够诚实、足够扎实、足够表里如一，足够到位地反对空洞的形式主义说教，这节班会课引起了老师们的强烈反响。一方面，它呈现了一节有主题的班会课何以能紧扣主题渐次深入展开，而不偏离主题随意漫游；另一方面，它是呈现给学生们的，也是呈现给走进这个课堂的所有老师们的，受感染、受洗礼的是"人人"——不仅有学生，也有老师。从这个意义上说，这节班会课本身就是一个很有反复去言说的价值的靶子，课有终而意犹未尽，言虽止而思绪可无限延伸。

其实,短短四十五分钟一节课,其所能承载的信息和功能终是有限的,而作为老师却想要在有限中尽一切努力去挖掘无限的潜力与可能,这是矛盾也是张力。有时候美好心愿往往会弄巧成拙、适得其反。快速推进的节奏、大容量的信息与情意刺激、交错的生命能量的一再叠加,等等,在让课变得有品有味的同时,也似乎让人感觉有些吃不消。另外,这其实也挤占和压缩了学生表达的空间,虽然课上设计有让学生自由书写的环节,但显然是不够的。一方面,情感被调动之后,学生是有许多真心话要说的,让他们的声音被听见,是他们的荣耀也是对他们的肯定;另一方面,在相互倾听与诉说中,更能体现我即人人、人人即我的"一体两面"性,既符合这节班会课的主旨意图,也为孩子提供了情感与理智碰撞的出口。这样,这节课应该会更加饱满,更能使其在孩子生命历程中留下浓墨重彩的一笔,或许影响终身。

四　阅读写作，在学习与创造的海洋里散步

北京史家教育集团王欢校长说,只有教师好好学习,学生才能天天向上;只有教师好好学习,教育才能天天向上。的确如此,老师的学习意愿与姿态,构成了教育日新月异的前提和基础,尤其在人们身体的功能和需求成倍放大而内心世界的需求被成倍地阉割的情况下,更是如此。而最有教育生命独特质感的学习方式莫过于良好的阅读和写作,这让我们同时站在了巨人和自己的肩膀上攀登,既有益于己,亦示范于学生。而且,若师生同向而行,能共同经营美好的阅读写作生活,那么师生有限交集之生命,将在时间上彼此相连,在空间上彼此相依,从而让一段施教与求学的旅程葆有历久弥坚、历久弥新的永恒和完美的生命记忆。

给心灵开扇窗——目之所及便春意盎然

在这个碎片化的时代，在这个扁平化的时代，在这个娱乐精神万岁的时代，一切似乎都变得平面化、快节奏了，立体感没有了，想象的空间没有了，拾起一本书前后翻翻的意愿隐退了，拿起一支笔随意写写画画的耐性消失了……我们似乎对自我精神世界的滋润和陪伴变得越来越少。声色犬马中人们活死人一样地干耗着生命直到油枯灯灭，熙熙攘攘中人们老小孩一样地任由生命处于随意漂泊的状态，而生命原本应该是丰润的、饱满的、雅致的、肃穆的。可是，作为老师的我们，注定要与永远十几岁的少男少女的生命为伴，他们的生命需要我们去关照，他们的精神世界需要我们去守护，他们的思想世界等待我们去建设。

在教育和生命成长的意义上，老师的生命姿态关涉好几代人的生命样貌，这促使我们不得不以一种独特的生命意识去经营自己的人生。我们很难自圆其说地放逐自我生命于随波逐流之中。一方面，我们曾经都那么热血沸腾、豪情满怀，还有我们的职业也赋予我们爱上阅读写作以更多便利和更好条件，这会使我们的生命走向富足和澄明；另一方面，如果我们的生命中都缺少沉淀下来的浓浓绿意和激发出来的涓涓活力，很难想象我们能给予从自己身旁经过的孩子多少生命的养分，也很难想象我们的生命状态不再从我们身旁经过的下一代身上重演。

思及于此，也因为学历史、教历史的缘故（历史包罗万象且常说常新，总有说不完的话题，也总处在解释的开合启承之中），我喜欢把空闲时间用阅读和码字来填满。我很珍惜由美好文字推出的美好世界，这世界既有向内性的自我解放（比如生命），也有向外性的对周围事物（比如教育）的清明。我深知，与学者大家相比，这只不过是小打小闹的三脚猫功夫，但正因为力之不及而更为看重。而且在我看来，阅读与写作，的确让我的闲暇时光变得色彩斑斓，让我的工作多了一份额外的敞亮惬意，犹如灰色世界里看见的那一抹绿，又像龟裂黄土地上不期而遇的一场甘霖；也是因为阅读写作，使我更加坚定地相信，我们对待世界的态度将决定着世界的模样，给心灵开一扇窗，则目之所及便满是春意盎然。

事物的复杂性在于，我这样看而别人未必这样看，或者别人那样看而我未必那样看，所以在"关系"的层面上，彼此的视界融合更显得突出和重要，而这也有赖于大家广泛地阅读和积极地写作。因为，在阅读和写作中，我们都会变得丰富，都能向着我们想要看到的那个世界靠近；在阅读和写作中，我们会获得越来越优质的定义自己、定义外在世界的态度、情意和智慧。

人总是在生活中学会生活，即学会同时与世界和自我相处，所以生活本就是一种历程，一种学着面对世界和面对自我的历程。可是，世界包罗万象那么复杂，"我"的灵与肉彼此牵涉那么神奇，无论面对世界还是自我，总有些磕磕绊绊似乎在情理之中。这样的认识是思想的成果而非情感的结果，如果任由情感泛滥成灾，则无论所"历"之"程"有多长，大概人生会永远处在漩涡之中，眩晕、迷茫、卑琐将成为人生的三原色。相反，与随波逐流、躺平摆烂划清界限，打开书，拿起笔，则我们的情感真挚热烈而审时度势，会成为我们思想的润滑剂和灵魂的温室，整个人的精神长相都别有一番天地。

阅读与写作是与这种磕磕绊绊进行抗争的有力武器。如果说阅读是站在大师的肩膀上前行的话，那么写作就是站在自己的肩膀上攀登，阅读是与大师对话，写作是与自己聊天，终归让我们的心灵更丰盈，思想更深刻，视野更开阔，态度更积极。思想是心灵的核心，法国思想家帕斯卡尔说"人不过是自然界一只最脆弱的芦苇，但这是一支会思考的芦苇，人因思想而伟大"；法国思想家笛卡尔也早就说过"我思故我在"。有思想是人存在的特有方式，人离开了思想正如鱼儿离开了水，是没有作为人之生命的长宽高及尊严可言的。而无论我们持何种思想，拥有何种观念，塑造何种心灵色彩，都要依赖于广泛的阅读而获得，通过写作而显明且变得有层次、有秩序。

　　我们需要用回忆和憧憬来面对世界和自我，所以我们要有灵魂、有思想。人就其本质而言是一种"未完成时"的存在，在不断地走向"完成"的过程中抵达远方。在我看来，所谓远方，既是世界的远方，也是自我的远方，它相对于当下而存在，这就需要找准坐标——"我"在世界中的坐标，世界在"我"心中的坐标。其实就是自我与世界的"相遇""相对"以致最终的"相融"。如此，心灵走向丰满，既有慎独的境界，又有和的修养，只不过知易行难，真正做起来会麻烦不断、挑战不止。恰在此时，思想和灵魂给予我们信仰的力量和前行的勇气。

　　我坚定地认同著名教育学者朱永新的观点："真正的信仰是最为恒久炽热的希望，能在厄运中鼓起勇气，激荡起乐观。信仰造就的乐观，是生命的太阳，任何情况下的人生都会因此温暖明亮，并指引着生命中的明亮那方。"①从这个角度而言，"未来"之于每一个人，都只是一个混沌的轮廓，所不同的是，有人有信仰因而那模糊的轮廓会越来越清晰，有人没有信仰因而那模糊的轮廓也便止于模糊。基于此，"忍"出的思考空间、"磨"来的耐性与谦虚、"思"及的高雅、"真"刻的个性与差异，实在是人之为人，以及心灵之所以透亮的大智慧。

　　力量源于信仰，信仰未必源于思想，愚昧无知同样可以产生信仰，只不过此时信仰的力量是给人生做减法的力量。给人生做加法甚至乘法的力量是受有灵魂的思想和有思想的灵魂的激励并由其引导的，所以我们要经常性地打开心灵，用阅读和写作所获得的感悟、体验去擦拭、喂养心灵，去激发、诱导思想，关照自我也看见世界。这对于要经常和学生相遇相知的老师而言，尤为重要。因为教育的力量和温度一定与有灵魂的教育思想和有教育思想的灵魂正相关；灵魂贫瘠、思想空洞的老师是难以引领学生走出心灵的沙漠而浇灌出一片生命的绿洲来的。也就是说，老师不仅要善于给自己的心灵开扇窗，也要以这样的姿态去带动和感染学生，让他们懂得运用阅读和写作的方式把心灵和世界打开，让他们也能目之所及皆春意盎

---

① 朱永新：《致教师》，武汉：长江文艺出版社2015年版，第6页。

然。于是师生共同阅读和写作,就有了可贵的现实性和必要性。

师生同阅读共书写的意义是,它在师生之间确立一种智性的平等平视关系,营造出心灵、思想、情意向彼此敞开的良好氛围,帮助师生在对话中一起迎接更好的自己并一起向未来。如果说课堂上的教与学活动存在着知识、能力、情感价值等的传递、转化和生成的话,那么它同时也意味着教师作为教育者与学生作为被教育者之间的某种不平等。毕竟课堂教学中学习的材料、流程和评价等多方面要素都带有教师预先加工、筛选的痕迹,从而前置性地制约了学生发展和成长的自由度,甚至带来对学生运用其智性和情感态度的某种矮化。而阅读与写作则不然,教师无法像设计课堂教学那样设计学生的阅读和写作,从而真正地实现了师生在运用知识、智慧、情意上的平等。它消解了正统课堂教学中对学生丰富而完整的人的心灵与思想的忽视和剥夺,解除了教师对学生的领先性和优先权,甚至也解除了教师在伦理、道德上的至上性。

这种消解和解除在师生交往中真正发生,彻底抽走了学生惯于依赖、服从、受指使的根据,在意愿和意志上把学生置于必须自主、自作为的境地,这首先从形式和地位上是对学生的松绑和解放。更重要的是,这给师生创造了灵魂相遇相知的平等机会,在各种阅读感受、理解、体悟及其以写作的方式使其有形化、秩序化的过程中,相互吸引、唤醒,让智性与情感态度灵活地舒展、自由地创造,这是一种己欲达而达人、己欲立而立人的过程,是一种有他者参与的自我解放过程。而任何实质性的解放说到底只能是自我解放,因为唯有这样,个人的阅历、经验、生活、情感、信念、思维、知识与技能等,与自我学习和发展的无限可能性直接地联系起来方可,创造出一个主体生命在场且深度参与的,生动绽放且自由成长的人。

用阅读铺就专业成长之路

老师可能习惯于视自己为主动输出型的施教者,而忽视了自己还是主动输入型的受教者。施教与受教看似是授受的对立双方，却尤其在教师这一身份中得以高度统一：没有良好的受教，即不可能高质地施教；没有热心施教的愿望，也就缺乏认真受教的兴趣。老师，只有当我们成为优秀的学习者的时候，才有机会成为优秀的教育者；只有我们已经是优秀的教育者，才有更加浓郁热烈的求教学习兴趣。专业而高质施教需要专业而主动的学习成长，专业而主动的学习需要基于我们自己的教育生活，因为生活是鲜活的，生活中的问题才是我们真正在乎并希望解决的问题，而解决这些问题是高质施教中重要且紧迫的工作。

我们的求教与学习会有多种渠道多种机会，而广泛且有针对性、系统性地阅读无疑是至关重要的一种。如果把日常教育生活比作未经装修的毛坯房，那么书籍就是对作为教育原型之教育生活的解读，是对它的改造升级，在书籍里我们会住进一座辉煌靓丽、非常适宜教育栖居的教育小屋。这小屋里，蕴含着向无限深处、广处、高处进发的广阔空间和丰富智慧，也隐含着心灵向导和精神指引的真善美。我们在这样的小屋里"逛"的时间越长，"生活"得越久，就越不能忍受毛坯房的原始和粗糙，也越有眼光和能力去打造属于我们自己的教育小屋。

而且最好我们能够带着教育生活的体验走近书本的世界：学习和成长离不开生活，也离不开书本，没有生活，没有生命体验，则书本极有可能变成与我无关的、纯粹外在于我的客体，无法发挥其丰富、提升自我生命风采和意义的功能；而没有书本，没有找机会通过书本走进远丰富于自我生活可及之狭小范围的广袤世界，则生活会失去阳光雨露的滋润和照料，生命也许会呈现出原地踏步、一生如一日的浅薄和无趣。"行万里路，读万卷书"，也许就是要告诉我们，人生时日有限，要善待珍贵的生命，做对自我、对学生有意义的事，读对自我、对教育有价值的书，要融通教育生活世界和书籍世界，让书本照亮我们教育生命前行的路，让教育生活成为书写生命之书的亮点素材。

教育生活体验之所以重要，还在于它会为我们指出阅读的内容，指明阅读的方向，它在很大程度上规定着我们阅读需求的层次，以及对所阅读内容轻重缓急的排布与取舍。教高三的某段时间里,我陆续从谈话中得知多位学生深处焦虑与孤独的境地,为有效帮助学生认识或克服孤独,我必须有远远高于他们的关于孤独的知识及态度储备。于是,我把孤独作为阅读的核心内容,放在最要紧的位置上,通过中国知网读了大量相关文章,又读了叔本华的《要么孤独要么庸俗》、周国平的《成长是一件孤独的事》等书籍。为了我的课堂有深度学习的影子,我持续追踪郭华教授团队深度学习研究与实践的大量文章,阅读了陈静静的《学习共同体:走向深度学习》、刘月霞和郭华主编的《深度学习:走向核心素养(理论普及读本)》、俞正强、郭华的《种子课3.0——对话深度学习》等书籍。

这种特定时间内围绕某一主题而开展的集中性阅读,是带着问题、本着寻求突围之道的目标的阅读,有很强的激励性和实践反思性,是一种带有实用色彩的主动求学受教的阅读。它切切实实地帮助我在看明白、想清楚、做到位的道路上越走越从容,对我教育教学的思维与视野、态度与方法、学识与技能等,都发挥着非常明显且真切的塑造作用;也帮助我在原则性与灵活性、短期与长期、书本与生活、知识与素养之间,拥有了比较宽阔的应对空间和自由,教育教学的可接受性不断增强。当然,这种阅读弊端也很明显,阅读在特定主题内部是成体系的、较为深入和全面的,但由于阅读主题是依据教育教学实际问题而选择的,主题与主题之间,可能是随意的、割裂的、缺乏结构与系统的。

因此基于教育生活体验而阅读之外,我们还需要一种重要而不甚紧迫的阅读活动——较长时期内分阶段、递进式、系统性阅读。这种阅读不是为了解决某个教育教学的具体问题,而是指向对教育教学、生命、成长、教育伦理等问题的了解与认知,其实是为具体教育教学活动品质提升奠定基础的打底功夫。这需要我们结合时代背景、教育教学的改革与发展、个人职业兴趣与特质等因素,去有目的、有计划地设计阅读活动,包括阅读数量、阅读内容深度的递进,阅读与实践、写作关系处理,等等。一般来说,要遵循由易到难、由浅入深的认知规律,起初可读一些实操性强的内容,当这些内容已基本能满足需要,或者我们觉得已不能再为我们提供更多的滋养的时候，可逐步向理论性强的内容过渡，比如教育哲学、生命哲学、教育/教学原理、教育/教学伦理之类的。

在这样分阶段、递进式、系统性阅读中，一些学者的著作给予我非常大的启发。与教育教学相关的，如李政涛的《教育常识》《重建教师的精神宇宙》、刘铁芳的《走向生活的教育哲学》《守望教育》、石中英的《教育哲学》、肖川的《作为理想主义者的教师》、施良方的《课程理论：课程的基础、原理与问题》、程亮的《教育的道德基础--教育伦理学引论》、帕克·帕尔默的《教学勇气——漫步教师心灵》……与历史学科相关的，如庞卓恒主编的《史学概论》、潘恩的《常识》、王家范的《中国历史通论》、梁鹤年的《西方文明的文化基因》、李剑鸣的《历史学家的修养和技艺》、易中天的《先秦诸子百家》、鲍鹏山的《风流去》、袁明主编的《美国历史与文化十五讲》、潘岳的《中西文明根性比较》……另外，也广泛涉猎人文社科其他领域的内容，如李泽厚的《美的历程》、萨特的《存在主义是一种人道主义》、周国平的《人与永恒》、赵鑫珊的《我心目中的十字架——思考是一种享受》、艾伦·拉扎尔的《道歉的力量》、乔治·奥威尔的《1984》、史铁生的《灵魂的事》、麦家的《非虚构的我》、林清玄的《所有的遗憾都是成全》、范胜利的《艺术影响中国：百年中国油画名作十谈》……

这些阅读，基本上都是带有在历史的深处或心灵的深处去感知人的过去、当下与将来，及其教育之已为、可为和应为的企图心的，进而让自己一而再再而三地"陷"入"思"的状态。这种状态把我带入了在教育生活的现实世界和信念世界里"诗意地栖居"之中，有书本陪伴，纵然教育教学日常中会出现各式各样的问题、困难和委屈，也依然会有一个自我缓释、自我修复、自我满足的精神领地。显然，这是我基于自身情况而为自己量身定制的阅读计划使然，有鲜明个性特征；我觉得这阅读本身就是一种非常惬意、美妙的状态，大有那种"我思故我在"的精神痛快。

比如，繁重的工作结束后，打开书读到这样的句子，"青蛙不理解宋词用琵琶弹出的那场雨，反以蛙鼓练习敲打莲花落，让池塘不解其意""众雨悄悄种下的那些声音，竟让偷听了的麦苗以身相许，纷纷扬花结籽并旁若无人地直接将田野作五月的产房",会深深地被打动。这般俏丽的文字,很是别样的意境,很是独特的韵味!我仿佛看到了这样一个人:倾情于对美的追求,任性于对大自然的热爱,偏好于对生活的激情,执着于对清净内心的坚守。若非如此,何以能够随心所欲地遣词造句而不失精准华丽!若非如此,又何以能够酣畅淋漓地排兵布阵而不失贴切生动!这是活泼灵动的笔触背后那个明亮俊美的内在心境外显时的自然天成,读到并占有了它,所有的烦恼和疲惫都会一扫而空。于是重新抖擞精神,收拾好装备再出发。

更重要的是,这种阅读引领我开始从教育之"术"向教育之"道"迈进,帮助我在教育教学的原点处、底层逻辑处去理解文化与教育、学生和教师,去思考教育与教学、学科与育人的关系;也帮助我在文化与生命的层级上更深刻地理解和把握教育工作重要而独特的价值,在教育生态的维度上体验着教育自身欣欣向荣的生命活力并被其深深吸引,在关联的意义上横向扩展又纵向提升,使自我教育视界之边界不断拓宽。阅读,给了我一个确定而清晰的世界,同时也向我展现了一个更大的模糊不清、琢磨不透的世界,这种站在确定的点上向未曾到达的远处张望的新颖与惊奇,诱使我迈开步伐继续向前进。

所谓成长即在于,我发现教育世界里未被看见和认识的部分越来越大,而我能有所察的部分有如大海之一滴水那样捉襟见肘。比如,在教育伦理中,什么是公平的教育?公平的就一定是正义的吗?回答该问题时就不得不面对什么是正义这一根本性问题;而当我试图弄清楚什么是正义时,发现它其实是一个极其广阔的哲学命题。又比如,当我们说一个人正在接受教育时,这里的"教育"是什么意思?它是客观的还是主观的,是历史给定性的还是社会生活塑造性的?于是,就要思考怎样定义教育以及怎样定义人,在此基础上才有可能说清楚人与教育的关系;可是,教育和人一样,都是存在于社会中、关系中、历史中的存在,也都是存在于文化、思维及语言的建构中的存在;那么,什么又是存在?实际上无穷无尽的问询给了我认清生命严峻形势以非常好的启示:无论你多么优秀和努力,你的生命和知识都是有限的，而但凡你想稍微改善一下生命和知识的有限性处境，你都需要持续不断地努力和习惯性优秀。

于是，在我教育教学的行与思之中，工作头几年里的那种只有对与错而没有灵活性、只看见一件件事和物而看不见人、只想着令行禁止、说过即要做到的偏执的情况不知不觉地发生了变化，相比而言多了一份对学生的温和与宽容，和学生一样无知的我没有资格对他们颐指气使，何况他们相较于我有更多的岁月与可能性、可塑性，所以我反而能更加自然地平视学生了。也多了一份敏感、警觉和谨慎，也许是多了一份不安和焦虑，不知道、未确认的东西那么多，生怕一不小心就错过了一个重要的现场、一次邂逅新领域的缘分、一种换个频道就可能柳暗花明的转机。这个毛病，使我不得不放慢读书的速度，只因为不想错过某段文字中某个关键词、某种隐喻、某些情愫，甚至某句话中的美或者残缺。我经常为此苦恼，但本性使然，也就只能与苦恼握手言和、为伍相伴了，慢慢地也就释然了。而且这种苦恼也是有回报的，那就是尽最大可能地捕捉到书籍中击中了我的那些情感、思想、态度，以及鲜活的灵魂。每当此时，总有一种又一次与大师神交的那种不虚此行的得意与满足，这还是挺过瘾的。

专业阅读会带来专业幸福与专业成长，让我们遇见更好的自己、更好的明天，也会让学生遇见更好的老师、更好的教育。而且从你是谁你就会遇见谁的角度看，阅读对我们的塑造与提升，都是在间接地塑造着与我们相处的学生——爱阅读的老师慢慢会发现自己周围总是围着一群爱阅读的学生。在阅读中，师生相互唤醒、彼此激励，每一个人都能过上有内涵、有品位、有成长的精神生活，一起分享幸福快乐成长的红利。由此而言，教育或许也不是那么复杂和困难，它就是一个人通过以求学受教的姿态不断促使自我生命成长的方式，陪着一群人在求学受教中获得成长和发展；最无痕的教育，就是在这种相互平视中，一个人先做并且做到了，然后吆喝着一群人一起做，而且最终做到了。

带着教育立场的阅读是草根写作最见效的姿态

中小学教师与科研院所的学者教授们有很大不同,主要表现为一多一少:我们拥有更多机会和便捷条件获取来源于教育教学现场的鲜活资源,但我们缺少学者教授们那样精深的理论造诣和专业的方法论来指导写作活动。正是这一多一少形塑着我们中小学一线教师教育写作的样貌。我们要广泛地阅读,以让少的部分变多变厚,帮助我们更深刻地理解教育、理解生命,也帮助我们把教育教学现场丰富多彩的资源捞出来,看透彻,说明白。然而知易行难,可能我们已经在大量的阅读了,却很少能形成写作的"产能",似乎有一种读了也是白读的无力感。在这种无力感时常侵袭我的过程中,我逐渐摸索出了一种对抗它的办法,就是带着教育立场去阅读,更要研究性、创造性地阅读。

带着教育立场的阅读,是头脑中始终存在着"这对于教育,对于生命成长意味着什么"这一总枢纽的阅读。这意味着,无论以什么形式读(看书、看影视作品、欣赏音乐与美术等,都是带着独特气息的一种阅读),读的是什么内容(与教育相关的,也可以是教育之外诸如历史、哲学、政治、文学等其他领域的),总是把能为教育和生命成长带来怎样的启示置于优先考量的位置上,以教育的视角去理解、扩充、转化,变成我们教育写作的"星星之火"。

正是基于这样的认识,我感觉到电影《这个杀手不太冷》里的杀手莱昂为搭救和保护叛逆女孩马蒂尔达而献出生命的故事,就具有了教育视角下的隐喻意义:我们老师所做的工作何尝不是对机灵古怪甚至天然有些叛逆的孩子的保护和救赎?! 于是我便以"是毁灭还是救赎"为主题写下了这样的文字:

当女主人公马蒂尔达询问杀手莱昂的工作时,莱昂回答是清洁工。是啊,莱昂这个从内而外透着冷酷的"清洁工"如此定义自己的职业时,法国人那种特有的抒情和浪漫气质就这样被我们感知。社会上阴暗的、邪恶的势力需要清洁，日常生活中的垃圾需要清洁，存在于我们精神世界中的阴暗与邪恶的垃圾难道不应该被清洁吗？！如果回答是肯定的，那么我们教师就扮演着"清洁工"的角色。

如果我们细细品味，对于莱恩这个"清洁工"来说，影片表面上的浪漫基色难以掩盖苦涩一重又一重地袭来。当马蒂尔达决绝地脱口而出"我想我是爱上你了"来表达情感时，悲剧也开始了；莱昂后来毫不犹豫地用"你让我尝到了生活的滋味"来回赠那小丫头马蒂尔达，这也是真情流露，也预示了他要为自己所尝到的"生活滋味"埋单，而终了莱昂倒在血泊中，独留那女孩儿和那株绿色植物相依为伴似乎也是预料之中了。这看似悲惨的命运，却透露着作为"清洁工"的人们的必然归宿，这是人类社会新陈代谢的自然法则；"蜡炬成灰泪始干"的老师们不正是燃烧自己去照亮别人吗！而那女孩曾被人爱过、呵护过，作为推陈出新的一代，她应该会有敏感而热烈的生命活力，那株绿色植物便是对生命的昭示；换句话说，莱昂之生命虽已经灰飞烟灭，然而他与马蒂尔达相处中所生发的生命气息与能量，将在女孩的生命里得以延续。

所谓的伟大，往往就在于向死而生。作为一个杀手，莱昂不是不知道沾亲带故、谈情说爱的严重后果，然而他依然这么做了，做得无怨无悔，他坚决地用自己的全部生命为马蒂尔达清洁生命中的垃圾，护其周全。这是一种带着悲壮的成全，是一种只问曾经不问将来、只管付出不计回报的奉献。而冷血的杀手变得如此"多情"，那是因为马蒂尔达以一种活泼、明朗的新生命姿态对莱昂的唤醒——这个女孩儿毁灭了一个杀手却成就了一个英雄。莱昂虽不求回报并不意味着他没有得到回报，"尝到了生活的滋味"对他来说就是最好的回报。这些都似乎是在向我们展示一种相互成全、相互敞亮的聚合型关系，而这也像极了教育中师生交往所应努力构建和维持的关系。老师生命的高度取决于学生的生命姿态，师生之间教学相长在生命成全的意义上同样成立。由此，老师之于学生生命成长而言，是毁灭者还是救赎者，就是一个十分严肃的问题。

一个女孩，一个杀手，似是而非的爱情，他们的相处究竟是毁灭还是救赎？这一话题会引发我们无穷的思考和推演，而莱昂口中人生"总是这么苦"又击中了不知多少感同身受的人们！救赎一个生命的愿望和期许是美好的，然而救赎的路上可能少不了艰辛和苦难，甚至是牺牲，勇于迎接这些艰辛，勇于挑战其中的苦难，或许是我们每一个教育人都应该具备的心理素质；否则，我们真有可能在不情不愿、优柔寡断中毁灭了学生也毁灭了自己。

影片要告诉我们的还不仅这些：一个杀手尚且有自己的职业操守——不杀女人、不杀小孩，而警察却制造了灭门惨案，连一个三四岁的小孩儿都不放过，究竟是杀手太暖男，还是警察太冷血?! 于是，这部影片对于我们身处其中的社会以及社会中的人们而言，具有毁灭还是救赎的层面上的探讨价值。教育作为社会事业的有效组成部分，必然受社会环境的影响，也影响着社会环境，那么社会以怎样的姿态介入或者言说教育，才是对教育的救赎而非毁灭；相应地，教育中应该由怎样的教师执教，以及培养出怎样的人才算是对社会的回报和救赎，这同样是一个十分严肃的问题。

对于《这个杀手不太冷》的评价绝不限于上述这一个角度，然而我的评价之所以是这个样子，是因为我作为教育者的立场、视角，以及基于教育的问题意识。不仅如此，还在于我在看这部影片的时候，并不是不带着主体思想与情感的摄像机一般的存在，而是大脑在积极地思考，是带着审视和研究的眼光的，在基于故事线索与情节而努力挖掘其背后的教育意蕴与价值。这也就是说，有效阅读中的写作还需要走出由作者替我们思考的樊篱，建立在主体精神与思想在场的研究性、创造性阅读的基础上。

这要求我们对日常阅读中存在的问题予以自明。日常阅读中有相当分量是我们都在重复作者的思维过程，是作者在替我们思考，我们的头脑实际上成了别人思想的运动场；阅读在继续，但有如流水一样哗哗地淌而未曾驻足渗透，所以只湿润了地表而未能浸入地下，很难沉淀、吸纳和转化。这样阅读，智识及思维并不会随着阅读量的增加而有多少扩充，因为你独立思考的意识在沉睡，能力未唤醒，这样的阅读可能只适合消磨时间，而不适合于自我教育和成长，更难给学生带来多少启迪和引领。

　　研究性、创造性阅读,是一种基于阅读所得之体验、感悟、认识、情感,结合自身所关注的对象,积极进行有意义的连接性思维,创造出新的成果的阅读。对创造出的新成果进行逻辑化、秩序化处理的过程,就是思维的过程,而写作只不过是对这种思维过程的记录及思维结果的条理化、秩序化表达。这不仅让阅读成为一种渗透式、沉浸式阅读,而且使自我独立思考意识和能力得到训练,心智和情意得到扩充和丰富。阅读史铁生《灵魂的事》,其中关于生命是什么有这样一句话:"它是什么,它就传扬什么消息,反过来也一样,它传扬什么消息,它就是什么。"①我颇为史铁生言简意赅的描写叫绝,我认为它剥去层层外衣而直指无处藏身的本质,朴实无华又极具穿透力。我想到了教育,作为"平等中的首席"的老师,我们的生命是什么,我们就会向学生传递什么消息;反过来我们向学生传递什么消息,我们就是什么。逆向思维而言,我们希望学生是什么,就要向学生传递什么;我们要向学生传递什么,我们就应该是什么。这样看来,老师是什么,老师心里面驻藏着什么,干系甚大。于是,我写下了如下一段话:

　　作为擦拭学生心灵的人,我们老师首先要"明自我",尤其是要明白我们是怎么施加无形之影响于学生的。我们要清楚,一个人他的心里面装着什么,眼睛就会看见什么,语言就会说些什么。当你满心欢喜,心里充满爱与美,你看见一朵花自然就会觉得它灿烂而美好,你的叙述自然是美的语言、美的表达;相反,心里满是委屈仇恨,你看见一朵花会觉得它刺眼甚至是对自己的嘲弄,你的语言里可能就有很多骂骂咧咧的成分。于此而言,我们选择了一种生活,其实就选择了一种心境和眼光,也就选择了一种语言,还将发展出一种与这样的生活相协同的独特语言。因为心里头没有,眼睛里就不会有,语言里也不会有;因为就像眼睛是心灵的窗户,语言是思维的路线图和心灵的显示器。是的,你言语中传递给别人的讯息,是你自己的投影。我们老师选择了"吃开口饭"作为安身立命之手段,也就选择了立己立人、达己达人、推己及人的生活,也就应责无旁贷地在擦拭学生心灵

---

① 史铁生:《灵魂的事》,天津:天津教育出版社2010年版,第136页。

前,先擦拭自己的心灵,在对学生"激扬文字""指点江山"之前,先让自己心中有爱、眼中有光、脚下有路、手中有棋。

这样的写作于我而言的确是最有效的,不仅避免了阅读流于形式免于肤浅,而且通过不断地基于阅读而思考、推演及书写,保持自我思维始终"在线",始终处于活跃状态,训练了表达,也开阔了视野、提升了认识,为系统写作留下了素材资源。这样的阅读写作之路或许很慢,但只要不停下来,一段时间过后就会发现,你已经离开起点很远一段距离了。而且这样的写作完全是自愿的、随心所欲的,所以也是真诚的、富有情感和温度的,可帮助我矫正生硬的理论到理论,或者混沌的经验加经验的不正确的书写观念,帮助我构建自己的教育教学思想、思维、行动及言说风格。

我相信,这对于我执行立德树人根本任务,和学生进行有品质的交往来说,是正确且至关重要的。正是这样的过程,促使我不断积累着既不空洞、也不虚假,而且比较准确、带有温度、灵活丰富的教育教学实践技艺和能力。苏霍姆林斯基说:"不要教孩子去空讲漂亮的言辞,也不要让他们在没有任何需要付出精神力量的具体情况下,去表露强烈的感情。如果驱使孩子按照指定意思去表露感情,就会把他们培养成喜好吹嘘、不讲原则、只善辞令的空谈家,也就是说,最终让他们成为冷漠无情的人。"①

我想,我在我自己的阅读和写作过程中,找到了行之有效地、正确地避免教孩子讲漂亮言辞的门道。而这种体验与认识,亦可以用于"丈量"我的历史教学,对历史教学活动进行检视和反思。

在历史教学中,让学生谈体会、说感想,是评估情感态度价值观渗透教育成效的重要载体和手段。学生们在发言中,有的磕磕绊绊,有的侃侃而谈,有的语言和思想都很苍白空洞,有的语言丰富且认识深刻。对于前者,要么是未曾认真听课学习,要么是遵从本心而确实未能触发情感与态度;对于后者,则要么是确实有感有悟而从本心实际出发的真诚表达,要么是摸准了老师想要的结果而进行的投机性作秀表演。就学科的育人使命担

① [苏]B.A.苏霍姆林斯基:《帕夫雷什中学》,赵玮等译,北京:教育科学出版社1983年版(2014年印),第220页。

当而言，与其作秀表演，还不如无话可说、无感能发来得正当与可靠，因为虚假的发言和表态是形式主义和伪君子的温床。

无话可说表明他还不想陷自己于形式主义的花里胡哨，无感可发表明他还无法接受违背本心去欺骗别人也糊弄自己，他至少还没有被"污染"而保持着自己的原则、真诚和独立。相反，未触碰本心，也未与灵魂对话，就急匆匆地举旗帜、站队伍，反倒让人觉得怪异和不安。这种违背良心和口是心非的做派，如果我们在历史教学中不能有所察觉，并采取有效措施予以杜绝和避免，则历史学科育人功能的可靠性堪忧，因为形式主义和伪君子的泛滥，将导致"莠币"驱逐"良币"，污染了社会人文生态，使热情与真诚、正义与担当失去"市场"而让社会变得虚伪又冷漠。

我觉得，这样的教育阅读写作，契合了培根所说的读书使人丰富、讨论使人成熟、写作使人精确。我以为，这几句话构成一个闭合回路：广泛阅读使我的精神世界丰满富庶，为讨论提供优质的养分，讨论才得以在言之有物、论之有据的前提下变得热烈而不偏颇、个性而不狭隘、丰满而不冗长。而写作恰恰是将阅读和讨论过程中形成的更加稳定持久的精神和思想世界予以外显的自然过程。这个过程就是智识与情意力量的生发、凝聚、迸发的过程，就是我不断进行自我突破和提升，塑造着我教育性格、教育精神长相的过程。

在真诚写作中不断突破和提升自我

工作中，我们会遇到各种与写有关的事情，教学总结、教研总结、班主任工作总结、学习培训总结、期中期末考试总结……都在写，但笔下言之有物的不多，写出名堂来的更是少见。我们基本上把诸如此类的事情当作一项外在于自己的任务来完成，只要是上交了，即表明工作中没有缺项，然后就没了然后。这样的写作，耗时耗力但不见得劳神，往往是言不由衷、词不走心、意不临境的虚假空洞的、形式主义的、死气沉沉的写作，码了一堆文字,然而文字中难觅思考的踪迹,难寻思想的火花,难见智慧的闪耀,难遇情意的舒展,干瘪而又苍白。这样的写作,不仅遮蔽了教育生活之真实与鲜活,也钝化了教育写作的敏感与触角,白白消耗了教育写作的激情与意愿。这是被动的、不情愿的,所以也是不真诚、不投入的写作,无论写过了多少篇,对个人的成长和提升来说,几乎一文不值。

真正能使自己受益的写作,一定是纯度极高的真诚的写作,其目的不是写出来给别人看,而是把它当成与自己对话的一种方式,说给自己听,写给自己看。正如林贤治在《沉思与反抗》一书的自序中所说:"写作必须真诚,无论理论,无论诗歌。写作不能外在于自我,作品必须像鲜血从血管里流出,泪水从眼眶里流出一样真实。首先,写作得让自己清醒,让自己感动,贯穿自己的生命而让自己从中受到鼓舞。必要时,写作将成为一种抵抗,它是压迫的产物,正如鼻孔和嘴巴被蒙住时所做的粗重短促的呼吸,它的急迫性,相当于一次自我拯救行动。要自己发出声音,就不能借助别人的咽喉;不得已时使用他者的概念,甚至用语,也当如武器和工具一样,是自家手足的延长,属于个体语言的一部分。许多所谓的'规范',往往是反个体,反真实的,如果说有什么'规范'值得循守的话,也只能出于自由表达的必需。"①

书写教育生活需要这样的精神和境界追求。这样的书写中带着自己施于自己的压力,所以也带着对由环境与自我双重叠加的限制的自适与反叛,从骨子里就有一种要离开现状、离开现在的我的那种冲动与倔强;所以在抵抗这种压力的过程中,带着对自我生命能量的运用和扩充,带着对直抒胸臆的自由的利用和扩充,以期能遇见更好的环境和更好的自己。这种形势下,我们可以超越时间和空间,在更加稳定持久的精神和思想天空下,让内心那个如影随形、幻灭不定的庞大世界,通过文字的方式予以疏导而变得可理解、可接受,构筑一个自由、和谐的内心世界和自我的理想世界,实现一种对平庸生命的补偿,从而超越自我。

---

① 林贤治:《沉思与反抗》,上海:复旦大学出版社2010年版,自序第1页。

　　这种情况下，写作就像"一条通向内心深处的幽暗之路"，成为一个人摆脱物质烦恼、现实冲突、精神困扰进而寻求自我解放或自我拯救的理想途径，它在底层逻辑与线索、底部智识与情意的意义上，赋予我们超越物质与当下的珍贵价值，成全我们永不知足的执着，成就我们永不止步的勇气与信念。当我们独自体会这种对话带来个人精神世界不断充盈的美妙时，自我拯救或自我解放就永不停歇，写作就将是一条永无止境的探索与攀登之路，"将写作进行到底"就成为愿意坚持的一种专业生活方式，成为生命活动的一部分而相伴始终。

　　对我们来说，可写的范围其实是非常宽泛的，只要是有助于与自己对话、让自己清醒、能补偿平庸的内容无不可写。一次谈话中的某个小插曲、课堂中的某个小惊喜或小别扭、讲座中某个有意思的观点、阅读中某句打动心灵的话语……这些都是值得我们大书特书的重要内容。苦恼的是，工作中的每一天，我们都奔波于教育教学的各种"现场"，看到、听到、体验到的事情那么丰富，但能进入我们的思维、留在笔尖上的少之又少。我们没有意愿，或者有意愿却受困于敏感性、转化力的不足，不能把各种"现场"中有价值、有启发性的内容抓取并完整清晰地述评。正是在这个维度上，真诚的专业写作具有非凡的自我拯救、解放与超越的意义。

　　一是，真诚的教育写作有助于训练和提升我们的专业表达能力。我们的写作不同于专家学者的写作，是以我们自身特定的专业阅读现场、教育教学实践现场中的个人体验与感知为核心的，必然包含着这样一些要求：良好的观察力和捕捉力、真诚的倾听力、敏锐的洞察力、有效的提炼力、细致的精修力、出色的文字处理能力。也就是说，我们需要自我加压、自我激励，勇敢地迈出不想写、不敢写、逃避写的第一步，在一次又一次的写作实践中，一次又一次地运用观察、捕捉、倾听、洞察之所得，一次又一次地开展提炼和精修活动，从而让我们的表达，从最初的无趣、无根、无神的状态中走出来，变得生动饱满、富有质感、充盈着灵动的智慧与明快的希望。我们需要相信：专业表达能力是在专业表达的过程中形成的，我们首先要重视的就是从现在开始即行动起来。

二是,真诚的教育写作有助于推动我们教育生活的觉醒。我们在教育教学阅读、倾听、实践、体验中最先得到的,都是纷繁复杂的现象,它们是流动不居的,是彼此独立而难以有效连接的,因而甚至是混沌而盲目的。我们生活其中,但或许是未经反思和省察的生活,教育人生只不过是某一天的无数次重现;我们每一天都在育己育人,但或许不曾明晰教育之于"我"的关系,以及教育的空间与限度,而是依然保持着与周围人们拉平取齐的教育的他者姿态。如前所述,教育写作的可贵之处,就是适度地把我们与教育生活的现象世界分离,与周围的人们分开,让我们进入一个经由语言文字渠道建立起来的自我内在世界。在那里,我们有机会和条件就现场、现象背后的逻辑与情感、个性与关联、价值与态度、边界与超越等进行梳理分析和自由言说,且这种工作做得越扎实,自我教育觉醒得越充分透彻。

三是,在更为深刻和泛在的意义上,真诚的教育写作帮助我们拥有一种精神性的生命姿态。在这个层面上,写作不是为了解决教育教学的问题,只是单纯地觉得它就像喝水吃饭一样,是生命必不可少的部分。曹丕做了皇帝,极尽人世之尊荣,他依然表示"年寿有时而尽,荣乐止乎其身,二者必至之常期,未若文章之无穷",这是曹丕对生命价值的看法和追求。富贵功名都有界有限,都乃过眼云烟,真正无穷无尽的,唯有精神生产所创造的东西。我们的生命意义就在于伴随着这些精神生产的东西的传承而从"至之常期"中突围,向着"无穷"延伸;对"文章"的执着,其实是人们在精神层面上追寻并确认生命存在意义的一种有效途径和载体。

或许我们所写的东西远远不足以承载生命的永恒价值,但每落笔一次、每完成一篇文章,都是对此刻的我的一次雕琢和提升,是对生命意义空间的一次拓展。在这样的拓展过程中,我们以语言的方式拥有自己和他人的世界,并经由修辞的语言拥有审美的世界,或创造审美的世界。语言文字传情达意,见证了我们情感的起伏、思想的突围和心灵的解放。语言文字是我们共同的生命密码,因此正如我们通过语言文字分享他人的世界、智慧和情感一样,通过我们创造的语言文字,也给别人走进我们的世界、智慧和情感提供了平台、创造了条件。也正是在这个层面上，我们的生命意义迈向永恒的通道被开启。

四是，真诚的教育写作帮助我们扩大拯救、解放与超越的"朋友圈"，由一个人的突破与提升变为一群人一起的突破与提升。作为老师，真诚写作已不仅仅是与自我生命相涉，它同时也是一种无形又无声的教育语言和行为。对学生而言，老师就是活的、行走中的教科书，老师的一举手一投足、一思想一憧憬，都会投射到孩子的眼睛里、心田里，给孩子某种昭示和引领。正因如此，我们老师可能都要面临这样一种危险：自我生命的长宽高不足而限制了孩子生命的长宽高；这其中，对自我生命长宽高不足缺乏自知之明尤为危险。这就使得我们真诚的教育写作具有了如下的教育意义。

一方面，通过写作，让阅读和实践所得之智识、经验和情意等，得以较为科学地、有逻辑地、集中地表达，真正使我们清晰而自信地拥有一桶水、一湖水甚至更多，以让学生在我们为他们构筑的教育世界里撒欢，而不至于还没欢起来就四处碰壁；另一方面，当我们保持写作的兴趣与姿态时，如同爱阅读的老师身边聚集一群同样爱阅读的学生，我们也会收获一群经常开展有主体人格与心灵在场的写作活动的学生。就像写作活动是对我们自己的训练一样，学生的每一次提笔写作，也是对他们综合能力素养进行培养和训练；他们会在一次又一次地写作中不断突破和超越自我。而当学生爱上了真诚写作和自由言说时，他们的每一次写作，每一次以写作的方式而在师生或生生间展开的讨论，反过来又会给我们老师的教育写作以指示和引导。他们的写作中，也许隐含着我们教育写作与成长的狭隘与问题，蕴含着我们继续写作的话题与可能性方向，包含着师生相向写作的最佳形式与样貌。所以通过学生，我们的教育写作会源源不断地得到最为朴素而广泛的滋养。

如此一来，师生之间就拥有了彼此照应，一起走向自我生命的突破与超越的理想之境。这是师生相互平视中，教学相长的独特魅力之所在，因为"个体生命的丰富与完善正是依赖于世界之中的他者对个体生命的不断涌入，从而使得个体生命世界的内涵不断丰富，个体与世界的牵涉愈广泛而亲近,个体生命也变得更有意义"①。

在师生相向写作中铺就幸福学习生活

写作,也许它距离我们很遥远,但只要把它还原、安放在师生相处的日常里,它也许就是再平常不过的师生交往方式之一种罢了。只是在扁平化、快节奏、碎片化充斥的当下社会里,"快餐"普遍受到追捧,能用短信就不写书信,能用语音就不打字,细嚼慢咽的写作在很多人那里都是提不起兴致的。"快餐"的确必要,它便捷高效、省心省力,能让我们在单位时间和空间里接触更广、完成更多;但这不应该是师生交往的全部,因为指向效率的事情很容易走向只求结果与效益,接触更广与完成更多并不保证内心也更充实、灵魂更丰盈。相反,写作是慢功夫,其中融入了个人的智识、思想、心境与灵魂,是最能让人享受内在的充实与幸福的。所以,教育教学生活中,应该留有一定的余地以供师生之间进行深层次的对话与交流。

我是这么想的,也是这么做的。以下,我讲述一段我与自己的一位学生相向写作的故事。

有一次历史课上,我们师生一起讨论了秩序与自由的问题,课堂时间有限,讨论不能充分展开,所以我就提出课后继续思考,希望能把思考的结果用文字的形式转给我。这位同学给了以下的文字:

最终还是决定深夜动笔,一直迟迟不敢开始,是想了很久之后,觉得这个问题没有答案。尽管到了现在,各样的想法依旧矛盾和混乱,希望写到结束,可以有一个稍微清晰的脉络。

到底什么是秩序,什么又是自由呢。

秩序可能是大家约定俗成的习惯,也可能是硬性要求,就像法律法规。自由,我也不知道它是什么,你说随心所欲就是自由了么? 应该也不是吧,

---

① 刘铁芳:《走向生活的教育哲学》,长沙:湖南师范大学出版社2005年版,第82页。

如果你的随心所欲会给别人带来困扰甚至是伤害，这样的自由就算是实现了，心里也会很不安，甚至是后悔和难过。

如果从秩序的起源讲起，第一次形成秩序，可能是劳动进步，生产资料剩余，需要将多余的东西进行分配，就像是怎么才能让每个人都喝到最多的粥的问题一样。可是我不想这么想。的确，这样的思路想下去很客观，很有理有据，非常符合逻辑思维，但要我真正从心里讲，好像应该可以更美好一点。

秩序应该与自由同在。有道德，有"善"、有"美"的人，他们崇尚自由，自觉地形成习惯，慢慢变成秩序，所以他们的自由构造这个秩序的框架，因而在这个秩序的框架里，他们是自由的。所以秩序的形成是有条件的，无论是"性善"还是"性恶"的人，他们最终都可以"善假于物也"，成为一个有修养有追求的人；当他们想要实现或者完成什么事情的时候，不会只考虑到自己，心会更大一点，好像六尺巷的故事。

为秩序而集权是否可以接受？集权是一种手段，但应该是为了自由而集权，而不是为了自己的利益而集权，为了集权而集权，这可能就是两千多年的封建帝制所呈现的样子。从结果上，不能否认它的有效性，因为一定程度上确实维护了社会和平治安，保障了人民生活环境。可如果抛开各种不得不的原因，从出发点上来讲，集权不是恰当的选择。什么才能是正确的选择？如果再想下去，可能就不是共产主义，而是比共产主义程度更甚的乌托邦才能实现的吧。因为人们都要有很高的道德修养，能够自我规范和约束，秩序对于他们来说不是一种束缚，而是更好保障他们自由的东西。

相反的，总是因为"秩序"而抱怨的人，到底是这个规则"管得太多"，还是因为自己太随意呢。之所以在这里给秩序加上引号，是很多时候我没办法否认，现实里不是所有的秩序都可以称之为秩序，有些总是带有利己性的集权，我不想将它称之为秩序。

尽管如此，以上这些，可能又将是另外一个错误。因为我都是在用我的世界观去衡量。世界上没有相同的叶子，每个人生来就是不一样的。我们有不同的世界观，应该就会有不同的方法论，可是偏偏，"集权"和"秩序"，却要求我们用一样的方式去生活，这样就是善意和真诚么？也不一定吧。就像我觉得，不熟悉的人就不要擅自去翻我的东西，真的是非常没有礼貌的事。可是有的人就会觉得，他只是想要看你的数学笔记而已，没什么关系，为什么要介意呢。诸如此类的事情太多太多，在这样的情况下，硬性规定"不要随便翻别人的东西"对于我来说可能是一种安全感，而对于其他一些人来说就会觉得是多此一举。

而为了自由牺牲秩序，处于无序，是不能也不可能接受的。就像前面说的，每个人想法都不一样，你的自由是我不能理解的，我的自由是你看不惯的，无非就是加深社会矛盾，哪天我砍你一刀，你捅我一回，大不了高喊着这是自由，那大家都不要过了。再或者有的人，当失去秩序之后他反而不知道什么叫自由。就好像从前你有一个心心念念都想要完成的梦想，你想要去看一场迈克尔·杰克逊的演唱会，你可能为了这个梦想受了很多苦，吃了很久的泡面，为了慢慢把钱攒起来，拜托了很多人好不容易搞到一张门票，折腾很久终于飞到韩国的演唱会会场。可是当你看完这场演唱会，比起激动，你会大哭一场，在异国的路口，会忽然发现，欸？我的梦想就这么实现了啊。可是，然后呢？你再也找不到让你可以像从前一样熬夜点灯完成工作的动力了，忽然生活变得没有方向，不知道该往哪走。

自由和梦想一样啊，我们总是叫嚷着我要自由，我要自由，可是真的让你离开现在的规矩，一下子没有了学校、老师、家长，可能这样的失去带来的失落远大于获得所谓自由的快感吧。不记得是在哪里看到的一张电影截图，张柏芝望向窗外，那句内心独白是：嗯，你不在我心里了，你自由了。彼时，一别两宽的两个人又会是什么样的心境呢？

自律才会自由，这句话很有道理。但其实，你一直都拥有自由，只是"得不到的才是最好的"因而并不珍惜自由。

"有时候希望时间快一点，一年两年十年二十年后的自己倏忽一下就来到面前，一生急匆匆就走过了，关于爱恨、关于人事浓烈又硬朗。有时候希望时间慢一点，日头下落的速度像拉长的悠远的飞机线一样迟缓。然而时光它并不在意，兀自走着，任由我做这无意义的遐想。"这是我看来，自由最好的状态。

欣赏着这位同学细腻的笔触，品味着她通过文字传递给我的思想活力，思考着她优雅的观点与态度，我不免感慨万千。这大概就是我从事历史教育教学以来一直追求的目标，历史毕竟已经"死"去，对于我们普通人来讲，它的最大意义或许正在于通过它让我们对社会、对生活、对自己有更深刻的理解、更多情的呵护、更得体的包容。我第一时间就她的文章给予高度评价：灵动的文字，调皮而不枉思想，幽默而不失深刻；温文尔雅、娓娓道来、阐释中肯、论说有理有节；言语间有哲学的思辨又有顾及他人的自觉。在多个层面展开了自由与秩序关系的讨论却不显得割裂，反而浑然一体，此乃真功夫也！随后，我又写了一点儿文字作为正式回复，权作向这位同学表达敬意。

自从有人类始，人们对自由的渴望和追求就有如"老鼠爱大米"一样从未停歇过，人类的"孩童"时代如此，"成人"时代亦如此。被历史与现实的无穷变化弄得心惊肉跳的老子如此，对现存秩序嗤之以鼻的、神态焦虑而行为坚毅的中国历史上第一剑侠墨子如此，被人类智慧创造出的各种制度、文化削得体无完肤，复又被现代工业文明强力整合与打磨得死去活来的现代人更是如此。

为了避免被现实的浑浊和乌烟瘴气剥夺自由和自在，这位春秋晚期的李耳老先生对人内心的敞亮和宁静简直望眼欲穿、肝肠寸断。他苦苦追寻，希望能寻得一种保守内心自由和自在的良方，他成功了。在看破猜透世事之后，他倔强地认为应"不尚贤""虚其心实其腹""弱其志强其骨""使民无知无欲"。这不由让人惊出一身冷汗，大有毛骨悚然之切肤之感：若果真如此，"人"之为人、"史"之为史又有何意义？吾辈之人又如何有机会遣词造句抒发万千感慨？不得不说，老子希望人类复归于"朴"、复归于"无"的自赎之路中，真有让人捡回孩童般天真烂漫自由自在的美好宏愿熔铸其中，这何尝不是一种全新的秩序？然而建立这种秩序的代价却是那么刺眼、那么让人揪心。在老子所设计的秩序里，我们的生活一定会无知多于智慧，愚昧大于清醒，所以希望何在，未来犹存否？

与李耳老先生"无为"主张不同的是，佩剑的侠者墨子是在进行积极有为的努力。你瞧，他所著《兼爱》与《尚贤》直刺儒家思想的"亲亲"和贵族封建世袭制，而他的《非乐》《节用》《节葬》等作品又剑指儒家思想的礼乐文化和厚葬靡费传统。显然，一身正气的墨子站在平民立场上拉开了架势要与儒者争斗到底。如果说，儒家极力构建的是一种道德礼仪秩序，并通过基于这种秩序所形成的文化来标签芸芸众生的话，那么毫无疑问墨子就是在不加掩饰地向这种秩序和文化"亮剑"。他的剑锋砍向了"郁郁乎文哉"的王朝规矩，为其阐发和期待的新秩序、新文化的落地生根开辟天地，以此为平民百姓能过上适度而又自在、安命又有腾挪空间的好日子、好生活而奔走呼号。可是，可是历史的事实给了可敬又可爱的墨子一记响亮的耳光，非但他的希冀没有成为现实，作为历史后来者的我们反倒更加不自由，也更加不懂得秩序为何物了！

闭上双眼，细数历史天空中的繁星，我们很容易确信，历史中智慧的头脑、聪明的心智何其多且流光溢彩！无数的人类精神导师在历史进程中，都为我们留下了极其宝贵的精神食粮，不断激发他们的继任者古今贯通、上下求索。自由与秩序，是这求索中永恒的主题。以此为话题的仅仅有老子、墨子吗？非也。轴心时代西方的苏格拉底那句名言"未经省察的人生没有价值"，仿佛是用一双智慧的眼睛看透了人生的虚无与实在，并穿过人世的过去与未来，照亮我们的内心世界。他时刻提醒我们，究竟怎样的生活才是有尊严的自由生活，放弃伦理与道德的约束而"本能"地活着，是我们想要的自由吗？他时刻提醒我们，究竟怎样的人生才是有价值的人生，在你身上寻不到任何文化的蛛丝马迹，在你的字典里看不到任何节制自我、贡献社会的真诚与坦荡，这是有价值的人生吗？

哲学说有理性省察的人生是有价值的，宗教说有虔诚信仰的人生才有意义，二者都试图说服我们，应在原初的本真意义上寻找生命的内在自由和完满。在这个意义上，内在的秩序与内在的自由同在，人们因内在的秩序而反衬出生命的和谐状态，人们因内在的自由而体现出生命的灵动样貌。但当形而上的意识的完美面对形而下的生活的琐碎时，人们往往来不及擦拭迷蒙的双眼去透视锈迹斑斑的内心，忘记了生命之源——"我从哪里来，我到哪里去"，而执着于朝夕的贫富与荣辱，秩序与自由的同一性被打破。现实中，为己之私而损他人之利、贪图虚名而弄权作怪、欲求富贵而违愿违心违志之人难道不是山花遍野般存在着吗？我们谁又能保证自己是那样高洁冰清呢！好吧，面对这样的人生场面，我们不得不低下实则早已被嘲弄、被肢解得面目全非，却在形式与情感上自我麻醉、以为依然高贵如玉的头，我们需要在务实的基础上重新审视秩序与自由的关系。

自由是一种自我解放，它尤其表现为一个人内心的自在和精神上的自主。如果你有大把的钞票用以购买很多需要的、不需要的东西便是对自由的确认的话，那你也许永远活不明白，你将永远在患得患失的焦虑之中度日如年，或者醉生梦死而已。当物质欲像魔鬼一样摄魂附体，当虚荣心像寄生虫一样在你体内枝繁叶茂，那注定你将永远像卑微的奴隶一样惶惶地活着，至于自由，对你来说就像癞蛤蟆想吃天鹅肉一样奢侈。俗话说无欲则刚，在我看来这"刚"就是边界，就是秩序。司马迁说"天下熙熙，皆为利来；天下攘攘，皆为利往"，怎一个"利"字了得！"利"字当头之时，便是伦理溃塌之日，便是道德决堤之日，无底线成了生活的常备品，而最应该常备的良知却最被轻薄为生活中偶尔的一点几乎看不清其本色的淡淡的"绿"。

当以道德面貌存在的自律已然踪迹难觅时，象征着他律的秩序也就变得万分紧要，尽管我们或许会以不安和躁动，警惕地防范秩序走上奴役人而非保全人的异化之路，它依然可能是糟糕的、可恶的，但在没有其他法子的情况下，那也是"必不可少的恶"。于此，秩序成了人与人之间能够彼此理解和照顾的最大公约数。不可否认，在现实社会中，秩序的确具有规约人们的行为、促进社会和谐、最大限度保障人之有限自由的一面，然而这并不高尚，更不值得我们津津乐道。这种规约是基于利益而非道义，是基于外在于生命的物性而非基于内在于生命的德性，所以它并不可靠，也不能被充分地信任，因为它不能保证一个人在关涉其利益的场合表现得体的一面，在非关涉其利益的其他场合同样有效。

所以，法国启蒙思想巨匠伏尔泰喊出了"没有上帝，也要创造一个上帝"的口号,这与其说是他对宗教的迷恋和狂热,不如说是他对信仰的召唤。信仰,唯有信仰让人变得坚定、果敢、从容。这是一种从生命深处生发出来的强大力量,它帮助我们化解生活中琐碎的烦恼、工作中压力的冲刷,从而让我们在自留的那一片仅属于自己的精神栖息地上自由地呼吸、深情地活着。尤其在一个高度组织化、结构化的、既是政治社会又是经济社会的今天,信仰在呵护人的幸福自在和确证生命的价值上,或许比以往任何时候都更加有意义。因为在今天,恰恰是今天,人们看似因社会管理技术的规范和自然科技的发展而获得了空前的自由,实则已经掉进了现代工业文明的温柔陷阱里,我们被强力整合进社会这台大机器中,成为嵌入这个有序的自运行的机器中的小螺丝钉。我们这种被来自四面八方的技术力量及其秩序所统治的凄惨处境,是历史上任何时候的人们都无法想象的。

由技术力量所设计和维系的秩序就像一张巨大的网,笼罩在我们生命的天空上。也许这仅仅是人类悲剧的开始:我们在追求自由的路上发现并创造和利用了秩序,而自由却永远在路上……

我的这位学生看后,回复我无需难过和悲伤,她说就算是过了很久以后,关于秩序和自由这个问题也都不会有答案,即使现在很多人都像是机器一般。她认为就好像量变和质变,一定还会在未来世界有新的革命,重新呼唤融于生命、高于物质、同德性比肩的自由。我称赞她"融于生命、高于物质、同德性比肩的自由"说得极好,她却说是对我的文字的理解和概括。我不由地暗自称奇,太难能可贵了。此后我一直沉浸在这位学生的文字以及她对我的文字的评价里,我想当然地以为作为我们学校文科班非常优秀的学生,她既然给我们一个从容、努力、善良、开朗的,似乎一切对她来说都那么和谐美好的外在,那么她的内心世界应该也是如此。然而从她在朋友圈里发的一则内容看来,似乎我的想当然纯粹是一厢情愿。她在朋友圈里如是说:

你觉得你是那个很伟大的人,你总是在安慰别人,给别人灌心灵鸡汤,但结果自己并不能消化那么多情绪,你同样渴望他人的关心,希望有人听你倾诉。依此种种,无非是你也不够强大,有谁说玻璃心的对立面就是百毒不侵、金刚不坏呢?只是要真的看见更远的更广的海,柔软内心,才会让自己的世界更明亮。认认真真地和自己对话,给别人以余地,重新界定自由和爱,把那些难过的、不开心的都当作慕斯蛋糕快快吃下去啊,人生辽阔,不要只活在爱恨里。和妈妈约好明年假期旅行,月底出发去新的城市,看到天气预报周末晴朗的天气,生命里还有那么多美好的值得期待的小事。

单从这段文字来看,展示给我的似乎是一个不平静、不畅快的内心世界。我以为这只是一个拥有深刻思想和良好表达素养的孩子对某种“客在”的生活现象,进行主观地抒发而已,所以并没有重视。期末测试考完后,这位学生问我什么时候有时间,她想跟我谈谈,我答应她说可以,但由于期末阶段各种总结工作以及各种会,我真正履行约定已经是三天之后的事情了。

在办公室我们面对面坐下,她开门见山地说家长会前她妈妈找我,是因为觉得她不在状态,想让我当着她妈妈的面批评她的,没想到我没有批评反而表扬,她妈妈目的没有达到。我说我跟她妈妈是实事求是地交流,并没有刻意替她隐瞒什么。在我看来,她本来就很出色,说是表扬其实只不过是据实言说而已,因为良好的素养、广泛的阅读积淀、超越一般性的见解、灵动的笔触、优异的成绩、和谐的人际关系,等等,无一不在为我的表扬提供注解。这位学生苦笑着说,她自己也觉得很不在状态,甚至觉得很痛苦,各科学习、作业一边进行一边觉得痛苦想放弃,可不甘心,也没有那魄力,想专注却无法全身心地投入;“尤其是周围的人,可能会觉得你成绩这么好,还有什么不知足的?”她问我说:“老师你说我是不是有病,老师你是不是也曾有过这样的痛苦?”

听她说完,我内心一紧,想想她朋友圈里写的那段话,我才意识到她原来真是在说自己。作为家长心中的好孩子、老师面前的好学生、同学堆里的好榜样,她很清楚自己的责任及别人期待的眼神,要尽其所能给大家带来正能量。然而她并没有强大到百毒不侵金刚不坏的地步,尤其她也需要保留一处柔软的内心以让她的世界更明亮,那么谁又是她的情绪的消化者,谁又是她柔软内心的接纳者？我意识到,她的苦恼是双重的,一是高强度学习本身带来的痛苦,一是孤独的痛苦。也因此,我意识到了我自己的角色定位:做她积极、忠实的倾听者,做她备考路上的同行者。

我对她说,她学习中的那种痛苦我有切身的且至今难忘的体会,她没必要担心是不是自己出了问题。我告诉她不要指望通过某种方法能将这种痛苦解除,除非给她带来痛苦的这件事尘埃落定。因为这种痛感是生命爬坡过程中的负重势能带来的,势能越大则痛感越强烈,而这势能取决于爬坡的高度和你所设定目标的"分量"。因此,越是追求卓越的人、越是不断超越自我的人,他们在行进的路上越是带着清脆的痛感的。我希她能理性地看待这种痛苦,在认识了它之后,试着接纳它并与它和谐相处,为此我列举了我高三及大学头三年的学习生活为例予以佐证。

关于旁人对自己内在矛盾蛮不讲理的不理解,我告诉她首先要懂得坦然,有人理解固然好,无人理解也无妨,每个人追求的目标各不相同,我们没有理由非要求别人理解不可,事实上两个人之间要真正做到彼此理解谈何容易,这就是所谓的"知音难求",总归自己的选择、自己的人生要自己负责,别人可能做的,无非是你如愿以偿的那一刻为你喝彩,这仅是锦上添花而已。另一方面,我说她既然主动找我谈,可能是觉得我还比较能信得过,我会珍惜她给予我的信任,我愿意做她高考备战路上的同行者,我愿意做她无论是情绪还是心结的忠实倾听者,我愿意做她灵动笔下幻化出来的文字的忠实读者。

临走前,我跟她说无论如何手底下的活儿不能停,只要她需要帮助,我会尽所能予以支持。我说写作有时候是一种很好的疏解情绪的方法,写作是自己遇见自己、自己与自己对话的过程,既然她有那么好的文笔,有如此泉涌才思,希望以后能多写一些随笔,随便是什么都好,然后分享给我,我很享受她的文字。她愉快地答应了,表示听我说了说之后心情舒畅了,以后写了东西会给我看看的,只要我不嫌弃就好。

有一天晚上,她跟我说了这样一段话:

今天看了三毛的一篇《蓦然回首》,不知道老师有没有看过。大抵是在回忆她的绘画老师顾福生,在她患抑郁症自闭症休学时候带给她如风般温柔的鼓励和人生指引。里面有两句话,看到时觉得语气神态都像极了老师:三毛问"……我写文章你看好不好?""再好不过了。"他说。恍惚间我觉得似曾相识,心里有些说不出的感动和感激,生命中能够出现这样的老师又是何其幸运呢,好像能够遇见像军军一样的老师也是。大概是这样的人吧,像十一月的温柔缠绵了冬风(当然这绝不包括您出默写卷子的时候)。晚上回来又在百度上看了更多关于文章里提及的人物,白先勇、顾福生、韩湘宁、陈若曦,他们真的都是一个比一个厉害的人物,可对于一个休学的小女孩,却都可以甚此尊重和平等地对待,不以成就自居。我甚至心生羡慕,多希望我也能够成为这样温柔宽厚的人。

她的话很打动我。仅仅是让她发挥所长、尽其所能写一点杂感类的文字,仅仅是我给了她我本就应该给予她的热情、真诚的回应,就能得到她如此高的评价,我在想她该是一个多么容易满足的人啊!然而大多数情况下,我们以各种理由、各种不屑拒绝对学生的真正需要做符合其心意的回复和关照,是我们的懒惰反倒使学生的正常需求显得那么贪婪和过分!我看着我这位学生的话回复她说,谢谢她的抬举和鞭策,也谢谢她的分享。我告诉她,在我看来她其实活脱脱地就是"这样温柔宽厚的人"嘛,我愿意做她的忠实读者。

我说我总是相信,一个有成就的人的背后一定站着一群关心爱护他的人,虽然成就是个人努力的结果。三毛的言说生动地说明了这一点。从此种意义上讲,一个人遇到怎样的老师怎样的朋友怎样的周遭环境,对其影响是巨大的。反过来也成立,一个老师遇到怎样的学生,对其教师生涯也是有重大影响的,我想这大概就是所谓的教学相长吧!我鼓励她不必害羞也不必谦虚,她有这样的能力,有这样的意愿,既是她的幸运,也是我作为老师的幸运,互相提携和鞭策中共同成长进步是一件多么奇妙而又符合情理的事情啊!我们应珍惜这样的机缘,也应充分利用这样的机缘,这是共赢的最好局面。只要是发自内心的真实声音,那么这文字的魅力将穿越时空在生命最本真层面上实现彼此关照。这是多么激动人心又沁人心脾的事情啊！！！

一想到她对我如此高的评价和鞭策，我自然也就"越战越勇"，想到前面我们的交流中谈到了大机器生产与人的关系问题，正好在高三应试训练中又遇到了以"大机器生产的非人性"为话题写一篇200字左右小短文的论述训练，所以我就跃跃欲试。我问她说能不能跳出考试训练，单就这个话题说自己想说的，写点东西给我看看。她愉快地答应了。文字如下：

就是忽然想到了很多，觉得和大机器非人性没什么关系，又觉得很有关系。

首先还是要肯定大机器生产带给历史和时代的意想不到的惊艳效果。高效的工作、飞速的发展，人们的生活开始了质的变化。越来越多的机器制成品充斥我们的世界之中，看得见摸得着的，有几样不是大机器生产的成果呢？相框经过严密地打磨，书本经过紧实地粘合，每一个按键都是一样的大小，每一只杯子都是一样的成色。终于，什么都变得十分完满，整齐且完全重叠地把每一个空间都填涂得赏心悦目。

但好像事情又不完全是这样。小时候啊，最喜欢外婆秀的手绢，裁下一小块很普通很普通的布，绷子撑起来的那一小圈圆形，没几天就会出现几朵素雅的花，压了边就把它叠好放进书包里。老人节俭惯了，外婆是不准我去买多余的文具的，印象里一只自动铅笔都得求很久才可以得到，可偏偏，那样的手绢是其他女孩子羡慕不来的，因此更是格外珍惜外婆给做的东西。小时候的习惯啊，真的是影响深远，以至于到了现在，哪怕笔盖已经松得扣不紧，仍旧不愿意换一只新的。不是买不起那几只新的笔，只是每每打算就把它如此遗落在哪个角落前，又总会想到，它和我一起写了多少字，算了多少题呢。人总是这样，太容易就怀念和感伤，可是因为是这样，我们才是人不是机器啊。

我想机器做一块手绢更是简单，去年的生日收到杨航寄来的礼物，一块手绢。她说："在逛淘宝的时候看见的，恐怕现在还会用手绢的人，我认识的也只有你了吧。"在拆开包装的时候，看到一条淡粉色的印花手绢很是开心，迫不及待就拿去水池里洗了晾起来，最大的感动莫过于那份心意。

我看见手绢一边缓缓地滴落几滴水，水渍迎着阳光发亮，手绢变得越发透明，我又想起小时候看着外婆在我面前倒腾绷子和顶针的样子。我记不清她的眼神，看不到她的表情，只是回忆里好像她一边做活，一边絮絮叨叨给我讲哪个工具要怎么用，问我喜欢哪个样子的花。时间隔得真的太远太远了，远到让我怀疑我现在所写的这些事到底是现实还是梦呢。可是啊，那些手绢却真真切切帮我记录着外婆的爱，记录着那些年她为这个外孙女投入的心血。而我看着刚刚被晾晒起来还在滴水的印花手绢，感谢杨航的用心之外，却也不过是觉得，嗯，很漂亮啊，她选的这一条很好看，也就仅此而已了。我不知道这样的想法是不是正确的，可真的诚实一点，我没有更多的感触了。

　　大机器生产让人变成长长产业链中的一个环节、一颗螺丝、一个零部件。我们不再是商品的直接创造者，而是机器创造商品的手段和棋子。其实本来，人和机器应该是相辅相成才对，我们利用机器、驾驭机器制造想要的东西，机器为我们提供更完美、更廉价的产品和服务。可是慢慢闭着眼睛都能完成的操作，再也看不到制作这件产品的人的用心了。今天听到一篇麦家的文章，里面有一段话好像极其符合大机器生产的现状："因为这时代与我的愿望是有距离的，物质过分泛滥臃肿，过分强大，情感过于复杂纠结，过于虚假，真相在习惯性被扭曲、掩盖，公理和常识在逃之夭夭，恍然间一切都像被物质这团势不可挡的大雪球滚了进去，裹成良莠间杂的一大团脏。而这样的脏雪球，在这个季节里，满山遍野都是，动辄就能引发几场极具摧毁力的大雪崩。"大机器让我们活在了物质的世界里，不需要"走心"，不需要用虔诚和祝福去对待人和事，反正一切都是规定的轨迹，沿着轨迹完成一趟一趟的任务就好。这样带来优质的产品，让这些产品服务于我们的生活，让所谓的生活更加精致。但倘若，我们连那颗生活的心都丢了，还要什么生活呢？肉体咯吱作响变成机械手臂，褪去头发脑袋变成方形电脑，眼睛转一圈放大了两倍，消失瞳孔的眼球只有黑色和白色，再看不到精神和思想，但他嘴巴里念着：我是一个优秀的人，我能够完成这个世界上的任何问题，解决任何需要。就那样站在一个只有金属钢板的冷淡的客厅里。

其实人到底需要什么呢？不求"朝饮木兰之坠露，夕餐秋菊之落英"那般的闲情雅致、怡然自得，但至浅至深，也不过就是冬天有阳光，夏日有清风，粗茶淡饭，起码这些，守得住灵魂。

引壶觞以自酌，眄庭柯以怡颜；倚南窗以寄傲，审容膝之易安。

大机器非人性？可能真的是一个没有答案的问题吧。七月流火，九月授衣，时光不停赶着车轮向前。春赏百花秋望月，夏伴凉风冬飘雪，四季轮回，岁岁年年。我几乎想不出可以减小大机器生产中非人性弊端的法子，大概一切只能交给历史的进程，至于未来，渴望赋予它无限积极的可能。唯愿在浩瀚星河中如此渺小的我们，可以看得见本心，守得住本心。

这篇文章带着浓郁的生活气息，读来那么亲切、那么自然；真情实感跃然纸上，丝毫没有矫揉造作之感，情、理兼顾，有一种诗画般的感染力。我告诉她等我学习完毕后再跟她交流，后来她看到的是我下面的文字：

大机器生产的确给这个世界和时代带来了惊艳效果，炫酷的科技、精致的商品、发达的文化……似乎这个世界每一天都是那样新鲜，极大满足了人们日常生产生活。事实上，我们有足够充分的理由去享受大机器生产所创造的一切文明成果，这是合乎人性的，因为这合乎我们追求更舒适、更便捷、更有品质的生活的天赋逻辑。

当大机器生产不断扩大人们活动的广度和深度时，我们能说给远在千里之外的亲人一个视频通话没有慰藉我们思亲的愁绪么？我们能说坐在配有供氧装置的火车车厢里穿越唐古拉山口不是一种新奇的生命体验么？若非大机器生产创造的这个现代社会，我们又何以能够在明亮的书桌前任由情绪和思考在笔尖流淌成色彩斑斓的文字，我们又何以能够想象像我们中国这样一个曾经贫穷落后的国家现今人均寿命已经逼近七十七岁！所以，或许我们应该常怀一颗感恩的心去接纳我们已经须臾不可离开的大机器生产成果。如若我们一边心安理得地被它魅惑不能自拔一边又骂娘，那只能说明我们病得不轻。

只不过，如果我们因此就对大机器生产与人性之间内在的一致性过分乐观，可能反倒会让生活变得支离破碎。也许吧，在大机器生产高超的魅惑力面前，的确有人装聋作哑，有人病得不轻，有人甚至获得一种近乎遗传性质的"现代病"又或者叫"文明病"。有人能坐在电脑前一整天不动地方，出门基本靠坐车，却同时愿意花巨资前往健身房锻炼；有人对坐在他旁边的人视而不见却对手机屏幕那头的某个人格外亲热。如果说这还是浅层次的生活式样的话，那么，如你所说的大机器生产将人类变得高度步调一致且行色匆匆，便偷偷地完成了对人从深层次上的异化和殖民。物质的泛滥臃肿一定程度上抵消了人们的心灵发育，精神越来越矮化。纵使文化产业发达有如今日，人们似乎也只有吃麦当劳、肯德基一般的即时消费，缺少了心境和品味，所谓的文化便既丢了"文"的气质也少了"化"的力量。虽有赏心悦目却未必有感动过后的珍惜和疼爱，因为随时可以再复制一份出来；虽有精彩呈现却往往在眼花缭乱之后、蓦然回首时，找不到哪一部分真正只为自己而存在，属于自己所特有。

很喜欢你的文字，因为这文字给人一个鲜活的、含情脉脉的生活立场，深入生活现场用生活的事实说话，而非用逻辑的思辨来论证。外婆的手绢告诉我，人们所需要的远比大机器生产所能提供的要多很多、温情很多、深刻很多。机器能守得住标准化的质量，却无论如何填补不了人们对于情感、思想、灵魂等精神层面的生命诉求，因为那只能来自人。这也是工业革命以来一些人本主义思想家从各个维度对所谓工具理性进行批判的重要原因。基于此，我们的确有足够理由享用大机器生产的一切文明成果，但我们同样对大机器生产需要保持一份矜持和清醒：这种生产之于人的完满和幸福，是有它无法克服的限度的。

或许，只有如此，我们才能在利用大机器生产的文明成果服务于我们的生活的同时，外在于机器，保持精神上的自主和独立，真正守得住灵魂，守得住本心。

我的这位学生看后很开心，每当我们在楼道碰面时，她总是笑面相迎且略带调皮地打招呼，带给我一种格外的亲切感。我也很开心，这既是因为我们之间的这种交往交流方式是独特的、走心的，交流的坦诚及相互理解,让人有一种窥探到对方内心的小秘密、比别人更多地拥有对方的感觉,这是一种彼此接纳,因而是关系亲密的一种表征。另一方面,也是因为感觉到她的心境比此前一段时间更轻盈,更豁亮,我觉得一个人虽然各方面的负重及对优秀的坚守使其劳累,但不能因此使内心的阳光变得稀少,生活本就应该体验到舒适惬意,而此时的她更接近我对优秀人士生活及心境的期待。想到跟她谈话时她纠结、忐忑和苦恼的样子,我由衷地感叹,她的自我调节能力之强,是啊,她成长了。而当时虽然我跟她谈了,但还一直在担心她是否能从谈话中有所收获。外加那段时间主动找我谈心的,还有另外学习及各方面表现都很好的学生,且他们所谈的问题有部分是相似的,这说明有些问题在他们中间是有普遍性的。所以,我又利用朋友圈发点儿东西,我觉得这既有用又避免了强势带来的不适感,有需要的学生看到后自然可以对号入座。文字如下:

我们之所以会感到孤独和恐惧,也许是由于上帝赋予我们一颗与众不同的灵魂,而我们却渴望与众人一样的对于人间爱与温暖的眷顾。当爱与温暖寻求接受而不可得时,孤独来袭。其实呀,重要的不在于是否有别人的理解,而在于是否自己与自己和解,只为明天到来时遇到更好的自己。孤独是这样一种状态:当我们不被理解而遭冷遇时,又或者当我们自觉地选择拒斥外在的干扰时,我们回归自己,开始与自己的灵魂相遇和对话。

恰在此时一个人才真正懂得爱:深刻地爱自己,也因为推己及人地体验到别人的孤独而升华对别人诚挚的爱。孤独的深度与爱的容量可以等量齐观,尽管爱并不能消除孤独。基于此,正如周国平说得那样:"越是丰盈的灵魂,往往越敏锐地意识到残缺,有越强烈的孤独感。"所得必有所失,当我们可以正视孤独时,孤独就足以保护自己的内在世界,使我们免受他人干扰地专注于生命意义和生命秩序的寻求。

言已及此,历史教师李惠军的话也许值得我们琢磨琢磨:"内心的孤独往往与内在的清醒一路同行,孤独时刻在寻找着冲突,它不只是精神的永恒流浪,而且是在流浪中心灵与外物同歌同舞,同起同伏。"既然孤独如此奢华有内涵,那么亲爱的朋友,就请你抖擞精神笑纳吧!

其实在朋友圈还发了点有关痛苦的文字，算是上述文字的姊妹篇吧。我希望这些文字一起对她和其他同学能起到安慰排解的作用。春节过后，她给我的一篇文章告诉我，她彻底改变了心态，和当初与她谈话时的状态相比，此时的她对于孤独和痛感有了全心的认识，她正平静、快乐地在备考生活中追逐她金色的梦想。

事情的经过是这样的。开学后有一天我给她留言说：上学期咱们有一次愉快的聊天，后来我又在朋友圈说了几句关于痛苦和孤独的话，前天上课又说到了孔子的孤独，现在我又想，历史上孤独的人何其多，老子、墨子、屈原、陶渊明、岳飞、李贽……仅中学教材能接触到的就有很多很多，不知道是他们的孤独让他们在历史上有一席之地，让我们认识了他们，还是我们认识了他们才发现他们的孤独，他们为什么孤独，或者他们是不是孤独，这与我又有何关系？想着想着吧，就觉得或许你会有话说，那我就先让自己处于衰老途中的脑细胞休息休息，且听你怎么说吧……当然，依然没有任何限制，你任意信马由缰便好。她回复我说：好呀，那就恭敬不如从命喽，经过了一个冬天好像现在又是不一样的心情了。全文如下：

趁着今天时间还早，怕再等下去，那点小思绪就都要忘干净了。

先说点别的吧。其实最近一下子收到很多人关于"孤独"的倾诉，而我看到那些倾诉的时候，忽然觉得无力，或许是理解得到他们说的孤独是什么滋味，旁人负责倾听就好。这种不自觉地执意要在情绪里打转，可能别人去安慰再多也无济于事吧。似乎所有看过的心灵鸡汤都更加苍白，就像"只能自己熬过去。"

而过去风光的人儿啊，他们是孤独么？

他若认为是，那便是；他若认为不是，那便不是。后人又该如何给他们下定义呢？不过是在自己理解的范围内，选择一个我们接受不了的程度，认为他是孤独的。"性本爱丘山"，那离开喧嚣的仕尘可能就是他想要的吧。"虚室有余闲"，苦于应对过去的"尘往"，如今重新开始了完全由自己支配、自由的生活，即便没有了政治抱负，归于平静的日子是他能够满足的，也就不能说是孤独了吧。

比起陶渊明世外桃源的自足，屈原则更多体现了那一笔浓墨重彩的悲剧情怀。"长太息以掩涕兮，哀民生之多艰"，他的身上承载了太多关于国家百姓的大爱。在动荡的时代中，这样无人知、无人了解的孤独，又岂是可以由他心情轻易摆脱的呢？我猜大概每个人都想过不再奋斗，过着没有欲望，和不再有远方的生活。"朝饮木兰直坠露兮，夕餐秋菊之落英。"这又是他渴盼了多久的馥郁一世啊。

仅单独墨子，不论别人如何定义，这位剑客，这位侠士，在我心中永不会是孤独的。他从苦难中打马而过，风尘仆仆，笼罩在一层青烟之下，由远及近，愈发清晰地向我走来。尤其伟岸，尤其刚毅。那是个在火焰中生存的人。

而多少如此这般的情感无法排解，便洋洋洒洒终成了纸砚笔墨间的风华。到底是孤独成就了他们还是他们丰满了孤独，或许都有吧。

当你我生活在这样的太平盛世里，鲜少有机会或者这辈子都可能不会体验到那般为国家级的理想抱负而不得志的孤独。回到现在，又哪里会有人是真正的孤独呢？常常陷入情绪怪圈，无病呻吟，庸人自扰。最后不过是自己感动了自己，自圆其说。与其说它为孤独，不如统归于共鸣。苍茫四野，古往今来，穿越地区与时空，以极其苦涩的味道调剂着生活。

快乐和青春，如生命一样，不会永驻，但我们期许它的"常驻"。珍惜、享受孤独，好好地利用孤独。困难的日子里一定是一个提升自我的绝佳时机，因为沉重，因为无所期待，所以更加决绝和无畏。而真正的快乐，不是狂喜，亦不是痛苦，在我很主观地来说，它是细水长流，碧海无波，有好吃的晚餐，有很多可以做的事，你可以不去期待哪个人，期待什么惊喜，生活是充实的，一转身，发现城市街角的那盏壁灯真好看，这样刚刚好。

而我想把这句话送给倾诉孤独的他们，或者送给曾经倍感孤独的自己。"宁愿自己走过一段沉寂的时光去思考自己要什么，也不将就于眼前的任何一个水中月。"不要再迫切地想要脱离孤独，好像每天一起嬉笑的人就是目标。就趁着这个机会，认真和自己对话。当跨过所有难关后，发现自己腿还挺长。

想起前些年励志类小美文盛行的时候，刘同（可能是个专门写励志小美文的作家，像那时候狂追过的卢思浩）出了本书，书火不火不知道，但《你的孤独，虽败犹荣》这个书名倒是流传度很高。忽然要在这八个字后面加上一个问号，为何孤独就是失败呢？还要自我安慰，因为我比较厉害？一点也不喜欢"别低头，王冠会掉"这样的话，这样高傲的小脾气可能也会在某些时刻保护好最后一份自尊，但每个人都应该是生活的主角啊，只是你甘愿活成了配角的样子。低头怎么了，低头看看鞋尖，上面有秋天落叶的痕迹，还有夏天雨滴泛起的涟漪，可以闻到春天的轻巧，还能听到冬夜里雪花落在玻璃上的耳语。

某广告把"孤独"比作一只饥饿的小兽，用吃的喂饱它（当然我觉得这句是广告需要），还有运动、读书、社交，让小兽越来越阳光、健康。直到有一天，你会发现：其实拥抱孤独很简单，只要和它握手言和，就好。

即使真的是自己在前行啊，也要斗志昂扬地这么说：

可能从一开始就是我一个人单枪匹马，来年不求并肩作战，只愿所向披靡！

从这些文字中，我看到了一个果然"有了不一样的心情"的她，这是我尤其感到欣慰的。在我看来，有些痛感和孤独感一时是无法排解掉的，唯有对它们有一个比较深刻理性的认识，才能心平气和地与它们握手言和并接纳它们，人才不再因痛感和孤独而担心或讨厌自己，反而接纳认可自己，为自己争取到宁静、充实的奋斗生活。同样让我开心的是，她的文字依然轻松活泼——有孩子的天性成分也有举重若轻的自觉，依然沉稳大气——不是泛滥的小情绪四处溢淌不可收拾，而是有理有节、有些理性的羽翼在丰满，依然刚柔兼备——既有同情之理解又有个性的坚定持守。我突然觉得，这种交往方式既可疗伤亦可陶铸心性，甚好！甚好！我读过一遍后即刻回复她说："轻松活泼、沉稳大气、刚柔兼备，太棒了！"大概过了两三天，待把她的文字欣赏充足后，我给她回复了：

在看到你的文字之前，总是会在期待中产生很多种胡乱的设想，看到后又总是觉得曾经的设想是那么模糊不清，以至于都说不清是否曾有过设想。我问自己为什么会这样，直觉告诉我大概是因为呈现在我眼前的文字太过耀眼吧。那么，就从你的文字说起。我尤其喜欢你那"刚刚好"的心境和态度，我尤其赞成你那与孤独"握手言和"的平静和坦然。我相信，这些足以抵挡今后生活和成长路上的风风雨雨，足以安顿未来面对种种不如意时焦躁的心灵。至于历史上那些进入我们视野又被我们的生活和经验加工过的人们，当加工过后，就让他们随风去吧。

不过，如果说我们对自己的生活及未来有某种自觉、某种持守的话，那么这种自觉和持守的根便一头扎在历史深处，一头扎在自我灵魂深处。饮水不忘掘井人，历史上的他们值得我们尊敬，毕竟我们很难说自己的人格在骨子里完全没有他们的影子。在我看来，诸如以孔子、墨子、屈原等人为代表的历史巨人们，最让人感动的是他们高贵的人格。

无论孔子还是墨子，老子还是屈原，这些人也许都是看到了整个世界的痛苦和战果，并把这些痛苦化为自己的痛苦，以一种决绝的担当意识、与其行尸走肉毋宁寂寞孤独的牺牲精神来昭示内在于生命之中的高贵，他们将自己的人生走出一条特立独行的路、无限延伸向远方的路，就他们具体的一些思想而言，也许会因时代变迁而进入尘封的历史不被记起，又或者我们按照当下的原则尺度有意为之地扫弃到道路两旁，但他们的生命质感却历久弥新，成为我们心灵上也许永远无法超越的、穿越了时空的美丽风景。当然，这些人永远不会再开口说话，他们只能听凭我们随意刻画、自由言说而无法自证他们是否孤独痛苦。我想这大概就是作为历史继任者的我们，相对于历史先行者的他们所具有的"后发优势"吧，所以公婆各说其理、各表其情也属正常。

就我而言，同理心和同情心使得我总是心甘情愿地向历史上的他们投去更多的疼惜和怜悯。不知怎么的，每当闭上眼睛想起他们的时候，脑子里总是一副风尘仆仆却依然目光有神的样子，于是悲从心中生而全然不顾他们的主张和追求。我一直在想：如果他们稍微降低那么一点点标准，他们有神的目光会更光亮呢还是会更暗淡，他们会因为在现实中得意而免去风尘仆仆呢？还是会因为在思想的伊甸园里失意而更加风尘仆仆呢？我绞尽脑汁想终究还是拈不清道不明。我就像那个远远地看着他们总想跟他们说几句话是安慰也好劝勉也罢，却永远不能如愿的"他者"。既然不能沟通，那就试着理解吧。我觉得他们有勇敢的心、坚强的意志和健康的心境，否则他们拿什么对抗诱惑或招安或庸俗，这不正说明他们人格健全精神伟岸吗？于是我接着想，也许个性健全的人，一定程度上总是要与苦痛和孤独为伴。是啊，谁能相信那些没心没肺的人会品尝到痛苦和落寞，当然，那些假装没心没肺的人除外。对那些个性有残缺的人来说，所看到、听到、享受到的快乐，要么是美酒琼浆倒进被胆汁弄得苦涩的嘴里变了味道，要么是青衣紫薇闯入被欲望烧得滚烫的心灵迷失了方向。

换种方式来说，可能越有旺盛的生命力和高品质的生命追求，越会有某种形式的痛感或孤独吧。痛感其实是一种责任和使命的召唤，对自己对他人没有良心上的某种刺痛感也就不会产生责任心，而试图避开或降低这种刺痛感也必然降低人作为社会关系的存在的价值。拒绝痛苦而追求享乐，也就拒绝了让思想在痛苦中沉潜，拒绝了人性在寂苦中淬炼。如此，哪儿来的深度，哪儿来的情怀，哪儿来的生命强度；如此，将注定你的生命走向平庸或苟且。所以，痛感也是相对的，是相对于自我的现实与理想之间的反差。

孤独，又何尝不是如此！我总觉得，一个人相对于自身所处环境中的其他人而言拥有的越多或明白的越多，他希望从别人那里获得的就越少，亦即别人能给予他的就越少。这就是智识越是超群、精神越是富足的人，越不大喜欢与别人交往，越拥有某种形式的独处倾向，也就越容易感到孤独。从这个意义上说，在这个世界上，一个人要么选择孤独，要么选择平庸，或许他并没有第三种选择。因为，一个人为了保证自己走向卓越过程中有足够的独立和闲暇，他就会心甘情愿地节制欲望、节制交往，而且只有这样，他才能有机会怡然自得地倾听源自个体生命深处的呐喊、享受个体生命的内在财富。

所以呀，痛感并不意味着脆弱矫情，孤独也并不意味着颓废，恰恰相反,它们都意味着生命的激情和活力,这类人会因为任何获取新知、探索奥秘、追求真理的热切欲望,或者任何体验与知识、智慧、真理、艺术等密切相关的真正美的渴望,而使其生命的激情与活力得以被源源不断的活水浇灌滋润。我觉得,这类人是幸运的也是幸福的,他们永远带着痛感和孤独上路而忘记了喊疼也忘记了倾诉孤独,正如你所说,可能从一开始就是一个人单枪匹马。

所以,他们走得更远,看得更多。所以他们用现有的幸福创造出更迷人的幸福。所以,他们有更多的痛感和孤独体验?!天呐,又是一个循环论证!好吧,就此打住啦。还是你说得在理,你曾在朋友圈中说:"什么心态看见什么样的世界,不置可否的确实是社会分阶层,不同精神层面考虑的东西都不一样。只不过很简单的事,非要教条地上升到逻辑思维,人心剖析得那么彻底未必就是好事吧!所以那些说不清、道不明的矛盾啊,与其摊开了在眼前让你看着它们打结,还不如就心里藏着。"

对,就是这个态度,因为它"刚刚好",因为它与矛盾"握手言和"了。

我的回复指向很明确,那就是帮助她也是帮助我自己对追求进步和自我提升过程中的小情绪、小痛苦和小孤独进行理性分析,尽量使自己能把控情绪,悦纳苦楚和孤独,不被莫名其妙的情绪和挥之不去的苦楚孤独所俘虏,相反,尽量善加利用它们。当然,说到底这可能就是对自己也是对他人最大的善意。在看过我的文字后,她说忽然发现那些她说不出来的话我恰到好处地表达得那么清楚,那样闪着光又孤独前行的人,在痛苦中沉淀,忽然令人神往,又让人可以带着些许神往去接受痛苦孤独,甚好,甚好!最后她还说就这样一个一个你来我往的故事,比起尴尬的"最近过得好么"来得何其舒心和自然!我心明朗,我庆幸我也窃喜,与有分享意愿又有文采和悟性的人交往,痛快至极!

我相信,这样的写作交往是一种在坦诚真切中的彼此关照,会让师生的教育学习生活展现不一样的面貌,拥有不一样的质感。这样的面貌和质感,把学生从精神的疲惫与迷茫中拉出来,让他们心灵深处多一分温暖色彩和依靠力量,减少保持学习勤奋状态上遭遇的挑战,以及维持生命成长绽放的活力上所遭受的阻力；这样的面貌和质感，终有一日会让学生鼓起勇气独自面对成长和生活，"当人燃起创造之火时，这种火光好似能从内部照亮他的面容、眼睛以及他的一举一动，从而使外在美在理智和智慧内在美的作用下，而更富有神采，更显高尚。"①就像我的这位学生所说："在不甘心的生活中选择甘心的态度过日子，不能把自己做不到的事归咎在环境里，是有人陪你同行也好，还是又回到从前把所有的事都藏在心里也好，把今天过成彩色的，很多个今天积累起来，才会变得幸福啊！"而教育本就应该是这样的双向互动过程，而非从老师到学生的"单向度"的过程。

与这位同学的写作交往，也能回应我们很多老师一直以来的困惑：为什么有时候学生对老师三缄其口，不愿表达不愿交流？这既是安全感的问题，也是老师意愿与能力的问题。安全感是人的基本需求之一，在没有安全感的环境中，人往往本着多一事不如少一事的原则，表现出更明显的被动性而选择谨小慎微地行动。如果老师很强势，处处表现得真理在握、居高临下，置学生于从属和附庸的位置上，学生自然不会自找没趣或自找倒霉。学生把他新鲜出炉的热乎乎的文字捧给老师的时候，他们心里其实是忐忑的，会不会被老师看不起，会不会得到老师积极而真诚的回应，会不会被老师指责思想态度有问题，诸如此类的担忧是学生判断要不要写作的重要因素。

所以打消学生的担忧和顾虑，是促动学生真诚而自由、充分而聚焦地表达的核心事项。其关键做法是，用自己的实际行动表现出真诚平视、尊重、充分接纳学生的美好意愿和良好素养。学生给我们一份多重分量的文章，我们就要回应学生多重分量的文章，以这种坚定而认真的实际行动明明白白地告诉学生，他们的付出和努力是值得的。学生从我们的回应中，自然能感受到对其调动心智与情感资源而进行的脑力劳动的尊重、重视和友好，这能保护他们继续写作的愿望和勇气。

---

① ［苏］B.A.苏霍姆林斯基：《帕夫雷什中学》，赵玮等译，北京：教育科学出版社1983年版（2014年印），第253页。

有时候，即便环境是安全的，学生依然没有交往欲望和表达意愿，这说明交往环境只是外在于交往本身的一种必要但不充分条件，它可以提供保障却不足以提供兴趣和动力。那么交往的兴趣和动力来自哪里？学生的做法再简单明了不过了，谁能满足他们的兴趣或需求，谁就是他们靠近的对象（我们老师与他人的交往和表达遵循同样的原则）。因此关键就在于，老师是否以及能在多大程度上满足他们的兴趣或需求，这又取决于老师对学生真诚的爱与投入的意愿和能力。"没有一份对事业、对学生真诚的爱，没有对教育教学活动的真诚投入，教师的工作就成了匠人的工作，教育就会成为没有灵魂的技术，就不可能真正成为唤醒、生成学生美好精神世界的活动"①。只有我们老师有意愿将自己真诚地向学生的需求开放，把学生生命当作和我们自己的生命密切相关的个体，对学生的兴趣和交往要约给予符合学生期待，又能引导其灵魂向着真善美展开，向着精神富足展开的回应，学生才会超越程式化交往而在老师面前真诚而又自由活泼多彩地写作表达。

正如李泽厚所言："人性不应该是先验主宰的神性，也不能是官能满足的兽性，它是感性中有理性，个体中有社会，知觉情感中有想象和理解，也可以说，它是积淀了理性的感性，积淀了想象、理解的感情和知觉。"②而师生真诚平等的相向写作中，正是感情与知觉、感性与理性、个体与他者之间的多维互动、多维成全。所以我也相信，无论老师还是学生，只要打开方式正确，大家都是有真诚、充分自由表达的需求的，彼此都是需要听众的。因为最能对抗这个物质世界呈现出的准则、规范、欲望对人的束缚而使人变得麻木、空虚、庸俗的，不是什么别的东西，恰恰是高品质交往中实现的人内在精神世界的自足、敞亮和舒展。

基于此，在现有的教育教学中，我们要对纸笔作答式的机械训练性作业保持节制，以给精神自足、敞亮留足空间。我们也要注意到，人从本性上是不愿意被教育的，当学生感受到自己被教育的时候，教育已经失去

---

① 刘铁芳：《走在教育的边缘》，上海：华东师范大学出版社2006年版，第6页。
② 李泽厚：《美的历程》，北京：生活·读书·新知三联书店2009年版，第217页。

了他们。所以教育要收起自己的锋芒，尽可能地变成一种无痕的艺术和无言的诉说。留给师生必要的阅读写作时间与空间，为学生心灵绽放预设多种形式、搭建多个平台、创造多种机会，正是这样一种艺术和诉说。在这里生命的需要被充分尊重和满足，人主动的天性被充分保护和激发，虽然孩子成长的快慢不一、品相有别，但一浪接着一浪地"拍打"孩子的心灵与思维，使他们越来越珍惜并善加利用精神自由舒展的空间，孩子都有更大希望长得既自然又美好，会不知不觉地、自然而然地变得优秀，走向崇高。

五　回归生活,给心灵涂上一层实在的绿

每一个人都是一个独特个性的存在，"每一个人所生活的世界也只能是他自己所体验到的世界，不同的人命定地生活在不同的世界中。因此，谁要想理解人，就必须理解具体的、感性的和活生生的个体及其所体验的世界，而不能满足于抽象的和普遍的人性，更不能以后者来代替前者。"①这种看法似乎很适合教育生活。不同的老师、不同的学生都"生活在不同的世界中"，因为教育，他们怀揣着不同的信念、期待和生活底色，走到了一起并拥有一段共同的教育生活。彼此理解进而彼此照料既是成全教育的必由之路，也是教育生活本身的重要组成部分。理解和照料如果能被感知并接纳，那一定是基于当下实实在在的、真实发生的鲜活的生活，只有在这个立场上，真实的，带着欢声笑语又或惆怅忐忑的，一个个具体的人才能被看见，被珍视。所以教育要回归生活，要引领生活与其中的人享受生活的美好，体悟生活的真谛，走向生活的澄明与幸福。

---

① 石中英：《教育哲学》，北京：北京师范大学出版社2007年版，第97页。

面向生活而教,赋生命以"绿"意

所有老师和学生在学校度过的每一天,都是其生活的一部分,对老师而言是职业生活,对学生而言是学习生活。可很多时候,我们把工作和学习视为一种"不得不"的差事,而非视其像吃美食、去旅游那样为一种生活的需求和样态,在日常生活的意义上工作和学习是没有地位和色彩的。当工作和学习从无处无时不在进行的真实生活中分离出来时,它们便有如鹤立鸡群,虽然显得正式和崇高,然而却失去了最为肥沃、最为鲜活和灵动的生活世界的滋养。在工作学习顺利的情况下,一切安好;可工作学习不顺利时,会迁怒于生活,让原本稳妥的生活世界鸡飞狗跳。纵然我们有能力把这份"正式和崇高"进行到底并卓有成效,那也是需要额外的信念、毅力的加持,这增加了工作学习的困难,实际上也加重了生活的负担。

工作学习与生活的割裂,不是生活的错——无论怎样,生活总是日复一日生生不息地进行着——而是工作学习自身"走得太远",以至于在观念中有些画地为牢,致使生活与工作学习之间出现鸿沟:一方面,工作学习有其专业性和明确目标,其明确的时间感、方向感、成就感非生活世界的宁静安然所能比拟;另一方面,生活世界过于舒适自在,小富即安的生活定位可能也会限制生活本身内在品质的延展性和发展性,使工作学习的获得感难以在生活世界里合情合理地栖居。然而生活本身不能成为促进生活提升的发动机,它的提升需要有某种光亮的介入,给生活以突破现实图景的更为宽广、更富诗意和价值的期待。

正是在这个意义上,工作学习有必要回归生活。不仅要以生活的姿态工作和学习,让它们成为生活的一部分从而获得来自生活广泛而持久的滋养;而且要以工作学习内在的规定性和成长性去丰富、拓展生活的广度、深度、高度,让生活也具有某种成长性以适应工作学习的时间感、方向感和成就感。对教育而言,工作和学习更加迫切地需要回归生活。一方面,生活是师生交往的最大公约数,师生在实在的生活意义上,拥有了更多亲切的、可感的、温暖的共同经历,一起创造着并且拥有了共同的语言和发展密码。如果师生没有共同的生活,则老师与学生、学生与学生彼此之间如同一个屋檐下熟悉的陌生人,各自行走在相对孤立的轨道上,很难相互感染、彼此成全。另一方面,当师生过一种共同参与、共同经历的教育生活时,教育才能无时无处不在,因为在这种形势下,师生参与和经历的所有人、事、物及活动才可能被赋予教育的功能,也为师生创造了一种基于教育目的去经营、反思、重建共同生活的立场和视角。这种立场和视角因为它的专业性、时间感、方向感和目标感,而使教育生活本身自然而然地展开的同时,具有了向前、向上发展的动能。

　　教育世界里,生活何以具有如此魅力,仁者见仁,智者见智。在我看来,这与生活自身的特性有关,也与教育有效展开的方式相涉。就前者而言,生活是我们在社会中从事与自己息息相关的日常活动及其由此带来的生理、心理价值认定的生命存在状态。生活的世界里无时无刻不在演绎天外有天、人外有人的变幻法则,无常世事、多变生活在给人们带来新希望、新追求的同时,也往往伴随着新苦恼、新压力。生活中有幸福美满的高光时刻,所以面对苦难和黑暗我们拥有了自我激励的动力和基础;生活中也有艰难苦涩的波谷地带,所以我们对高光时刻倍加期待和珍惜。生活就是这样一首虽然难及完美但却依然要尽情演绎的生生不息的乐曲。同理,教育融入师生生活,才是师生共同真实拥有的一种特殊的东西,成为师生日常活动及价值认定的一种生命状态。如此,"教育即生活",教育就不再是生活原有状态之上额外附加的东西,不再是生活之外的负担,不再是可任意选择变多或变少、抛弃或视而不见的一种存在。这样一种真实的教育生活中,师生当然会有体验成功的喜悦和挫折的苦恼,也会感受相互照看的温暖和终有一别的眷恋,它一定比没有感觉要来得真实、亲切、动人、耐人寻味。

　　就教育有效展开的方式而言,教育只有解决了生活的问题,维护了生活的尊严,才能获得力量并发挥其价值。比如,很多学生认为学习历史没有用,实际上是历史教学没有充分融入生活实际,它在学生的意识中不是以生活的必需品存在的,没有在其范畴内主动为学生日常生活增光添彩或赋能,学生既没有从学习之中领悟"有用之用",也没有获得"无用之用"的真诚启迪或昭示。但如果我们改变历史教学的立场,站在生活的立场组织历史学习活动,效果就会不一样。以新中国外交史教学为例,在生活的立场上,把"交往"作为贯穿整个主题教学的关键词可能是比较合适的。外交是一种特殊交往活动,学生生活世界也是一个网状交往着的世界,历史学习与学生生活在"交往"这个点上找到了最大公约数。由此,新中国外交史的学习活动就转化为一种为学生日常生活赋能的、与学生切身利益关涉的生活体验,即以新中国不同时期外交的背景与理念、目标与措施、成就与影响等为例,探讨交往的物质与伦理基础、交往的原则与目的、交往的艺术与价值等。此时,历史学习已不再是额外附加的负担,而是以他者的故事为载体,反思自己与他人交往中的问题及其可能的解决之道的有意义活动。这样,学习新中国外交的过程就变成帮助学生建立或深化对交往的认知、丰富交往智慧、矫正交往行为的过程,让其日常交往活动更具亲和力、友好性,生活更加如鱼得水。

这说明,真正有效的教育是需要立足生活、回归生活的。人们在生活中的实际感受和对生活的态度,与其在生活世界里可享有的"生命能源"——包括物质和精神两个层面——的丰盈程度有关,它影响着一个人的生活境界和生命张力,进而影响人的生活品质。教育的生活立场缺席了,免不了教育与生活之间的疏离,免不了经由教育寄予生活的情意的流逝、期许的破碎。教育要么变成无所谓好与坏的、无感的存在,要么变成令人反感的、充斥着客套与空洞的存在,将不能发挥其对于照料生活、润泽生命而言的"能源补给站"作用。有基于此,我们需要把教育的生活立场、生活意识的扩展作为学校教育应有之意,真正让教育因生活而展开、在生活中展开和为了生活而展开,扩充真实的生活"能源",赋予真实的生活期许。

在学校教育生活中，老师是学生的"重要他人"，老师在师生交往中发挥着引领生活和成长的关键作用，承担着更多的责任与义务。我们首先要在课堂内外时刻保持让教育回归生活的自觉与主动，成为教育回归生活的建设者、促进者、维护者。一方面，人是观念的囚徒，我们的行动是受观念支配的，真正深刻的革命都发生在人们的头脑中，是观念的革命指引着我们产生行动上的重建和超越，所以我们需要不断地学习和持续改变观念。比如，从观念上首先改变过于浓烈的企图心，意识到和学生聊天不出三句就切换到学业上来的做法有可能欲速而不达：这往往是一种"输出—接受"的对话模式，是由"我—你"关系而非"我们"关系主导的，双方之间真正对等的信息互换难以真诚充分地展开，在学生那里容易形成"我被他主"的侵入感，从而产生某种自我辩护的心理倾向。这种情况下听老师谈话，学生往往变得敏感、警惕，倾向于以批判性意识为主导积极屏蔽自身能力、态度等方面负面的信息，或者避重就轻，有意识地弱化聊天对自己的影响。换一种观念和态度，如果老师把学生当作生活的主人而非学习的机器，则与学生聊天时，就未必狭窄到除了学业别无其他。此时，师生就获得了更加全面而立体的彼此介入和相互影响的可能性，也就意味着教育有更大可能全面而立体地发生。

观念的改变只是前提和基础。更为核心的是，老师要拥有对生命扩张的向往，对精彩生活的激情，对幸福美好的主动，一句话，要有创造美好生活的能力和活力。好死不如赖活着，日子怎么过都是过，教育教学怎么干都是干，教育生活的世界里一片灰色，则容易随波逐流，所做的每一件事情，不是出于精致地经营以享受其中的幸福美好，而是力争尽快了结它、摆脱它，这是很难在师生之间建立起彼此"对得上"又"对得起"的从容、闲适、丰盈的教育生活样态的。缺少了生活激情，教师为赋新词强说愁式地教导学生要热爱学习、热爱生活，这是虚伪的。然而出于两害相权取其轻的自身利益考虑，"圆滑"的师生一般会选择心照不宣地演下去，尽管学生不会戳穿老师或提出质疑，但它让老师对学生的以诚相待蒙上阴影，影响师生教育生活在更宽广、更多维的层面上展开的可能性，从而使师生交往成为一种不完整的、割裂的、孤立的存在，教育难以直达内心、触及心灵、呵护成长。

看看那些善于经营教育生活、深受学生喜爱的老师们，他们大都善于创造美好生活，有很高的生活幸福指数。而"一个生活的幸福指数比较高的人意味着低焦虑感、低倦怠感、高成就动机和高自尊需要；也意味着没有太多的后顾之忧，比较接受现实、悦纳自我、心存感激和追求卓越，这样的人既更可能、更重视专业成长，也会有更充沛的精力和更积极的心态去提升自己的专业素养"①。这种良性循环和正向发展，使得他们视教育为生活中的"绿"色，认为它很好玩也很有趣，对反复把玩它乐此不疲。他们都是面向生活而教，不会把自己包裹起来，而是作为生活中的人把自己面向学生敞开，以精彩生活的恣意之态拉近与学生的距离、增进与学生的情感、拓展与学生的共性时空，浇灌出一片欣欣向荣、绿意盎然的教育生活森林，让教育在师生交融的、愉悦的共同生活中展开，赋予学生朝气蓬勃的、充满人性光辉和现实美好的生活体验。

其实，我们都应该向深受学生喜爱的优秀教师们取经看齐，倾心于经营一份情趣盎然的自我生活世界，倾心于营造一种在当下即可使师生交往中广泛建立起休闲惬意关系的教育生活。

建立悠闲关系，给师生交往以从容

不知从什么时候起，学校里放不下一张安静的书桌；也不知道从什么时候起，在教师的心里已经装不下一份恬静致远的悠闲。我们匆匆地上班又匆匆地下班，匆匆地结束了一个活动又匆匆地开始了另一个活动，像一只陀螺不知疲倦地转动着。我们很少有耐性，耐心从容地、慢而精致地领略或经营其中的美好，师生交往还不曾多层面地展开就已经在步履匆匆中

---

① 肖川：《成为有智慧的教师》，长沙：岳麓书社2012年版，第22页。

画上了终止符,或虽有数年之相处却对彼此学业以外的情况知之甚少,以至于在回首中惊奇地发现对方那么模糊不清,不过是一个从眼前走过的"熟悉的陌生人",从未在心里驻留过。应该说,这样的日子还不算最糟糕的,虽然彼此只是从眼前走过,总也好过师生间互相折磨的那种煎熬,好过彼此乐见对方灰头土脸的那种离散型关系的日复一日。"陌生人"虽不足以对对方产生积极影响,但也避免了离散型关系带来的对教育的破坏和对学生成长、教师发展的戕害。

为什么会是这个样子? 直观来看,与老师们眼中只有学业成绩的计较而较少对丰富教育内涵与生态的经营有关。这不全是老师的错,家长的期盼、学校的考核、社会的氛围等,都参与了对老师的教育教学理念与行为的塑造,但这并不意味着老师们全然没有自主创造以革新教育的空间。毕竟我们一线教师是教育教学的神经末梢,是教育教学实践的"最后一公里",我们有相对独立的实践空间,面对真实的实践对象——千差万别的、彼此独立的学生,也自然就有了因时、因地、因人制宜的可能性和必要性。关键是,我们打算以怎样的理念、怎样的身份去面对学生。如果我们认同人的成长其内涵是丰富的、全面的,人生活的每一个瞬间都应该是水灵灵的、美滋滋的,那么我们在建立与学生的关系时,学业成绩就不再是唯一的或者最为核心的连接点。这时或许我们就可以在所能自主的有限教育田地里,经营一种更淡定、更从容、更悠闲的师生交往关系,有更多的心意和精力投入到当下美好教育生活的追寻中。与学业成绩相比,这样的追寻更加有意义。

悠闲交往可以减少急功近利带来的伤害。过分关注学业成绩,则人就被符号化为一个代表着某个分数的数字符号,其社会情感、身心健康、认识与思想等都不再是真实的、重要的,唯一重要的是其在分数上的进与退,以及建立在此基础上的对待他们的喜厌态度。试想一下,每当老师见到学生,总是"作业完成了吗""最近学习状态似乎不佳""你打算下次考试进步多少名"之类的絮絮叨叨,似乎是在刺激学生使其意识到,老师关心的不是他这个人本身,他的学业成绩是他对我们而言唯一的意义所在。日复一日,类似场景若是反复出现,那是多么刺耳刺眼! 校园生活将多么的单调和令人厌烦! 这是很狭隘的,这抹杀了人性、人文与人道,为了人而开展的教育教学活动,到头来却把人弄丢了,这是多么讽刺的教育!

相反,少一些对学业成绩的关注而多一些对人本身的关照,少一些急功近利而多一些淡定从容,则师生交往完全有可能变得有声有色、趣味盎然。一起聊聊旅游美食的诱惑,说说身边的奇闻异事,谈谈彼此的兴趣爱好,分享阅读的随想感悟,畅想人生的变动不居,等等,这将是多么曼妙且值得期待和拥有的一种教育生活! 在这样的生活里,充满了正直与光明、同情与关爱,学校成为整个人生美好回忆的精神源泉,它带给我们情趣、尊严、力量、希望,让我们感受到教育、学习生活的惬意以及身心的舒展。

悠闲交往可以释放创造的活力。好奇心和超越性是人类的天性,只不过在分数至上的功利化境遇中被无数次的程式化学习流程、机械性训练造成的无意识条件反射所抑制而已。而悠闲的关系状态中,那种唯分数而不及其余、为分数而"带节奏"的压迫感、紧迫性被消解,让师生身心放松下来。精神和思维较少受束缚与羁绊,师生具有更多支配时间的自主性和丰富生活故事的选择权,可结合自己的兴趣爱好及特长而自由地选择对自己成长有意义的活动方式、活动内容;而心灵的释然会使我们更轻松地进入敏感、活跃状态,源源不断的能量、观察力、倾听力与想象力悉数"恢复元气",有助于我们的选择在更广泛意义上遵照自己的需要。这种带有解放性质的自由选择、自由生活真实地回应了心灵深处的呼唤,也释放了为自己生活、生命负责的巨大能动性、探索性和创造性。

悠闲交往可以涵养温和高贵的精神品质。作为教育形态的悠闲交往活动,不是慵懒闲散、无所事事、游手好闲,而是在不被单一化目标或模式所驱使,较少拘束的状态下,为达到精神的、德性的、心智的愉悦和富足之目的,心身灵肉共同参与的生命角色、生命能量的对流与体验。这种交往是去除了师生间程式化往来而贴近生活、贴近生命需要,是质朴、真诚、鲜活、和谐的交往。这种交往本质上要求师生拥抱完整的而非残缺的、多维的而非单向度的、人性的而非物性的教育生活,有益于身处其中的师生因"分数至上"的退隐而在"分数之上""分数之外"重建完整、信任、清新、惬意、温暖的陪伴关系,让生命在安全的氛围中、在自由自在展开的环境中,迸发出求真、至善、向美的激情和活力。说到底,它指向了人的自由、解放和成全,这是教育事件、教育活动中人的重新回归,人的重新被照亮。

悠闲关系的建立,为丰盈的教育生活的展开奠定了从容的基础,值得畅想和期待。但我们也要意识到,师生关系中,学生毕竟是成长中的人,是需要教育引导而走向成长了的人。所以我们老师具有更充分的主导性,掌握更大的自主性和自由度。在这样的前提下理解悠闲的教育生活关系建构,则更多指向老师以平和的、包容的、民主的、生活化的心境接触学生,甚至在此过程中没有动机因而也没有方向,至少不能强加自我的动机和方向于对方;尤其是不能以成人、"成功的人"自居,以"都是为你好"的名义把对学业成绩的迷恋强加给学生而不知自省。也指向老师积极运用各种条件和机会创造一种生态,使身处其中的师生能够看到彼此真实的生命状态,包括真实的反应、脆弱和障碍等,它不会为了取悦、安抚、转化对方而被歪曲、抑制或篡改。

我们要有"等得起"的意识和行动。学生有不同的性格禀赋、不同的家庭环境和成长底色、不同的兴趣爱好,所以就有了不同的花期、不同的生活立场和人生目标。由他们所组成的校园学习生活集体,内部自然也包含着丰富的差异、个性等多元化因素,这既是经营集体的基础,也是集体得以存在的意义和价值所在。要把这个集体转化为师生都心心念念的学习共同体,需要老师承担基于耐心的民主、开放、包容之责任。当学生遇到各式各样问题时,莫急,要相信那都是成长中的问题,假以时日,终究都会在成长中得到解决;否则,我们就成了问题的帮凶,与问题一起击垮了学生,而不是与学生一起打败了问题。当集体中出现不同声音时,莫急,要相信事理越辩越明,给学生们容错纠错的机会和空间,则孩子终究会在交锋、碰撞中形成相互妥协、彼此借鉴、共同积累阅历与经验的良性互动;否则,我们就成了"万马齐喑"的独裁者,以及表面上风平浪静实则背后波涛汹涌的麻烦制造者。当学生有不同的喜好和才艺时,莫急,要耐心地欣赏每个人的独特之处,投注同样的爱与温暖,让每个人都成为这个共同体中有意义的存在,终究会形成百花齐放春满园的勃勃生机;否则,所谓教育生活只不过是我们想在集体中复制若干个自己的"复印件"而已。

我们要有"去中心"的意识和行动。教育关系是成年人帮助未成年人学习和成长的一种特殊关系,帮助与被帮助所形成的地位上的不对等,容易使老师以自我作为成人的世界为中心,包括用成人的经验和智慧代替学生所具备的经验和能力,不信任学生,以怀疑的态度对待学生,过多考虑了学生所不具备的东西,而否定学生所做的努力;也包括用未来人生幸福为借口,强调孩子要以学业为中心,以批判的态度看待学生开展包括游戏娱乐在内的学业之外的各项活动。这种"中心"意识事实上成为制约师生丰富多元交往关系发生发展的核心因素,所以我们要改变对以自我为代表的成人的看法,也要改变对以学生为代表的未成年人的看法。在与学生的相处中,要把学生的想法和需求挺在前面,而不是把自己的喜好置于首要位置;要摒弃只重视学业乃至只要学业出色则一切问题都视而不见的态度,把对教育生活的选择权还给学生,把信任与支持还给学生,让学生从容地生活、从容地学习、从容地成长。

我们要有处理好"隐藏与暴露"的辩证法的意识和行动。"去中心"的意识和行动要求我们要警惕自己在教育境遇中对学生的优势地位而自觉地选择有所不为,把自己针对学生的一些喜好、目的、方法乃至思想观念隐藏起来,这样我们才能给学生"暴露"自己留有余地,使他们在教育生活中活出本真样貌来。经验告诉我们,若孩子在老师们面前能无所顾忌地"暴露"本真样貌,他们将为我们提供准确可靠的信息,帮助我们更细腻、更立体地观察和认识他们,这将极大地提升我们与学生交往的宽度、广度、厚度和效度。与依据学生层层包裹自己之后所剩有限信息开展教育相比,学生充分"暴露"自己以后所开展的教育一定会更加富有人文气息、个性色彩和生活味道,意味着教育生活更加富有教育性、成长性。

出于同样的逻辑,老师也应该有在学生面前"暴露"自己本真样貌的意识和行动。由于成人与未成年人、教育与被教育的这种不对等关系,好奇心驱使学生更乐意于尽可能多地了解他的老师在教育教学职业行为之外的蛛丝马迹,诸如老师的对象是何许人,是否结婚生子,爱吃爱玩什么,日常生活干些什么之类。以至于当我们把发生在我们身上一些稀松平常的琐碎小事分享给学生时,都可能会被他们视为超越了教育与被教育关系以后的一种对自己宝贵的优待。满足学生这种对老师去神秘化需求本身就可以拉近我们与学生的距离,对学生类似的暴露越充分,我们在学生心目中原有的那种因我们的一本正经、高高在上而产生的挥之不去的压迫感、难以抵达的距离感消解的也就越彻底。在此基点上,师生对等地拥有了对方,学生轻松下来,老师舒展开来,也就意味着我们通过让学生走入我们的生活日常的方式而获得了另一种走近学生的生活日常的可能性和可及性。

我们要有"一起游戏"的意识和行动。教育生活中,除了一本正经外,还应有刻意创设的小游戏、小意外、小惊喜。走进教室,一个孩子神神秘秘地递给我一颗糖满眼期待地要我吃下,当这颗糖在我嘴里化开致使满屋子飘溢着榴梿味道,学生满意地笑得很开心;走在学校的长廊里,一个孩子从拐角处突然冲出来吓我一跳,还要"采访"我到底有没有被吓到;孩子过生日,我佯装以不经意地游戏方式送给他们一份神秘的生日礼物,让他们体验不期然而然地被惦记的满足感……这样的体验何其活泼美妙!这样的教育生活何其温馨闲适惬意!德国诗人席勒说:"只有当人充分是人的时候,他才游戏;只有当人游戏的时候,他才完全是人。"是啊,师生之间开得起玩笑、玩得起游戏,不正说明我们所经营的教育生活克服了工具化、物化倾向而朝着人化方向迈进吗!不正说明师生作为活生生的人在教育生活世界里回归了吗!

这样的日子是师生用心经营所得,是融入了彼此坦诚、开放、包容的情感和心意的,所以很美好。这样的美好应该常在却实际上并不常有。有很多老师以所谓师道尊严自居,不容任何形式的"冒犯"。大课间活动中,学生托起的排球无意中落到了没有防备的老师的头上,使得老师下意识地一激灵,引得在场学生哈哈大笑。老师见状,很严肃地回敬学生:"砸到人了你们还好意思笑? 回去笑你妈去。"多么违和! 而且动不动就问候孩子他妈又是何道理? 换位思考,如果是老师的球砸到学生头上,学生可不可以、敢不敢以相似的方式回应老师? 若果真有孩子做出类似回应,老师又将以怎样的立场去评价和认识孩子?! 当老师的面子大于一切的时候,师生之间很难有轻松、自然的交往体验,能够点缀、丰盈教育生活的各式小游戏、小意外便无由生发。师生间看似客客气气、规规矩矩,实则互不怜惜,甚至在遇到即便不涉及原则性问题的小矛盾时,也互不相让。如此,又怎会有好的教育生活,好的育人收获呢!

不过,我们还要意识到,一些年轻教师往往还会遇到另一种烦恼:与学生的关系非常融洽,甚至到了彼此没有太多秘密的地步,却发现学生根本不再听自己的,教育以另外一种方式失效了。这难道是师生过一种悠闲教育生活的立场错了么? 我以为,非也。这种局面所反映的实质问题是年轻教师作为职业的教育人,其"职业信誉"还没有建立起来,学生从老师身上看不到高于、优于自己的职业化特征,很难建立对依附于这种特征而来的引领性价值的信任,所以学生无意于从教育和成长的意义上把自己"交付"给老师,而仅仅视其为可谈、可玩的一般伙伴而已。这种情况下,更加需要的是,年轻老师要快速取得职业的成长和专业的发展,尤其要在一些节点性活动中,一些重大事项的决断、重要问题的分析及处理中,表现得很职业、很智慧、很果敢,让学生折服。学生的每一次折服,实际上都是老师在自己"职业信誉"银行里的一次储值,因此年轻老师对节点性活动、重大事项及问题的处理都要慎之又慎,要在行动之前反复地思考和推演,切勿因和学生的关系好而降低职业的态度和专业的水准。

我们对建立悠闲从容的教育交往关系的追求,是对新时代背景下,教师、学生及其家长对美好教育向往的回应。与其说这是一种向前的突围,毋宁说这是一种回归,回到生命的原点——人的自然化,也许越是自然的才越是社会的。现代工业文明把人按职业"细化"的支离破碎,且有愈演愈烈之势,以至于人的职业身份超越人的身份而更具标识和决定意义,你是学生,我是老师,他是律师,恰恰职业背后更值得珍惜的、共同的人的身份隐匿了,无人问津亦无暇问津。人被职业身份所窄化、固化,也被职业身份分割而失去完整的人的属性,即自然而然的一面。夜深人静的时候,孤独和空虚不时袭来,其因由即在于人们意识到自己除职业之外所剩无几,在职业之外穷困到没有情感、没有心灵、找不到同伴。教师的倦怠、学生的困顿……与此不无关系,这是无力的反抗和无声的逃遁。

越是穷困,越需要回归和固本。在自然而然的维度上,我们才能放下身份观念,放下职业边界,挤破虚假的道德说教泡沫,摆脱目中无人的规条戒律的掣肘,直贴人性的真实与细节,从大家都属人的意义上,还给彼此生命样态自然、多维舒展的时间、空间和权利,把对对方的关注和怜惜放在职业身份之前、之上。在这样的生活和交往世界里,我们看到学生细腻、敏感而又天真、善良、爱美的天性徐徐展开。基于此经营和不断积累好的教育生活经验,智慧地进行实践转化,建立起个人需求、价值、技能与悠闲的恰当关系,并体会和增进悠闲的经验,培养和促进个人自觉、自营能力,让生活出彩,让情感充沛,让心灵丰盈,让人本身变得饱满和富有,让属人的教育经历在师生的生命里历久弥新,进而让职业生命犹如有源头活水的浇灌而更有力量,更具价值,更富成长性。

丰富共情交往,添师生互动之魅力

石中英教授在清华人文讲坛的讲座中提到这样一个真实案例:学生上学迟到了,正好是英语课,老师要求他用英语解释迟到的原因,学生说 my granddad is dead,老师的第一回应是纠正孩子的语法错误,让他把 is 改为 was 再说一遍。这一幕总让人感觉别扭,正确使用语法比给予失去亲人的学生以安慰更重要,外在于生命的语法比内在于生命的情感呵护似乎更有价值。也许是老师正处在英语语法教学的逻辑之中,顺势做出的与教学保持一致的惯性应对，即便如此，也依然觉得欠妥当，知识技能逻辑能优于抚慰关爱生命逻辑吗？那一刻，有什么能比第一时间给予孩子温柔的问候和精神上的支持更重要！毕竟，学会英语语法本身不是目的，掌握语法的那个人才是目的。我不相信老师会在那一刻故意选择了对生命视而不见，但我也相信这大概是教育日常中并不鲜见的真实存在着的现象，在一些老师的心里，只有"教知识"的意识而没有"育生命"的意识。

人类灵魂的工程师分明面对着一个鲜活的人却"目中无人"，为什么会如此冷峻、如此淡漠？目中无人，要教学何干，要教育何用！归咎于老师？似乎对老师不公平；不怪老师？那又该将问题指向谁呢？人类天性中就有的恻隐之心，就有的共情能力，缘何在处处都应该流淌着共情与温暖的育人之地逐渐退隐不见了？这是个棘手的问题。一方面，老师也曾是个学生，老师也正扮演着教育行政部门及学校领导底下职员的角色，其求学的经历、工作中的生态，都会在有形无形地塑造、影响着工作的态度、底色。另一方面，老师作为教育教学专业人员，其自身独特价值是否得到充分尊重，在身心俱疲的时候是否得到领导、同事、甚至学生的关心爱护，也将影响着老师的教育姿态和立场。

领导、同事和学生都理所当然地把我们看作为人，看作不受风雨侵蚀的钢铁战士，自然就忽略了用情、用心于老师自身的心理和情感建设，老师从事着天底下最阳光的事业，自己反倒成了活在阴影里的人。而且一切以利益和效率为衡量标准的教育氛围加剧了校际、人际间的竞争关系，内卷使得老师们普遍处于焦虑状态，要对自己够狠，对他人则要更狠，似乎不这样不足以安身立命。世事纷扰把老师变得很坚硬，都忘了柔软的自己应该是什么样子，反倒是麻木和漠然成了对环境的最好适应。此外共情疲劳也时不时地困扰着老师，这是我们作为教育人所付出的关爱的代价。尤其是共情意愿和能力越强的老师，越会全身心地从学生的视角思考和应对问题，越能倾注更多的心力与关爱给学生，也越发希望能以一己之力成就学生，然而当学生的表现不如意或难以奏效时，那种沮丧、无助的挫败感也更加强烈和震撼，从而导致育人意愿降低，以及生理、情感、认知、行为等方面的共情疲劳症状。①哀莫大于心死,"空心"的老师自然也懒得对学生施以"有心"的教育,那些温情脉脉的育人立场、深情款款的动人场景,也就显得多余而另类。

也许有人会为文章开头的英语老师鸣不平,认为他是在利用迟到这一种特别时机即时对英语学习进行指导,说明老师很负责任。这种逻辑未免显得有理而无情,没有共情而形成的指导,犹如盲人摸象一般,很难精准把脉对方需求——那一刻那个孩子的最大需求是基于共情和安慰性理解的情感支持,并不是对英语语法的精细掌握,因而对语法的指导既缺乏德性的温暖,也有失科学的效度。此类情形极易造成师生间越交往越疏离、越对话越无话可说的非良性循环。相反,有情、共情的教育,在师生中建立了一种生命情感共在、共享的场域和意义,身处其中的师生没有谁是旁观者,双方都将所察觉、体认到的东西视为是自己的,是一种主体性在场的认同、接纳和参与。

在距离高考不到一个月的某天晚上,有个男生到我办公室哭得稀里哗啦,交谈中我明白了事情原委。他喜欢班上的一个女生,备战高考最吃紧的关头,不忍打扰那位女生,怕扰乱了人家宁静的复习造成不可挽回的后果。但一想到高考结束后,他可能与暗恋已久的心仪女生再也没有"共在"的机会了,就连默默地注视和不被察觉地陪伴也将成为极其奢侈的事情,内心充满了不舍和恐惧。男儿有泪不轻弹,我相信痛哭流涕是他多次与自己斗争之后依然无法克制的真情流露,此刻他需要有人懂他、理解他,也需要有人在他最天昏地暗的时刻施以援手,帮助他从不想面对的未来中、从难以断舍离的那种想放手又不愿、想抓住又不忍打扰

---

① 关于教师共情疲劳,虞夏骏、孙炳海在《中小学教师共情疲劳及调适》中指出,具体症状表现为四个方面,分别是疲惫、头晕、胸闷、睡眠障碍等为代表的生理反应,急躁、愤怒、敏感、内疚、绝望等为代表的情感表现,怀疑原有价值观、无法保持共情与客观中立的平衡、解决问题能力下降等为代表的认知变化,缺乏耐心、回避学生求助、迁怒学生、工作投入程度降低等为代表的行为偏差。作者指出,出现共情疲劳的教师要从学会自我关爱、调整自我认知、明确边界责任、寻求专业帮助等方面进行调适。此文见《中国教师》2022年第2期。

的纠缠中寻找一点光亮。

我很清楚，赢得高考不仅是这位女生的梦，也是男生自己的梦，但此刻，那些复习的策略、技巧、平心静气等等说辞都会显得苍白且很不人道。如此优秀且心地善良的男生，内心深处有如此纯洁美丽的情愫处在激活状态却又表现得如此理智，他心中有自己，更装着别人和世界，对于一个十七八岁的少年而言，是多么难得、多么伟大！相比较而言，帮助这个孩子寻找此情此景下生命的光亮更为要紧且正当。待他哭够了，心情平复了，我们进行了长久地交谈。我以他为榜样，因为我像他这么大的时候，在处理感情问题上没有他的水平和能力。我感谢他的坦诚，因为他把我重新带回了高三复习阶段，心智、情感、身体、人际等多重关系所构成的亢奋又不安、紧张又疲倦、希望与失落同在的那个现场，让我身临其境地体验了一回特殊时期心里默默装着一个异性的那种幸福的烦恼，心有所念与无所牵挂相比总归是要少留一些遗憾的。我坚定地支持他已激活的情感，因为心有所念并非耻辱和罪过，它是生命内在活力的体现，无需怀疑它。相反，要让这种美好的情感在高考冲刺阶段发光发热，希望他能积极主动地与心仪女生多探讨学习中的问题、多交流心得体会，这样剩余的共处时光将更加实在。我真诚地祝福他能在高考结束的那一刻大声把他的爱说给她听，我告诉他，若真是两情相悦，那么错开特殊时期后"迟到"的表达将更加让人觉得踏实和感动。

我不期待我能帮这位男生解决所有的问题，但我相信他能察觉到我的感同身受，会从我们的交谈中获得认同和不附加条件的支持。这种熟悉又亲切的内在认同在学生成长中发挥着重要作用。它避免了他者强行介入的入侵感所带来的抗拒与距离，各不相属又同属一体，如此美妙的关系让人觉得对方是生命中的重要他人，可信赖、可托付的他者，这"促使学生更倾向于将教师对目标的加工方式当做自己的来进行加工"①。在共情环境

---

① 汪雅霜：《学习动机对大学生学习投入的影响：人际互动的中介效应》，《高教探索》2016年第12期。

中,学生的参与由情意空场过渡到情意在场,他们更倾向于把所采取的行动归结为是倾听并遵从内在于自我生命的声音,是规则、需求、情感的内在纪律性的约束和激励,他们的投入处于由规则性转化为自主性的高效能、高动机状态下。因为共情,老师与学生在共在、共享的场域里,变得相互怜惜、相互认可。于老师而言,愿意倾其所有才智与情意帮助学生;于学生而言,也在乐享老师给予的爱与关怀中,愿意以积极有效的行动和自身积极发展去回应老师的付出。教育,就这样在相互的理解、接纳、成全中静悄悄地发生了。

教育共情是一种师生间理解之同情的能力,即能够换位思考,充分理解别人的担忧与恐惧、感受别人的成就与幸福、洞察别人的需求与期待,并把这种理解、感受、洞察以温暖、尊重、关心的方式表达出来,以对方的立场去寻找问题的解决办法。这意味着,教育共情依赖于师生主体意识的觉醒和主体地位的确立。"人是结群的动物,活着就是活在人中间。但活在人中间的人之所以能设身处地为他人'设想',其前提无疑是'人'作为有自我意识的动物,即能够意识到自己与他人、世界的差异,能够理解自己的独一无二性"①。无论老师还是学生,作为一个个偶然存在的个体,无可避免地被抛入、卷入特定的社会存在之中,并深受这种特定社会环境的塑造。对人的这种由特定社会环境塑造的独一无二状态的认知就是人的主体意识的觉醒过程,这其中老师承担着更为主动、重要的责任。

当老师有强烈的主体意识时,才会有清晰的边界意识,既指向对自我教育主体地位的维护和重视,也指向对学生主体意识的察觉和主体地位的尊重,师生之间正是在此意义上,具有共情的可能性和必要性。遗憾的是,受多种因素之影响,老师们或已有清晰的主体意识却主动地选择放弃或对主体意识理解不到位以至于将其视为利己性意识而缺乏利他的维度,致使日常教育教学现场中,一些老师并没有与学生共情的明确意识和意愿。共情尚未成为老师常态化的经营对象,虽然偶有共视和共

---

① 傅淳华、杜时忠:《论教师共情》,《教师教育研究》第34卷第1期(2022年1月)。

认的表现,却由于其自发性和临时性而缺乏可持续性、可检视性,这导致了师生交往中相互启迪、激励、濡染的力度和功效大大减弱,甚至处于可遇不可求的境地,所谓基于教学相长的人格相遇、思想精神相互融通依然是一个美丽的传说。基于此,在丰富师生共情交往上,我们真可能得有很长一段路要走。

要有积极察觉的意识。有别于生活中一般意义的共情,教育共情是一种真诚的职业行为,是承载着育人的使命的,必然要以共情为激发点,在学生与老师共享、共认某些事实、态度和观念的基础上,学生才会对来自老师的诸多信息进行认知评估和情感接纳。在此情况下,我们的教育意图才能比较顺利地转化为学生自我发展的某种内在力量或方向确认,使其以自我驱动的方式推动生命的发展和成长。这其中,师生之间存在共享、共认,显得尤为重要。我们要用自己全部的身心和情感去全时空、多感官同参与地倾听、观察、感受,方可对学生的情绪进行及时而全面地察觉,形成比较准确的共情识别和共情判断,这是消除师生之间在认知、态度、观念等方面差异性而形成共享、共认局面的重要途径。

当我们识别到学生反向、负面的情绪反应,说明共情未到火候,学生还没有真正和老师共享、共有、共认某些东西,这时候是需要老师千方百计、设身处地地站在学生的视角上、立场上积极调整自己的态度和策略,多维察觉问题、解决问题,以推动良好共情局面的出现。当我们识别到学生正向、积极的情感反应,说明师生成功实现了共情,教育的契机由此打开,在学生那里,我们教育的意图也就悄悄地由"要我做"转化为"我要做"的内生状态。我觉得,这恰恰是师生共情交往的独特魅力所在、价值所在、美善所在。

要有彼此尊重的意识。主体意识的觉醒和主体地位的确立,必然要求师生之间须维持一种清晰的边界意识。教育生活中,师生交往不及边界,则互相难以抵达对方心灵和情感深处,疏离和戒备使得彼此很难基于共享、共认某些东西而使对方成为自己生命中的"重要他人",那种相互照料与成全的其乐融融、幸福美好就难出现在教育日常中。师生交往逾越边界，则可能因为过于熟络而造成彼此的独特性和私有空间被消解，各自被对方"完全拥有"，极易产生"你是我的影子，自当如影随形"那种强势归一的幻觉，霸道与非理智占据上风，最终导致不是东风压倒西风便是西风压倒东风的"二元对立"局面，特别美好最终可能以特别灰暗的方式收场。

无论前者还是后者，均不是我们想要的教育生活的样子。我们希望师生是可以分享喜乐哀伤的关系融洽的好朋友，是共同创造幸福教育故事的伙伴，是一起向未来的相携并进者。这要求我们须真诚地尊重并接纳孩子的不完美，放弃以过来人的视角对学生身上发生的各种状况以诸多挑剔和指责，那些无意中流露出的不屑一顾、嗤之以鼻的动作神态，最容易伤害学生热心向上的自信和激情。我们要尊重并保障孩子活出真实自我样貌的自由空间，这样孩子才能把自己从层层包裹的束缚中解放出来，从持续伪装的压力中释放出来，拥有一种轻松欢愉、自由舒展的学习生活体验；同时也能避免老师对其真实状态和需求的误判，更好助其按自我心性禀赋成长。

要有共享价值的意识。一般情况下，在中小学里，越是年轻的教师越容易和学生打成一片，不是因为老师的专业水平，而是因为代沟更小，彼此享有更多的共同经历、共同话题、共同价值。然而学校就是铁打的营盘流水的兵，我们面对的学生永远是青少年华，自己却日臻成熟进而渐趋衰老，代际差异、代际沟通的成本也与日俱增。我们教育生涯中充满了矛盾：我们既留恋于年轻时与学生相近相亲的和谐，又不满足于那时对教育教学理解和实践的青涩、肤浅，既享受教育教学能力与智慧日臻发达带来的自信敞亮，又遗憾于师生各自世界的交集越来越少带来的时空失重之感。

细细想来，矛盾的主要方面在教师。我们接触到的学生永远是青少年华，即意味着，可将学生视为教育生活中的常量，我们才是变量。岁月流逝中，我们拥有了更多的教育教学阅历、经验和智慧，乃至形成较为稳定的教育思想，辩证地看，这种成熟与自信让我们的教育更从容，也可能更固执、更不容置疑和批判。这是掣肘老师看得上学生那个发展中的、尚待完善的状态的重要因素。既然我们是那个变量，我们就要做好自我调适。当与孩子交往时，我们应回到"童年"，把孩子青涩的感觉、稚嫩的理智、旺盛的精力、好奇的幻想、善变的立场等等，都视如己出，俯下身子走进他们的世界，重新与他们共同经历教育学习生活中的喜怒哀乐。这样的共情，真正成为增进师生理解的关系联结，让我们与孩子同在一个世界，共有一种生活，共享、共塑一种价值。

在此过程中，我们日益发达的教育经验和智慧都有可能成为加分项，前提是我们要过一种深度反思型的教育生活。要充分运用教育经验和智慧，理性分析、批判认识我们的教育逻辑、教育动机、教育策略、教育心态；也要对学生自身包括但不限于家庭经济状况、父母职业及社群关系等在内的社会环境进行深入细致的分析和反思。作为群体的学生是常量，但具体到每一个个体，他们的世界也是多元的。我们越是对由自己经验、智慧所构筑的教育世界保持足够的警醒和谦和，越是对孩子的多元世界感知的深入，就越发自觉和主动地对孩子温柔以待。教育其实就是一种利他性的社会事业，我们走出了自我中心，也就拥有了帮助他人、成就他们的更多可能，我们心心念念的重点，也就是如何更好地以学生能理解、感知和接受的方式，真诚、无私地支持、鼓励和帮助他们成长。

窃以为，当师生共情交往到了某一阶段，能穿破语言、表情、动作而直接以心来相印了，则这种交往一定会带给彼此生命的照料，因为对彼此的回应俨然超越外在的形式而走向内在的契合和融洽。如果师生能经过共同努力而拥有这样的教育生活，那一定是一种充满魅惑力的幸福时光。

净化生活样态，扬生命圣洁之品质

我在南开大学读书时，有位大叔天天推着三轮车在西南村市场卖豆皮,毕业后我时不时去西南村转转的时候,他依然在那里卖豆皮。十二三年之后,我听说他在富康路某小区全款买了一套价值两千万的房子;尽管如此,他依然做着豆皮买卖,所不同的是,三轮车换成了门店,且在天津市其他地方开有分店。

听我讲这个故事的学生沸腾了,以调戏的口气高喊:老师,那我也卖豆皮去。那一刻,我本来很高昂的激情犹如燃烧的火把丢进冰窟一样,瞬间兴致全无。看他们那神态,全然没有要品味故事背后的"故事"的意愿,全然没有要从这样的故事中拿走些对自己有价值的东西的想法。我有些气短。曾经听我们一位历史老师说,在讲邱少云的故事时,有学生喊问,把人肉烧焦了是什么味道。天哪,这样的情景足以让我"怀疑人生"。不可想象,本应天使般天真纯洁高贵的孩子,他们的生命姿态何以粗糙、丑陋到如此地步!

细细想来,这虽在意料之外,却在情理之中。他们是在物质生活富裕环境里成长起来的"新人类",对于生活中的困难、危机、所需要的意志与耐力等的认知严重不足。各种生活资源获取的高效便捷,超过需求的满足和保护,纵容了他们天大地大唯我独尊、只管自己开不开心哪管他人舒不舒服的骄横,某种程度上弱化、钝化了他们超越表象而走近生命、生活的内核去追问、去审视的意识和能力。

生活也许本就是如此地充满了辩证法,表面上的风光无限好,有可能潜藏着深层次的荒芜和麻木。与表面上的困难相比,这更加不易被察觉,自然也更危险,更值得重视,在此基点上,师生所拥有的学校教育生活获得了深化、升华的必要性。围绕上述故事中学生们的反应,我重点谈了两点意见:第一,从推三轮车卖豆皮到开门店开分店,说明他的豆皮深受学生青睐,这背后没有独特的技艺支撑是不可能的。我们当然可以去卖豆皮,可我们是否有人家那种手艺?做豆皮需要哪些流程,每个流程有哪些注意事项?如何做才能受到大家的青睐?这些问题不是随便说说就能解决的。用研究的精神和实验的态度做好诸如卖豆皮这种看似常态、平常的事情,这才是人家的豆皮深受欢迎的内在原因,豆皮的热卖不过是制造者踏实钻研的精神和精益求精的匠心的有形化、产品化而已。第二，卖豆皮是小本薄利生意，需要天天起早贪黑、早出晚归，很多人能坚持做一年、两年，再往后呢？可能会因为吃不了这份苦、受不了这份累、克服不了这份单调而中途选择放弃，有几个人能坚持十数年如一日初心不改呢?! 以小见大，命运总是青睐那些勤奋执着、咬定青山不放松的奋斗者，如果我们是这样的人，则卖豆皮会成功，做其他事情不也一样会很精彩嘛！

其实，正如汤川秀树说得那样，"觉悟到生活的意义而活在世上才是真正的现实主义的生活方式"，包括教育生活在内的一切人类生活都需要升华和抽象，这样才能揭示生活现象背后所蕴含的哲理性态度及智慧，以使其作为生活之向导的价值更加突出。这是生活的净化之旅，是让简单浅显的事情走向深刻之旅，让变动不居的世事纷扰变得澄明稳定之旅。经此旅程，师生的生命品质不仅从低级趣味、表面欢愉中得到解脱，而且会因为有内在生命价值尺度的觉悟，而使日常生活行为更具表里、左右的一致性，生命会因此而获得自适、自洽，变得圣洁纯粹。

使生命品质变得澄明稳定，方向是对的，但走向澄明稳定的过程依然需要辩证地分析。师生交往中，老师并非一张白纸走到学生中间，而是带着自己的人生阅历以及关于生活的哲理性价值判断，极易以自己的是非为是非，用一把尺子来度量所有的人，从而形成对学生的"专制"和"剥削"，尤其越优秀的教师越容易出现类似的问题。相对于普通教师，优秀教师更好地处理了职业和生活中的矛盾、迷茫、无奈和复杂，在职业成就、生活姿态、幸福指数等方面拥有更为丰富的成功体验，获得更为深刻且稳定的生命内在和谐，这是宝贵的人生经验和财富。强烈的责任心驱使优秀教师有更为优越、自信的态度和力量，去教导和影响他的学生，希望自己的成功经验在学生那里得到继承和发扬。优秀教师更易拥有自己的"饭圈"，更易发生学生因为喜欢而选择与其相近的兴趣爱好、专业方向等等。这对于学生而言，未必是好事情。就有学生因为这种向师性而选择本不适合的专业去学习，不仅吃力而且难以维持持久的活力和突破状态，人生的路并不像其老师那样星光灿烂。一定程度上说，这与老师在学生面前呈现了一个"我"，却在学生那里"复制"出若干个"我"的教育失误不无关系。

的确,教师要有足够成功的经验或失败的教训、足够的耐心和容量面对学生生命成长中的矛盾、迷茫、无奈和复杂,但我们之于学生,应是其成长旅途中的伙伴,而不是他们所要选择的那条路本身。我们不能用自己的经验、阅历、文化背景和价值倾向去修正学生,而是提供给学生一种审慎、节制的借鉴、警醒和示范,使学生在众多的可能性中体验生命的价值和追求,在众多的选择中品尝舍与得的辩证法,从而逐渐变得富有生命质感和活力。唯其如此,孩子的生命方有可能由内而外、由含糊而清晰地闪动着那种明媚又光泽、纯粹又敞亮、智慧又从容的自我气质。这是教育对人最要紧的善和解放,无论对教育中的老师还是学生都是如此。无论在理论上还是实践中,我们不得不承认,"没有既奴役他人而又不为他人所奴役的,精神的多维控制使生命变得越发困顿与庸俗"①,作为以教育为生命的人,当教师超越以奴役和控制作为师生交往的逻辑起点,转而以照亮为特征,那么教师就可以把自己的苦难与荣耀、矛盾与悖谬、经验与教训等,作为镜鉴来映射受其教育的那个人。另一方面,当照亮成为师生交往的基本立场,学生就能获得来自老师的尊重和宽容,以使自己有机会按自我心性意愿独立地做出被内心接纳的,让自我生命内在和谐的选择,而"能按照自己的意愿进行选择,就说明有了自由意志;不依赖别人和群体而自食其力,就说明有了独立人格。这两方面加在一起,就意味着人的解放"②。

自我人格独立和生命解放,必然要求师生过上一种自省式的教育学习生活。独立和解放,意味着自由自主,也预示着责任和担当,有所为与有所不为,全在一念之间。这"一念",既是对生活的态度,也是对生命价值的认知,且会受其所处历史文化的塑造,以及时代环境的影响。不同的历史文化滋养、不同的社会环境濡染,将不可避免地影响我们认识我们自己的方

---

① 张文质:《张文质说2:生命的见证》,上海:华东师范大学出版社2016年版,第3页。
② 易中天:《闲话中国人》,上海:上海文艺出版社2006年版,第174页。

式，影响我们看世界的基本立场和视角，会使自我身心协调，我与他人与社会的关系、人与自然的关系的处理表现出鲜明的历史性、社会性和时代性，尽管这其中也不可避免地带有个性痕迹和我们的主观能动性。中华民族优秀传统文化已经深深融入每一位中华儿女的血脉之中，新时代人们对美好生活的向往也深深地影响着每一个人的情感走向和价值判断。那么，历史文化和时代回响究竟是如何塑造并影响着每一个人的生活，我们又是如何超越历史和时代而活出自己的风采，有多大空间以及如何获得并利用这些空间，以使我们经由生活而参与时代的变迁和历史的创造。教育亦是如此，它同样受历史文化和社会变迁的影响。所有诸如此类的追问和探寻，其实就构成了自省式教育学习生活的基本内容。

可见，教育生活中的自省，指向对"我"所处的历史文化与时代变迁的理解与尊重、继承与革新，它能帮助师生认清为何独立、独立何为，以及因何解放、解放何求等关涉生命方向与价值的深层次问题，使生命变得纯高。事情的复杂性在于，"我"作为历史文化的产物是一种必然，作为有着鲜明身心特征的个体又可理解为一种例外，于是在自省过程中，就潜藏着历史与现实、自我与社会、人与自然、本我与超我之间各式各样的冲突、焦虑以及时不时向我们袭来的某种撕扯之感，需要我们在不断地追问中予以澄清或扬弃，在反复地情意推演和生活实践中予以证实或证伪，更需要我们对某些事物作出必要妥协却不至于伤害到我们的内在生命价值尺度。

在越过生活的表象而探寻其内在的丰富与质感的层面上，我们意识到了一个充满了"生命不能承受之重"的生活世界。能在这样的生活世界里穿梭的人，一定是真正被解放、被照亮了的人，他们的生命深处一定蕴藏着在各种冲突、忧虑和胶着中进行自我平衡、自我修复的巨大能量，才使得他们能承担"生命之重"。很多情况下，我们并不是自然而然地获得这种深省与调适的能力的，也不是不期然而然地拥有了这样的生命能量的，而是在与自我、他人、自然的交往中，在不同的生活境遇、立场及习性的碰撞与借鉴中经验到的。简单说，我们是在反省式、有意义的生活进程中学会了进退有据,学会了自省式生活而让生活变得更美好。这也是教育之所以要以反省式生活的面貌展现在师生面前的原因所在。

苏格拉底有言,未经省察的生活是不值得过的;罗曼·罗兰曾说,世界上只有一种真正的英雄主义,就是认清了生活的真相后还依旧热爱生活。作为老师,我们不能因为看到了自身在教育或生活中的局限性,或意识到了自身卓有成效地工作所产生光环效应对于学生成长的潜在掣肘,又或者不能忍受"摆烂"或"躺平"的学生,而选择放弃对于高品质师生交往的期待和努力,否则就失去了对教育生活进行省察和追思的意义。相反,认清了教育生活的真相之后,依然初心不改,依旧愿意为和美的师生交往、称心的教育生活而贡献光和热,才是通往教育"英雄"的正确之途。而我们的孩子,也正是在经历这种"英雄"的教育生活过程中,逐步学会使自己成为自己生活的英雄的。

迈过交往分歧,还生活体验以真挚

刚做班主任那会儿,我们班学生参加军训实践时,发生了一件男生集体罢训事件。经了解,他们是以这种方式向我这个班主任抗议:连日来,我作为离学生最近的人,眼睛看到的全都是他们动作不规范、队伍零散拖拉不齐整之类的负面情况,总用"别人家的孩子"刺激他们,从未体谅过他们的辛苦和感受,从未看到他们付出的努力和已经做到了什么。学生的话句句扎心,让我充满了疑惑和恐惧。我与他们同入同出,严格要求、追求完美,无非是想让我的"兵"在这样的活动中锤炼一种钢铁般的意志和令行禁止的规矩意识。可为什么,我能做到他们做不到,我能吃苦他们不能,我能以身作则在先,他们不能"见贤思齐"随后?! 为什么他们做得不尽如人意,却还理直气壮地要求老师的理解和关爱?

可能有很多老师在其职业生涯的特定时期都曾对此感同身受。这件事作为案例的意义在于,它让我们不得不承认,学生并不是我们想象的那样，活在老师的世界里；师生之间在事物认知、行为准则、情感需求等方面是存在着两个平行的立场和"世界"的，美好的交往愿望与实际的交往体验极有可能出现反差。当这两个世界相遇相交时，必然面临着边界的重新梳理，认知与行为的重新调整，一不小心，师生一起构成的那个新世界将不是相辅相成的世界，而是相克相杀的世界；一不小心，师生就错过交往中如沐春风的惬意和彼此关照的温暖，转而迎上被拉扯、被指责的失落与委屈。那么，我们该怎样看待师生之间的矛盾，又该如何化解矛盾以使师生相处的新世界阳光普照呢？

正如萨特所言："人类的行动是超越的，那就是说，它总是在现在中孕育，从现在朝向一个未来的目标，我们又在现在中设法实现它；人类的行动在未来找到它的结局，找到它的完成。"①教育作为关涉人类命运和生活品质的一种特殊行动，亦是如此，它在本质上是引导人超越有限走向无限、解除束缚走向自由的过程，无限和自由就是在现在的教育生活中孕育，又在现在的教育生活中设法实现的。因此任何教育实践活动所要考虑和所要做的事情，往往就是引导学生在当下即过上一种丰富有品质的、实在的学习生活，这种生活中隐含着对现实的经营和基于现实的超越企图，从而让学生在实实在在的生活中体味和扩充对生活的认知，继承并发扬经营幸福生活的丰富经验和心性，从而在未来也能如现在一样从容自持地过上一种自己想要过上的美满生活。

这是一幅多么浪漫的教育实践与生活图景！然而教育现实告诉我们，在有限与无限、偶然与必然、现实与未来、实在与希冀之间有一个漫长的中间地带，充斥着纷繁复杂的张力和矛盾。尤其师生之间在个性、文化、教育地位与权利等方面存在巨大差异，会使原本就有的张力和矛盾错综复杂。不仅如此，我们还容易犯下这样的人际交往错误。

一方面，在相处的初始阶段，都对交往和未来关系抱有不切实际的期

---

① ［法］让·保罗·萨特：《存在主义是一种人道主义》，周煦良、汤永宽译，上海：上海译文出版社2012年版，第41—42页。

望和幻想,但随着交往的逐步深入而使交往被一些矛盾和摩擦牵绊时,继续交往的意愿会逐步减弱,甚至不抱任何希望而游离于经营师生感情之外。这是一种并不成熟的交往状态,学生处在走向成熟的过程中,表现出这样的状态尚可理解,但若老师亦是如此,恐是不够"职业"的。

另一方面,习惯于把得到别人理解而不是理解别人放在首要位置。作为老师,我们之所以诉说、表达,主观上不是为了寻求自己与倾听者之间的共识,而是争取倾听者的立场转变,以壮大自己的"同盟"。我们可能既缺乏对自我立场及价值取向的警惕和自觉反思,也缺乏对学生立场及呼求的真心倾听和具体分析,只一味地在自我逻辑世界里寻求对学生说服教育的自洽性,而实际上是替自我立场做看似民主、平等、开放,实则专制强势的辩护。从学生角度看,他们作为倾听者在倾听时,可能也并未使理解诉说者的处境与立场置于突出位置,而是不断地用自己的模式过滤相关信息,并随时准备做出自认为合适的回应。

这一切预示着,我们心中浪漫的教育实践与生活图景,实际上不可避免地要在矛盾的环境中生成和展开。而且我们心中所隐匿着、却实实在在发挥作用的那种见事不见人、有理而无情的交往姿态,会使师生教育生活中的裂痕加深。既然没有哪段关系可以侥幸逃脱矛盾和分歧,那么真正重要的是师生是否愿意去呵护共有、同在的这段师生交往关系,是否意识到必定有彼此欣赏和认同的地方值得为其去跨越障碍,是否愿意接受感情里非其所愿的部分而不仅仅如其所愿的部分。如果师生都有这样的意愿,那么师生相处中,在经历了"接触—冲突—交流—适应—整合"的基本过程之后,是可以创造出一个美满幸福、温暖动人的教育生活世界的。

对于交往的分歧和结果,师生均应承担责任,但老师作为教育人的使命和必备素养决定了,其在师生关系中更具主动性和决定性,是"平等中的首席"。在追求幸福动人的教育生活路上,教师更需要对交往分歧和矛盾保持清醒和充分的心理预期。要引领、陪伴着学生对人之生命的价值体系做批判性思考,这是在有限与无限、偶然与必然、现实与未来、实在与希冀之间建立连接的需要,也是师生交往以及教育真实发生之需要。当然其前提是我们要走出诸如先入为主、自以为是、错位交往、"一刀切"或"差异化"的交往误区,以迈过交往的分歧,实现真诚、平等、开放地交往。

在和学生相处中,有时候一件极其平常的小事,也能引起他们强烈的情绪反应,我们觉得是孩子过于敏感、无理取闹。实际上这极有可能是我们没有俯下身子去认真倾听孩子而形成的先入为主、自以为是的主观臆断,"看似琐碎的小事,往往也源自刻骨铭心的情感经历,如果只看表面,而没有挖掘深层次的敏感问题,无异于在践踏对方心中的圣土"[①]。所以有效沟通的前提是充分的倾听,以及建立在此基础上的移情体验和换位思考,而不是满不在乎地、轻易地做判断、下结论。否则,纵然我们凭借身份的优势作出强势回应,以使局面看起来恢复平静,也并不意味着师生共情和有效教育的发生,也许"平静的关系下面涌动着的是压抑的情感,被践踏的价值和隐藏的怨恨,最终将导致两败俱伤"[②],师生之间的隔阂不是缩小而是加深。若如此,则师生之间的关系便呈离散态势,以教育为起点的交往和沟通最终可能会以反教育的方式收场。

先入为主的另外一种表现是,一旦老师发现学生不符合自己的标准和要求,便随时准备退避三舍。表面上看,这的确避免了冲突和情感的损耗,但实际上我们并没有打算为这段情缘和关系投入更多,这只不过是一种放弃"育生命自觉"的使命担当的"懒政"思想和"庸政"行为。没有冲突亦没有真正的亲近和接纳,没有亲近和接纳亦没有彼此照顾和成全的道义感,没有道义感也就没有教育的生长和丰满。一种关系或感情出现分歧和矛盾,恰恰说明交往双方剥开礼仪遮罩的礼貌和疏远,正尝试着深刻地触及更立体、更真实的彼此,情感和关系已经探索到可以交换更丰富信息的阶段。

此种情况下,理性看待分歧和矛盾并正确处理,双方合力抵御、化解困

① [美]史蒂芬·柯维:《高效能人士的七个习惯》,高新勇、王亦兵、葛雪蕾译,北京:中国青年出版社2018年版,第344页。

② [美]史蒂芬·柯维:《高效能人士的七个习惯》,高新勇、王亦兵、葛雪蕾译,北京:中国青年出版社2018年版,第234页。

难和争执,则彼此间的情感和关系会跨越客套性、礼貌性交往层面,直入彼此心灵深处。这意味着师生将彼此放在特别重要的位置上,赋予对方触碰自己真实内心的自由和权利。如此师生的感情和关系会因抗住了分歧和矛盾的挑战,经住了时间的考验,而抵达更深层次的真实与自在,变得更为亲密、更有品质。不经风雨怎见彩虹,当师生交往出现问题就选择退缩,双方将永远得不到心心相印的那种真挚情感的眷顾。

师生交往中,也常常因为错位交往而导致相互的不理解、不接纳。即学生此时此刻的所思所想、此时此刻的困惑与烦恼,不在师生交往活动的背景性因素范畴之内,老师依据自己的经验图式单方面发起了交往活动,从而导致了老师所提供的不是学生想要的,而学生真正想要的却得不到老师的关注和回应。一些班主任发现学生有恋爱倾向,以爱和责任的名义简单粗暴地予以制止,以为这样就解决了学生的问题。可是学生恋爱的动机是什么,在什么样的情形下他(她)萌生了恋爱的意愿,透过恋爱所反映的他(她)的真实需求是什么,等等,这些话题却不在老师关注范围之内。老师只不过"掐灭"了恋爱这一外在的现象而已,至于孩子内心的真实需求和渴望并未得到应有的重视和回应,依然悬而未决。所以老师并没有从学生需求出发,与学生并肩,一起察觉并解决表象背后的深层次问题。

教育日常中,类似现象的广泛存在或许能部分回答我们心中的困惑:为什么我们极力想靠近学生却求而不得?因为在这种境遇下,学生依然在形单影只地面对他所面对的问题,老师无意于触碰学生内心世界,没有真正地读懂他们,学生当然也不会对老师油然而生真诚的接纳和敬意。老师想给的和学生想要的不在一个频道上,双方不仅未能同频共振,甚至于我们越想给却越发地把学生推向我们的对立面。有价值的、值得期待的教育交往一定是一种老师把学生放在心上并对他们当下和特殊存在状态给予真诚关切的交往,是需要我们带着真心和诚意,带着理解之同情的动机而转向学生的。这种转向预示着我们做好了接纳学生向我们敞开自己的准备。唯有如此,师生越多交往,越能逐步实现相互辨认、彼此理解、彼此参与,从而提升师生之间情感、思想、价值观念等的交织、交汇和交融,最大限度地在教育生活世界里彼此陪伴、启发，共同成长和自我革新。

在师生交往中，对一刀切式的做法也有必要进行审视。毋庸置疑，校纪班规等基本要求是需要所有人共同遵守的，在规矩面前应当人人平等、一视同仁，但在基本面之外，可能需要我们具体问题具体分析。就像同一学科教师其教学具有鲜明的个人特征，每一位老师都在按其自身素质进行有个性、有选择的职业发展，孩子也是习性与禀赋、特长与志向各不相同的独特个体，可我们往往只察觉到自己的独特性却罔顾学生的独特性。内向的孩子可能更擅长用写作来表达而外向的孩子更愿意张嘴去说，喜欢音乐的孩子也许并不能在运动场上取得辉煌战绩，能把历史问题分析得头头是道却不见得能把物理现象认识得明明白白……然而大多数情况下，我们无意于让孩子各开各的花，简单地以一把尺子去衡量所有的孩子。这种一刀切的做法带来了教育环境、成长机会的不公平，让那些不符合老师心中尺度的孩子生活在灰暗的阴影之中。

所谓共情，不就是我们要看到每一个孩子的独特之处，正心诚意地接纳其独特，并设身处地地为其个性的舒展和个性地成长赋能。表面上看，这是老师对学生作为独特的人的宽容与尊重，实质上反映了老师基于学生立场的教育价值观，是其对学生渴望独立、走向"更充分的自我"的生命内在呼声进行建设性、成全性回应。果真如此，那种既有大树成荫又有绿草悠悠，既有果树飘香又有轻烟柳影的生机盎然、欣欣向荣的教育森林就会跃然眼前，相信徜徉其中的学生会非常享受的，他们中间的厌学等问题一定会大大减少。

与一刀切形成鲜明对照的是差异化对待，同样值得我们反思。"差异化"有可能表现在生生之间，也有可能表现在师生之间。就前者而言，教育日常中似乎普遍存在着这样的情况：同样的违纪行为，老师对心目中的好学生网开一面或"从轻发落"，而对所谓的"坏学生"不留情面地从严处理。这种区别对待的策略有失内在判定标准的一致性，而且还隐含着若隐若现的"连坐"色彩，"坏学生"即便能够顺从也是口是心非，他会视老师为"势利眼"；纵然是好学生也未必会因为被优待而认同并接纳老师的做法，这可能带来他在班级里处境的尴尬,而且内心深处他可能也会将老师判定为"势利眼"。这些隐性的矛盾不予以重视并加以解决,一定会影响师生共情以及师生关系的进一步发展。

师生之间的差异化对待实质上是师生平等问题。我们充分接受自己的立场、行为及喜好而未必同样接纳学生的立场、行为或喜好,甚至我们在学生面前可以自由地表达看法、展示做法,却对学生的某些个性表达和认识施以动作神态或言语上的轻蔑,这是人格上的不平等。其实无论立场、行为及喜好来自老师还是学生,只要它是发自内心真诚的声音,是自我生命的真实表达,都应具有同样的地位和价值。师生交往并不是一方服从另一方,或一方迁就另一方的得过且过,而是以共情的方式试着去解读对方、理解对方,逐渐实现不同立场、行为及喜好的相互采纳,进而达到"视界"互渗共融,让双方都有所受益。

此外可能还大量存在着身份的不平等和责任的不平等。有老师进入教室后发现自己忘记带笔了,不打招呼就从学生笔袋里取一支笔来用,可学生在老师办公室里就不可以不打招呼从老师的桌子上取一支笔来用;有老师经常开学生的玩笑却经不起学生开自己的玩笑,对学生很随意,却非常反感学生对自己的恣意妄为。这就是身份的不平等。我们要求学生认真写作业,做善于学习反思的人,自己却总是没有足够的投入去认真写教案,做善于教育教学反思的人;自己对待常规教育教学事务大而化之,却对学生的班级值日等活动很挑剔。这就是责任的不平等。在学生眼里,这种不平等意味着他们被"虐待",至于是否要礼貌待人、认真写作业、勤于反思,因这种不平等所产生的矛盾影响而早已不在理性思考的范畴之内,他们甚至于因这种不平等所产生的心理失衡而衍生出特权意识和特权崇拜。这是在挖教育的墙角。这样的教育生活形态,带给老师的是自己教育"公信力"的日益萎缩,带给学生的是对原本会在其成长路上发挥重要的、基础性价值引领作用的一些问题和现象的误读,错失受启发、启蒙的良机。

言而总之,师生同在的教育生活世界里,老师是"平等中的首席",自当以"首席"的姿态切实担负起营造优质师生交往关系之责任。我们对交往中的分歧和矛盾展开积极作为，就是在交往的不和谐、不稳定、不顺畅中寻求理解的一致性、情感的融通性、心灵的互慰性。对孩子受挫、受伤的感情来说，来自师友的同情和理解是情感上的急救药。当我们能够真诚地承认孩子所面对的困境、准确地说出他的失望时，又或者当我们能够真诚地为孩子的点滴成就而欢喜雀跃时，孩子会获得强大的面对现实和不确定的未来的力量和信心，因为他相信背后有一颗心、一双眼睛在默默地关注并向他输送源源不断的雨露阳光。我想，此种情形下，大家更容易以伙伴的方式自由轻松地相处和交往，而教育不就是作为"首席"的老师，陪伴着一群孩子经风雨、看世界、品百态、思乾坤的低调奢华有内涵的事业么！

珍惜交往岁月，享教育生活之幸福

　　师生交往无时不在，无处不在，但如果仅停留在吃饭喝水睡觉这样原始的、基本的层面上，那还不能称其为教育生活，那只是由本能决定的"教育生存"而已。我所理解的生活是建立在吃饭喝水睡觉基础之上，伴有信念、态度、智慧参与的水灵灵、美滋滋的生命世界。不仅有简单的物的获取与占有，还有更深刻、更丰富的心理映射，是隐含着生命的仪式感、价值与意义感的。饿了，随意吃两口东西填饱肚子，是基本生存；做几道精致的饭菜，享受把材料变成成品的创造、生成过程，品味佳肴的可口悦目，是幸福生活。教育就应该是师生间超越填饱肚子式的生存游戏，饱含对生命的深情而赋予对方真诚、纯洁的情感关照的共情活动、价值共塑活动。

　　我们无论是以现在的老师身份还是以曾经是学生的身份，都有这样的体验：如果你对某人、某物、某事打心眼儿里喜爱，那么你会以各种理由与其建立某种隐秘、亲切的情感连接，并情不自禁地、想方设法地为这种连接的维持和促进付出努力，且努力过程中还会始终伴有积极的预期和欢喜的情绪。这种体验代表着，我们人作为社会情感性存在，对于交往的广泛需求，期待在情感态度价值观上有更多的伙伴能较好地相互认同和彼此接纳,以建立起亲密稳定的交往关系。这是人之常情,也是交往之常理。

可实际情况并不乐观,我们每天程式化地上下班,备授课,批改作业,找学生谈话,处理班级事务……虽然其中也融入了我们的情感、心血和期待,但这可能是经不起追问的。一方面,它对于一个个具体的学生而言是整体性的、模糊的、不稳定的,其中是否存在以集体的名义压制和排斥个人的动机、需求乃至对未来的畅想? 另一方面,它呈现出以老师们的需求和期待为圆心而向外辐射之状,具有圈层痕迹,越是靠近圆心的圈层越能得到更多的情感关照,这其中老师们会否存在以不同的标准和态度对待不同圈层的学生,导致学生获得来自老师同样情感投入的机会和成本的不公平? 当孩子的学业成绩不理想时,总是以"又给我们班级拖后腿了"的方式予以指责而忽视该生成长和发展本身的需求,当好学生迟到时有老师倾向于宽大处理或主动地为其迟到进行合理化辩护,却对于那些调皮捣蛋的学生严肃处理或内心深处更倾向于给予这些孩子消极评价。类似现象的存在,不正说明在我们的日常工作中,所谓情感投入以及建立在此基础上的交往关系存在问题与局限嘛!

我们对自己所带班级有情感,总期待班级面貌会变得越来越好,可这毕竟是以班级作为单位的,具体到班级内部的每一个人,我们公正、平等地投入了多少,尤其是在情感投入过后,我们真正喜欢上班级里多少学生呢? 一些班级各方面评比中给人的整体面貌和印象都很好,可身处其中的学生在情感上对班主任只是整体性的、工作性的认可,而缺乏生活的、基于友情的个性化的情感回报,何以如此? 班级良好的学习生活环境和氛围,对于班级内的每一个学生而言,既是密切相关的又似乎是无关紧要的,学生当然希望班级氛围环境好,所以他会整体性地对班主任的工作给予积极评价;但这种好氛围好环境又是班内每一位学生共有共享的,并不是为自己量身定做的,既然是"公共产品",自己就没有必要承担过多的情感"债务"。

毕业后,那些圈层内侧的好学生较少与曾经的老师保持联系,反倒是那些圈层外侧经常让老师们头疼的孩子与老师保持较多联系,原因恐怕就在于,虽然我们给予了圈层内侧学生更多的情感关照,却是从我们自身视角出发的,我们不曾仔细观察和深思就轻易地判定他们值得我们信任,而较少倾听他们内心的声音,极少顾及他们的个性化需求,所以他们往往没有对老师情感"负债"的感受。调皮捣蛋的孩子是麻烦的制造者,我们从"灭火"的立场出发,经常与他们斗智斗勇,尽管对他们不曾有更多的情感接纳与关照,但的确投入很多精力、花费了很多心思,当这些孩子长大成人后再回首曾经的年少轻狂时,纵然他们明白老师是处于解决麻烦的目的不得不投入,也会因老师在客观上的"不放弃"而感念老师。

这里,我们同样面临双重叩问:一方面,在更多情感关照和值得信任的自圆其说下,漠视那些好学生的个性需求是否正当,我们对他们是否尽到了老师的责任,是否有所亏欠?另一方面,出于平息麻烦而对待那些调皮捣蛋的孩子,是不是我们对他们进行的另一种形式的"掠夺",如果我们不是出于解决麻烦的目的而与他们建立另外一种交往关系,那么这些孩子是否有更丰富的成长可能性?一言以蔽之,无论是好学生还是调皮捣蛋的孩子,他们走进我们的教育世界后,是否有可能过上一种与他们原本所经历的情形有所不同的另一种学习生活?我们认为,回答应该是肯定的,但让应该的事情成为实现了的事情,是需要老师先走一段心路的。叩问中的问题和隐忧,实质上反映了老师自我中心、自我利益至上的意识,爱自己多过爱学生,对自我利益的追求和维护多过对学生学习生活及成长利益的维护,甚至于把对学生的信任或投入仅仅当作获取自身利益的手段。所以所谓"心路",就是老师要在思想意识上从自我中心中走出来,多一些利他之念之举,与学生交往少一些功利心。

功利性交往在小孩子开始挑选玩伴的时候就产生了,且会随着一个人心智的发展而不断扩充,相应地,单纯为了获得情感联结和情感舒适,或者基于共同的兴趣爱好所产生的共情交往会逐渐减少。这便是随着年龄增长,交心的朋友越来越少的原因所在,也是很多人走进我们的世界又走出我们的世界的原因所在。功利性交往中,衡量是否与他人交往,是基于对方能否给予你对等利益或价值。这种交往一定是要进行成本核算并抱有收益预期的,一旦成本高而效益低时,交往就难以为继。学校里,师生间维持的是功利性交往,彼此都不会以完整的、真实的人的面貌出现在对方面前,而是为满足特定的、外在的功能性目的而以各自所扮演的角色面貌出现的,真实的自我深深地掩藏在这种角色互动的表面之下。老师视学生为评优晋级或升官发财的工具,学生待老师如享受优待或提分升学的工具。如此,师生之间一种本源性的真诚和信任被撕碎,师生之间真诚的交往、深刻的反省、美善的塑造也就不复存在,教育中本应随处流淌的那种超然、高尚、对生命本色的关照也一同化为泡影。

相反,师生之间越是能超越眼前各种名利而基于生命的陪伴去亲近、去交往,便越体现出交往的多情、深情与价值。深情不仅仅是对对方的某种好感,更是出于对彼此生命成长的理解和尊重。其价值在于,在这种基于人之常情、常理而展开的交往中成长起来的孩子,不仅能依据市场原则而拥有强大的生存能力,更能超越生存层面充斥着的无聊、空虚、寂寞和无意义感的支配和压迫,拥有更加强大、稳定、自信、乐观、独立的心性世界,在本源意义上获得自我解放,并在充满矛盾、诱惑的现代世界里活得清醒、坚定、富有热情、充满朝气。在有限的师生共同经历的教育生活中,通过努力让老师和学生共同体验情感上的亲切与舒适,感受心灵上的不断丰富与完满,体验相互陪伴与照顾的温暖,应成为教育的底色和追求。

作为教育交往和生活中优势地位一方,老师应对自己在与学生相处时不知不觉中习惯了做效益与价值评判、动机与目的揣测的功利社交保持清醒和警惕。否则,你所实施的教育会矮化人的精神层次,钝化人丰富温润的心灵世界。这远远不能满足师生生命成长的现实需要。人的独特性决定了人的生命是唯一的存在,所以从其出生的那一刻起,孤独便与之相伴,直至终老。且生命成长意味着一个人背起行囊上路,意味着孤独的增长,由此所引起的无助感、寂寞感和恐惧感也如影随形。"为了走出这种唯一和孤独,为了克服这种无助感、寂寞感和恐惧感,人必须向别人开放,必须借助于自己的文化性和语言性与他人交往,从而获得亲密感、归属感和安全感"①。鉴于此,一种沁人心脾、让人眷恋的教育生活一定是超越浅层次功利目的的、直接关照人内心最底层的困境与危机的教育生活。教育生活在多大程度上展现出它那迷人的魅力,既取决于老师的学生观,也取决于老师的自我意识。

我们应当意识到,无论老师还是学生,都是一群感受着孤独感压迫而又渴望被理解的人。在这个意义上看待师生关系及交往,那么相互对对方的价值的判定,就会超越外在的功利性目的,在"文化性和语言性"层面上抵达心灵。老师通过与这些年轻的生命的交往,不断矫正自己的文化世界与现实世界之间的距离,抵制自己日益僵化和老去的心态,在青春飞扬的学生的感召下,让生命变得有激情、有魅力、有风度;学生通过与愿意理解他们、接纳他们的文化的老师的交往,获得成长中的伴侣和良师益友,成长不再显得那么迟疑和飘忽不定,而是变得铿锵有力、光芒四射。此时,师生都是从对方的心灵世界而非功利世界走过,虽然师生终有一别,但留在心底的痕迹会经受住岁月的冲刷而历久弥新。这种不带功利心又能持久的师生交往,最能尊重人、感动人、顺应人、化育人、敞亮人、成全人,最能使师生共同赢得教育生活的幸福时光,所以值得我们多加呵护、倍加珍惜。

---

① 石中英:《教育哲学》,北京:北京师范大学出版社2007年版,第73页。

六　敬畏生命,在无情的世界里多情地自处

大千世界，芸芸众生，就在某时某地，师生刚刚好地相遇了，就在某事某境中，师生正正巧地相知了。从相遇到相知，"万水千山"总关乎爱与情，如此不早不晚、不多不少，这是何等的奇妙与福分！虽然我们全身心地追求美好的教育境界，教育生命中却总不免遗憾遗欢；虽然时光与因缘一定会不可挽回地逝去，但总会留下余情余韵。唯其如此，我们作为学生成长中的"关键他人"之一，在师生相遇、相处、相知的时候，重要的不是做了什么，而是在互动中能互相听见心海的消息，听到生命生长的声音，感知一些生长的气息，察觉到从最细微处涌动的拔节生长的曼妙音符。也许，没有经过心的期待的获得是难以让人享受到历久弥新的快乐的，就像没有经过心的惧怕的失去，难以让人体验到想忘忘不掉的痛苦一样。所以尽管理想现实一线隔，我们面对徐徐拉开帷幕的一个个生命体，依然应心中保有一份深沉的敬畏，明边界、知进退，方能守得云开见月明，护得芳香溢满园。

"学生立场"是解决成长问题的枢纽所在

　　无论自觉与否，人们的思想和行为都是有一定立场的。是立场，在很大程度上决定着我们处于何种利害角度去认识和处理问题，或对某一事物进行价值判断和评价。很多时候，包括师生在内的诸多人与人之间的冲突，都能在立场的层面上找到蛛丝马迹。而在师生相处中，没有引起我们的重视，但又是最难做到的，恰恰是教师由"成人立场"向"学生立场"的转变。

　　与学生立场相对的是成人立场、成熟立场、完成时立场。对于老师，走出校门走上讲台的那一刻起，即意味着我们已接受了层级完整的、系统的教育，教育对我们个人而言已经是"完成时"的了。我们面对学生时，往往不自觉地、轻而易举地就把"成熟"和"完成时"视为天经地义，而把处在教育进程中的学生的未成熟、未完成状态视为"缺乏"状态，抱怨他们缺乏速度、缺乏习惯、缺乏规矩、缺乏智慧、缺乏志向等等。显然，这种挑剔和抱怨，正是基于我们教师的成人立场而得来的，当我们把自己视为教育历程已然终结的"完成时"的人时，有意无意地回避这样一个事实：自身所拥有的"成熟""完成时"状态是经过漫长且艰辛的教育旅程后才获得的，我们享受了好的结局，却忘记了上下求索路上的磕磕绊绊。

　　当教师以"完成时"的姿态履行对"正在进行时"的学生的教育使命时，教育行为内隐的指导原则和逻辑起点自然就会集中在学生当下所没有的、成熟成人之前所不能具备的能力或事物上，由此而先验地、先入为主地以"你还是个孩子"为由对学生持否定和怀疑的态度，总担心、常抱怨学生"不能胜任"或"无能为力"，而对学生当下所拥有及所能拥有的东西视而不见。这在事实上也拒绝了给予学生许多试错、体验和实践的机会，而这些机会对其成长来说会发挥极其重要的积极作用的。

　　显然，成人立场下的教育对学生来说是极不公平的。在这种立场下，本来不是问题的都有可能成了问题,本来可以拥有一个阳光快乐的求学时光都有可能变得灰暗不明,本来可以获得诸多成长机会都有可能与之失之交臂。所以我们要有清醒的自觉意识,从过分自信并专注于成人、成熟立场中走出来,走向学生立场:把成长还给学生,把"正在进行时"还给学生,将精力和心思集中在学生那里,以"正在进行时"的立场平视学生,探明学生在未成年、未成熟之前已经拥有了哪些东西,观察、研究学生成长的需求及现实可能性,诉说着孩子的诉说,参与着孩子的参与,梦想着孩子的梦想。以此为据,引导学生充分运用其所拥有的东西,并在实践中不断拓展、深化相应的经验和能力。

牢固确立学生立场,将为学生成长开辟广阔的空间、搭建广阔的舞台。学生立场下,我们会对学生在不同阶段学习生活中所表现出的稚嫩、不完美、错误等等,持一种宽容的态度,愿意多给一次机会,愿意为此而等待,从而给孩子一个安全、舒适、可信赖的学习、成长生态环境,让生命的花儿自由绽放。学生立场下,学生不再是老师的道具,也不再是按标准化流程生产加工的产品;学生也无需以老师的好恶为好恶、以老师的立场为立场,他们可以免除迁就老师以及"逆来顺受"之苦。这种情形下,学生将找回自我生命的主体性,依据个性,遵从内心,过一种自主而真实的、有意义的学习生活,找回成长的快乐和幸福。

我们很清楚,找回自我生命的主体性,对一个人的成长、生活或工作至关重要,作为教育对象的学生亦不例外。教育的影响力要通过学生自己去实现,或者说一切教育和成长最终都是自我教育、自我成长。毕竟,学生自己的立场、意愿、意志才是内在的决定性因素,一切外在因素都要通过它才能发挥作用。坚持学生立场,就是对生命内在成长要素的尊重和保护,就是对内因和外因各自所能以及所应发挥的作用的自明。学生立场下基于生命自主的教育就是"育生命自觉"的教育,它着力于激发孩子生命内在潜能,帮助他们维护并不断重组、优化自我生命的内在秩序,变"为你而存在"为"为遇见更好的自己而存在",变"要我学"为"我要学",从看见他人到发现独特的自己。

这样一来,诸多原本我们以为是问题的问题,我们希望通过师生间一两次"较量"即能获得彻底解决(实则经常反复)的问题,在学生立场下都将被宽容,且终将随着孩子的自我发现、自由优化而自然而然地消解:小屁孩儿尿床的问题,年龄稍大一些自然就不会再有;写字速度慢的问题,随着识字越来越多和练习的越来越多,自然就会逐步加快;没完没了的"为什么"随着掌握知识的增多和视野开阔以及自主学习与探究能力的增强,自然就会日益减少。可见,唯有视界转变才会有世界转变,唯有立场转变才会遇见新机遇,赢得新活力。

牢固的学生立场,也会让老师的教育教学行为更加从容讲实效。一般来说,有些老师更习惯于线性地、割裂地、单一地看待教育教学目标的达成,更多关心的只是与其给出的指令最直接、最迫切的那个回应,一旦当回应达到或超过预期,则视为教育教学活动的目标达成,然后行色匆匆地转入下一主题。至于这其中是否还能生成所设定的线性、单一目标之外的其他目标,能否带来额外的效益,则不在视野和思维之内,这是典型的教的立场而非学的立场。比如,很多老师会采用课前演讲的方式,拓展学生的学科知识储备和能力,当学生能对其选择的主题进行较为完备的叙述时,老师理所当然地认为目标达成。这固然很好,但却没有把活动所能发挥的育人功能最大化。一次漂亮的演讲,不仅需要演讲内容结构化、生动形象化处理,还需要肢体语言运用、演讲节奏把控、与其他学生互动、演讲PPT的精美制作等方方面面因素的加持。

所以当我们以学生立场看待一次演讲时,当我们把关心学生演讲素养的提升作为核心目标时,与形成良好演讲能力的诸多要素都应当纳入教育教学活动目标范畴。这之所以重要,不仅因为它能训练、培养学生多方面的能力,还在于学生在这样不断的试错和体验中,知情意行全方位调动,去体会将诸多因素主动进行匹配和协调。这其中蕴藏着的巨大灵活性与伸缩性提示我们,一个活动能带给学生复杂而多方面的体验训练机会,本身就意味着巨大的成长空间。但这恰恰是与我们割裂、线性、单一地设计活动目标并赶场一般地完成它相冲突的。的确,"学生成长在活动中",但这是需要以实打实的充分经历与体验做保障的,所以要有充足的时间与充沛的精力的投入,也要有不在多而在精的实干意识的支撑,不能以数量和表面的精彩取胜,而以切实助推学生多方面综合能力素养提升为据。

说到底,学生的成长是现实而又漫长、复杂而又精细的,是有其内在秩序与规律的。作为老师,不能因为我们已经经历过此间的种种,就以成人的"完成时"立场简化一切,也形式化一切,把作用于学生的所有事物和活动都看得无比轻松容易;也不能因为我们是执掌教育权力的教育者,就把自己一城一池之得失看得无比重要,以自己的利益尺度去丈量要作用于学生的所有事物和活动。相反,我们要重返儿童时,在学生立场的基点上,与孩子一起共担、共享、共历"正在进行时"中的欢歌笑语或困顿迷茫。唯其如此,才能塑造出一个由师生共同参与、相向而行的教育学习共同体。在那里,师生平等、彼此尊重真正得到保障和重视;在那里,师生一起聆听生命拔节生长的声音,一起体验教育学习生活的美好。

坚定"学生立场",回归美好教育生活

随着我们的社会越来越开放、多元、包容、扁平化发展,教育也日益呈现出平等、对话、理解、共生等新常态,教育作为一种成全生命发展,让人性走向崇高的精神活动的旨趣越来越得到认真落实。尤其是在国家"五育并举"理念和"双减"政策的加持下,我们更有理由和信心去期待"回归美好"的教育生活。然而,我们要追问的是:如何才能让平等、对话、共生成为育人常态?"五育并举"与"双减"如何才能成为老师们无需约束与监督的自觉行为? 由此,"学生立场"也逐渐从幕后走向前台,从一少部分人的研究与倡导走向一线教师广泛地实践与反思。

在学生立场上,教育是遵从并服务于学生成长的,尊重学生的过去、差异及其未成熟状态,深刻理解学生的需求与困境,拥有对生命的怜悯与敬畏,"与学生一起从蒙蔽的状态中走出,借由合适的活动实现道德人格、健全人格、社会人格"①，实现人的自由解放。在学生立场上推进师生交往，是落实并成全生命发展的真正力量源泉，是让教育回归其育人属性的必由之路。

一是坚持学生立场实现师生关系实质性平等。在各种总结、汇报和经验分享中，老师们都会反复表明其坚持并落实师生平等的态度、信念与行动，可实际情况并没有这么乐观。师生交往中的诸多细节，如集会现场老师们不允许学生交头接耳而自己却在一旁聊天，监考老师把放在椅子上学生的羽绒服放到讲台上却把自己的衣服放在这把椅子上，对学生的错误揪住不放却将自己对学生犯下的错误百般洗白，等等，似乎都在暴露一种现实的不一致性——教师在教育行为中的师生平等实践并没有他们在叙述中宣扬的那么自觉、充分、彻底。

对同一情境的差异化处理说明在教育现场师生的实质性不平等的确是存在的，只不过是表面的风光掩盖了内在的"一地鸡毛"，诸多因素促成这种不平等。但从老师自身角度看，我们面对学生时以自我为本位的"自我立场"不自觉地膨胀，使意识中职业身份的优越感所幻化出来的冷傲性通过具体行为显现出来，影响了对平等师生关系的认同和执行。所谓师生之间的平等，只有象征性意义而无实质性价值。日常经验也一再向我们昭示：学生那里诸多的情不愿、气不顺、理不通、道不畅，与老师不能真正地对学生平等相待不无关系。循此逻辑，则我们老师主动适应新常态，以"学生立场"转化教师的"自我立场"，就显得非常必要。

坚持学生立场，意味着学生由从属的、工具性地位转变为对等的目的性地位。当老师持有这样的立场、学生拥有这样的地位时，老师便有意识和涵养以和自己亲友相处的方式和学生相处，学生也有勇气以和小伙伴相处的方式与老师相处。此时的师生交往就是一种人格平等的交往，不仅师生间真正的平等对话得以保障，老师也能作为平等对话的一方参与到与学生的交往中来，而且有益于老师"表现出足够的真诚、好奇、热情、宽容、谦

---

① 陈玉华：《学生立场：教育研究与实践的出发与回归》，《中国教育学刊》2017年第1期。

虚、理性和思想开放,并随时准备承认自己的错误和不足"①。这样平等的师生相处应该成为新时代背景下师生关系的基础色调、新常态。

学生与同伴的相处是否轻松愉快,与彼此间地位是否对等、人格是否平等诸多因素密切相关。推此至师生关系,理亦如此。老师要与学生愉快地相处,就应自觉地打破习以为常的顽固,站在学生的立场上,甘愿把自己视为学生的伙伴。在这种感受到师生平等的氛围中,学生才有可能以对待同伴的方式对待自己的老师。于是原本只在同伴间传递的信息、沟通的话题、协商解决的问题等,也有机会出现在师生交往中,从而使一个更加活泼、饱满、生动的学生走进老师的视野。在育人的层面上,这样的局面更加有利于老师对学生施以有力影响。

当老师与学生的实质性平等相处成为新常态,则因为老师给予学生不夹杂优越感和施舍意味的情感投入与关爱,给师生建立基于平等的友好关系奠定了良好基础。这是超越了教育关系而立足于两个生命个体之间的关系,它减少了师生间的相互伪装和防范,换来了双方的真诚平等交往,换来了老师向学生开放同时学生向老师开放的美好局面,教育也因此不期然而然地走向开放,拥有了持久的穿透力和影响力。

基于上述认识来审视学生立场,我们有理由认为:坚持把学生立场置于师生交往和日常教育活动的中心位置,是发现学生、回到学生、发展学生的应有立场。这样的立场,为美好教育生活的回归奠定了基础,开辟了道路,所以师生双方应当相向而行,在彼此接纳与相互理解中进一步深化、具体化师生平等。其实在有限的施教与求学经历中,师生如果有幸享受这样的教育生活,尤应彼此珍惜;这与身份和尊严无关,却对丰富、健全师生彼此的生命体验大有裨益。

二是坚持学生立场,实现师生之间的实质性尊重。原本学生对老师那种毕恭毕敬的姿态因时代变化而普遍弱化,所以我们经常抱怨学生不尊重老师;另一方面,学生也可能对老师含辛茹苦的付出不屑一顾,甚至埋怨老

---

① 肖川:《教育的使命与责任》,长沙:岳麓书社2007年版,第154页。

师无中生有。这中间有一种感觉至关重要,那就是"侵犯"感:老师以自我为本位觉得学生冒犯了自己的尊严与权威,而学生则觉得老师是以其自带立场"越界"处事,让自己很丢脸。直白地说,很多情况下,老师宽容了自己对学生的随意甚至越界行为,却难以容忍学生对自己的没大没小;而学生则想不通为什么老师对自己可以"随心所欲",自己对老师就必须礼数周全。由此,师生双方都觉得未被充分地尊重。

老师以挑剔的眼光审视学生对自己的尊重问题,却没有以同样挑剔的眼光反思自己对学生的尊重问题,甚至还有一种自我合理化的观念——学生尊重老师理所当然,老师不尊重学生也理所当然,作为合理性依据。这种观念指导下的师生交往,带来的将会是师生间互不负责、互不尊重的离散型关系的弥漫,生活其中的师生都会感觉别扭和拉扯,严重影响教育学习生活的幸福感。何况如果我们沿用过去的观念和方法来教育今天的孩子,那大概率是在剥夺他们的未来。

其实我们没有必要把学生那些所谓没大没小的行为与品行道德相联系,那只是学生把老师当作"自己人"的一种不拘小节的、自由而活泼的表达而已(当然,也不排除有些孩子缺少教养)。退一步看,纵然学生迎合了老师对师道尊严的预期,表现得毕恭毕敬、礼数周全,学生就一定尊重老师吗?老师就一定是学生心中有尊严的人吗?我们用形形色色的优势控制学生的言行,却决定不了其内心的价值认同与否,我们故作高傲地捍卫的所谓师道尊严在学生眼里也许一文不值,这很严酷但它毕竟是事实。虽然老师通过对学生封闭自己、用一切机会显示职业优越性的方式为师道尊严做最后辩护与坚守,可结果往往适得其反,越是这样越得不到学生的认可和尊重。

相反如果我们能放下自我而从学生立场出发,以同伴的身份理解和面对学生的行为,会有如下效果。一方面,我们会减少为刻意维护自我尊严而不自觉地表现出的"越界"行为,而让我们朝着更优雅、更从容、更宽容的方向前进,这反而更容易赢得学生的青睐和敬重;另一方面,学生也将不再为了照顾、迁就老师尊严之虚相而瞻前顾后、唯唯诺诺,反而因我们给予他们更多的宽容而获得更自由、更轻松、更多彩的活动空间,并因此更有机会真正地感受到自我生命的主体价值与尊严。发挥我们的想象力,我认为这样的教育学习生活,一定彼此把对方的需求摆在突出位置而优先相互成全,一定其乐融融。

关键是在新时代里,我们老师的思想观念也要走出"新瓶装旧酒""穿新鞋走老路"的陈腐状态,真正地立足于学生立场,基于师生是两个同样鲜活、同具主体价值尊严的生命个体,经营一段温暖舒适的教育生活,让相互敞亮的真心实意、真情实感在师生中生根发芽,茁壮成长。坚持学生立场,老师也就放下了苦苦支撑而实际并无多大意义的表面尊严,甩掉了因执拗而带来的包袱以及与学生之间的隔阂。只有这样,才能去除表面的浮华和夸张,为师生间向自然的、真诚的、实质性的相互尊重回归铺平了道路。

这给师生双方带来一种生命的自然状态,它天真烂漫,无关利益,无涉名望,变得清澈而纯粹。无论学生的人格还是老师的人格,不管学生的生命成长还是老师的职业生命发展,都放在了同一个语境下、同一种价值体系下,在原点处自然地生发,充满活力地流淌。在这种背景下,师生又有什么理由不去彼此尊重呢?!

三是坚持学生立场,让师生真正共享教育生活。师生间的实质性平等以及相互信任尊重,为师生和谐愉快相处、构建相互关照的聚合型师生关系奠定了基础、创造了条件。然而身处同一个集体里的学生来自不同的家庭,有不一样的受教育经历,他们的过去是多样性的,他们对于自己的未来追求和规划也是多样性的。这种多样性稀释了大家对同一目标的持续关注,更何况我们没有可能参与学生的过去,也几乎没有机会按照我们的尺度塑造所有学生的未来,那么我们拿什么来动员和维持这个由很多富有个性的学生和同样富有个性的老师所构成的集体的健康和成长,拿什么来增强它的内聚力?

既然学生"携带着个人史的痕迹(历史、文化、生物的综合视角),携带着诸多发展的空间与可能,作为人自身的局限,携带着走向未来的先在基础与超越之可能"①,那么相对确定和清晰的就只有现在,"现在"构成了我们老师参与和影响学生的最重要时机。在"现在"这个范畴,师生拥有更多的机会关注同一目标——这个集体内不同个体所能接受的最大公约数。这个最大公约数不是别的什么东西,是生活和生命成长。老师能参与多少、影响多少,取决于抽取这个最大公约数的意识和能力,取决于老师坚持学生立场的意识和能力。

这意味着,老师要有意愿和能力在生活层面上展开并履行自己的教育责任,把教育与生活结合,引导学生在当下就过上一种幸福的学习生活、成长生活,而不只是给学生许以未来幸福的愿景,并借由此愿景压迫学生以换取老师的功名利禄。换句话说,师生要在生活和生命成长的共识下共享、乐享教育学习生活,这是老师最能走近学生、施展其教育影响力的基本面,也是教育最有可能静悄悄的发生的地方。

特别之处是,这是有尚处在成熟过程中的未成熟状态的人参与的生活,这是有着教育的内在诉求的生活。前者决定了我们要尊重并适应孩子的生活方式与节律,他们是这个新时代的"原住民",他们的原生话语体系、认知取向、思维习惯、行事风格等都带有深深的时代烙印,当然也带有明显的孩子的独特相貌。所以我们要与时俱进,俯下身子去融入孩子具有时代气息的新生活中,也要向我们曾经的未成年状态回溯,放下自己的成熟状态而重回作为未成年人的那种待完善、待开发境遇中。这样我们才能最大限度地寻找到与孩子生活的公约数,说孩子说的话,做孩子做得事,梦想孩子的梦想。

同时,我们也要提醒自己,回到学生并非是让老师隐身于学生们的生活中对他们听之任之。我们并不能因此而放弃育人的职责使命,而是要站在学生生活与成长的立场上,用我们的真诚,以及经由与学生共同参与、共同经历、共同反思与提升,使勤学、好问、内省、友善、乐施、协作、共享等人生哲理、生活智慧、伦理观念和思想方法等委身于教育学习生活,并通过这

---

① 陈玉华:《学生立场:教育研究与实践的出发与回归》,《中国教育学刊》2017年第1期。

样的生活而内化于心、外化于行。简单说,这种生活是包含着教育内在诉求的向学的生活,要时刻想着育人层面的价值与意义,以学为基,以学为魂,以学为旨。

走进时代,走近孩子,是我们理解和经营美好教育生活所应做的工作。这样的工作越细腻,则生活情趣越浓厚,生活内容越丰富,师生对彼此教育意义上的影响就越深刻而持久。教育一定会在美好的生活体验中生成、在美好的生活体验中走向美好。因为这样的生活中,纯洁、天真的生命本色得到张扬,丰富、细腻的亲社会品质在生长。好的教育就是这样神奇地化育、改变着参与其中的每一个人,不断使人性走向崇高,就是这样陪伴着学生不断超越自我,走向更广阔的发展空间。

四是坚持学生立场,使老师成长为学生期待的样子。坚持学生立场,对教师提出了更高要求,"教师有责任成为自己所扮角色的模范,因为教师的行为应该蕴涵对学生期望的价值观"[1]。所以,所谓学生立场就是老师想让学生成为怎样的人,老师自身就应该努力成为这样的人。当老师希望学生平和而不软弱、威严而不傲慢时,老师首先应做到如此;当老师希望学生能在广泛而又有所专注地阅读中成长,老师首先就应该让学生感受到老师的确是在阅读中不断提升的。这种对师生要求的内在一致性、通用性,有助于老师与学生相处时变得可理喻又正直坦荡,其教育行为才更有说服力和感召力。

遗憾的是,我们在平和与傲慢、软弱与威严之间常常进退失度,尤其在一些棘手的学生和问题的处理上表现突出,怕处理不当有失教师体面,本着多一事不如少一事的态度而有意无意地回避它。比如,对拔尖学优生的偏袒,会因担心、顾忌他们的颜面而对其所犯错误网开一面;或者,对个别学困生的忍让,会因担心、顾忌他们跟老师叫板而影响老师的威严,而对其所犯错误退避三舍。这看似平和,却也隐含着我们内心里失守育人立场的软弱,因为基于学生成长来看,这种偏袒和忍让不仅无益于他们养成必备

---

[1] 肖川:《教育的使命与责任》,长沙:岳麓书社2007年版,第195页。

品格和正确的价值观,反而会在他们的心田里埋下特权和不公的种子,教育也因此有可能成为未来社会中一些人制造不公或渴望获取特权的温床。

比回避和退让更为常见的是教师情绪或行为的失控。诸如大声斥责以声色压制、拍桌甩物以行相胁、恶语相加以言辱之等,可能都是我们习以为常的。然而恰恰是在这样的不以为然处,我们看到了老师们的真实困境:育人美好心愿与学生顽劣捣蛋相互撕扯带来的焦躁与无奈,育人乏术与直面问题相互纠缠带来的简单粗暴,都将我们对美好教育生活的期许撕碎,理想再丰满也不得不忍受和面对现实的骨感。这种困境让我们逐渐退回到自我封闭中,倾向于以傲慢面对成长,以执拗面对复杂,也让我们有了某种虚脱感,甚至某种内疚感和负罪感。唏嘘同情之余,我们要追问的是,"自赎"和"自救"的路在何方?

能确定的是,若非努力和真心实意地改变,理想永远只是理想。本质上看,成长即是让生命变得稳定而强大的过程,所以学生敬重和跟随的永远是那些能带给他们稳定而强大的生命能量的老师。这预示着,我们要让自己变得强大,尤其要有强大的现场学习力。我们每天都穿梭于各种各样的现场,都是具有提供生命能量的价值的,关键是我们要有一颗开放向学的心,一双善于观察的眼睛,一种敏锐的捕捉力和主动的转化力。

更重要的是,如前文所述,我们要有强大的与学生共享生活的心理意愿,以便把我们的开放学习和成长收获转化为育人智慧与可靠行为。孩子身上存在的问题,其形态及成因复杂多样,意味着打开和化解它们的方式也是复杂多样的,且非有针对性、适切性的方式不足以见效。可很多时候我们拒绝在这些方面花心思、搭功夫、找方法、寻机会,总想着以最小的投入而获取最大的收益,殊不知我们用心用情智在哪里,收获才会在哪里。生活的自在性、自为性决定了只有在真实的生活中孩子才会展露他们真实的喜与忧、偏与正、困与求,教育转化的机会和方法就藏在生活细节里那些不经意间的展露中。所以我们要把心思和功夫花在扩充、丰富与学生的教育学习生活上,以生活的方式把师生共同卷入一种共在、共有、共享、共建的生活。

这样的改变对老师来说非常具有挑战性,因为若把教育当作生活,则生活之外再无生活,这与老师们把工作与生活截然分开的想法和努力相冲突。然而研究那些深受学生爱戴敬重的优秀教师,他们都是把教育当作生活的一部分,把自己向学生敞开,也接纳学生向自己敞开,各自展示自己的真实,从而师生肩并肩一起面对困难、一起经历成长的老师。此时就要请"立场"来做判官了,如果说选择了教师就是选择了甘为人梯,就是要让孩子踩在我们的肩膀上继续攀登,那么我们就要站在学生立场上做取舍,凡有助于学生成长成才、有助于美好教育生活回归的事情,我们就应坚定地克服困难去坚守,去追寻。如此我们的教育行为才能尽量避免在绵软无力与简单粗暴之间摇摆,而变得平和坚定,从容有效。

言而总之,"对于孩子来讲,最好的教师是在精神交往中忘记自己是教师,而把自己的学生视为朋友、志同道合者的那种教师"①,这使得我们作为学生生命成长绽放的参与者而不是旁观者,低下头,俯下身子,回溯到我们自己的未成熟状态等都显得很重要。只有这样,我们才能摆脱自以为是和故作姿态的执拗,平视学生,包容学生,等待学生,把师生间"我和你"的关系变成"我们"的关系,师生肩并肩促进各自生命的打开和成长,一起创造和享受教育学习生活。若如此,则我们不仅看着一群人生命成长变化,也因为陪伴而使我们在另一群人的生命中留下痕迹。周学静老师在《美丽心世界》中说:"生活的海洋浩瀚无边,我们只能捧起一朵浪花;生活的整体我们无法把握,却常把一个片段铭记一生。"②这是多么美好的事情!

教育有责任让生命走向超脱的境界

我所在的学校,建校之初几乎每天都能看到教学楼墙角已经死去的小

---

① [苏]B.A.苏霍姆林斯基:《帕夫雷什中学》,赵玮等译,北京:教育科学出版社1983年版,前言第6页。

② 肖川:《教育的使命与责任》,长沙:岳麓书社2007年版,第313页。

鸟,它们是不断地飞撞教学楼的高墙自杀而死的。自然界有很多动物都存在自杀行为,比如拒绝进食、从悬崖跳下等。我们虽然无法知晓动物们自杀的心理动机,但可以确定它们一定是"无路可走"的。在这里,我们看到了人的自杀行为在生物学上的承袭性。楚国文人屈原自杀,西楚霸王项羽自杀,北洋水师将领丁汝昌自杀,著名作家老舍自杀,这些人都是无路可走之后的选择。只不过人们对无路可走的诠释与认定是因人而异的,取决于人把生命中的什么东西当作最珍贵的路。

如果说,我们对上述这些自杀者心目中的"路"还能略知一二的话,那么,我们已很难关注到今天全球每年近100万自杀者(中国每年近10万青少年死于自杀)他们心中所希望的"路"。就如同教学楼前自杀身亡的小鸟一样,我们只是匆匆地感知到他们"无路可走"而已,这些自杀者向往什么样的路,他们的路是怎样的、被谁给堵死的,这类问题往往很难引起我们的兴趣和认真对待。见惯不怪已让我们的心灵钝化,但作为教育者,我们不应该把自己困在这种钝化里,教育对自杀问题应该有它的立场和作为。

与其他生物不同,人的生命是有灵魂和意识的维度的,心灵构成了人的生命中最独特的部分。屈原等人自杀就源于心灵受到不可承受的重创,他们灵魂深处所挚爱的东西坍塌了,意识中牢牢坚守的信念瓦解了,心灵被掏空之后仅剩一副徒具人形的皮囊,是"生命不能承受之重"。灵魂深处的挚爱与信念就是他们认定的要用全部生命能量去捍卫的"路",路断了,生命的尊严不复存在,生命的作用也就归于"无"。他们生命的陨落,不仅是因为生命内在尊严受到挑战,更是因为心怀天下与苍生的大爱大善、恪守公平正义的人格规范被否定、受践踏带来的价值体系崩溃。这是一定历史条件下发生的时代悲剧,但凡其周围环境在步步紧逼之外能给他们留下一点点空隙,他们都不会选择自杀,因为他们深爱生活,深爱这个世界。也正是在这个层面上,他们的自杀与今天我们身边经常发生的自杀相比,完全是两回事儿,后者可能更多地只关照了自己。

我们身边的自杀,也许是因为体验现实的苦难而不能保有自身的尊严,或者是因为某种不期而遇的外力使生命承受不该承受之苦痛却又无处遁逃（比如校园暴力），再或者是因为找不到实现生命价值的渠道和依凭而深感生无可恋。这些同样是生命的悲剧。一个人选择自杀，他认定个体的生命尊严高于一切，也认定自我灵魂在这个世界里已无处安放，所以他以主动背叛或遗弃这个世界的方式——这是他唯一能自主选择、自主决策且能成功实施的"路"，最后极致而决绝地捍卫自己的生命领地，维护自我生命尊严。

就此而言，自杀代表着一种对自我生命的挚爱——爱到无法再忍受这个世界对它的侵犯或冷漠，也无法对这个世界心存爱恋和责任，是一种已没有通过其他能走通的路去保全这种爱之后的最终选择。我们一般都把自杀归结为脆弱，会说："怎么那么脆弱，那么想不开呢？"也许，他们是想开了的，几秒钟很短暂却形成了永恒之势：生命永恒定格在了那里，也永恒定格在了该留在的人的记忆力；而且还永恒地封死了被侵扰的种种可能性，永恒地拒绝了自我生命对这个世界所承担的责任与义务。同时脆弱到极限就成了钢硬，硬到只有折而没有弯，所以自杀那一刻往往无比勇敢而决然。

如果这样的分析能够成立，那么生命教育的理论和实践中突出对生命的"爱"，就会存在一定问题。因为人们并非不爱生命，而是缺乏爱的智慧、爱的技能，即缺乏的是宽阔的、走得通的爱的路。所以与爱本身相比，更有建设性意义的是要教会学生掌握多种热爱生命、保全生命意义的途径和手段。毕竟生命对每个人而言都只有一次，如果除了死亡还有其他途径和方法能维护生命的尊严，有其他有意思、有价值的事情能赋予生命以意义感，换了谁都愿意在这个世界上多情地活下去，哪怕有风雨险阻。因此从生命体验的独特视角去引导学生更积极、热情地拥抱生命及生命以外的世界，指导学生学会对生命价值的合理性进行有效辩护，进而强化生命存在的意义，使自我生命走向崇高，是生命教育绕不过去的责任和担当。

首先，生命教育要面对并解决所要爱的生命究竟是怎样的存在这一问题。否则对生命纵然热爱，也爱得不明不白、稀里糊涂，爱得缺乏层次和境界，因而也缺乏爱的韧性和强度。就个体而言，我们需要引导孩子在二律背反中维持生命的和谐。每个人在本源意义上都拥有对生命的爱,灵魂深处都蕴藏着执着地面向乐美世界舒展生命的活力;但爱到一定层次,执着到一定程度后,又会或清晰或模糊地体验生命的渺小以及不可避免地被外物侵扰,所以又产生一种悲观、退缩的回撤弃守心理。这种二律背反是每个人都需要认真面对并加以解决的,而教育就应从此处介入。一方面,让孩子更理性、更从容地看待生命的本质处境;另一方面,让孩子拥有一种辩证的眼光,深刻理解越是感觉被侵扰,说明你介入、参与这个世界越广越深,你对这个世界发挥的作用也越大。这样的努力,有助于增强他们对生命的信心,提升他们直面困局的勇气,帮助他们保持对生命的清醒并构建生命的和谐。

就人际关系而言,人们所做的事都是社会中的事,都处在相应的关系里。这决定了"我"的生命既属于我,也属于与我建立各种社会关系的那些人。在关系的层面上,生命本质上是一种利他性存在。正如我的生命需要以关系中他人的生命为背景、为舞台,而不愿意成为他人侵略、奴役或无视的对象一样,反之亦然。在此,对自我生命的爱与对他人生命的关怀尊重之间的张力显现出来,为此我们需要让孩子意识到,我们无法忍受他人为实现对他们生命的爱与眷顾而冷酷、残忍地对待我们的生命,同理我们亦不可以只为自我的生命而至他人生命于全然罔顾。我们每个人只有走出自己的小天地,置自己于"关系"的大舞台,真诚而善良地表达、付出对他人生命的体恤、关爱、同情,方能实现对自我生命的升华。当一个人的生命被牢固的镶嵌在关系中时,生命的能量将从四面八方汇聚而来,也向四面八方发散而去,实现对生命意义的觉醒和珍视,让生命有坚强的后盾和丰富的资源以行稳致远。

对生命二律背反的认识,对生命"关系"的理解,让我们获得了看待生命的诸多层次和境界。这对维护生命的自信与尊严至关重要,层次越多,则境界面越宽广。我们总会在某一层面上,某一境界里让生命安家,确认自我生命的独特、自在与价值,从而更热情地呵护生命。

其次,生命教育要在拓展生命的长宽高上下功夫。目前,学校所谓生命教育更多侧重于防范和规避交通安全、校园欺凌、溺水、消防、禁毒等相关学生安全事故,这的确是生命教育的重要组成部分,但就其所能达到的深度而言,距离学生树立崇高的生命意识还很远。这样的生命教育把注意力集中在相关注意事项、安全风险点、可能出现的严重后果、责任厘清与承担等方面,基本上停留在技能的、工具的、法律法规的层次上,虽有助于提升学生对相关安全隐患的认识和防范,但并未在提升学生对生命根基——我为什么要活着以及要怎样活着等根本性问题的追问——深层认知上取得较好的建树。所以生命教育还要在此基础上更进一步,给学生拓展其生命的长度、宽度和高度以有质量的指引。

这预示着,我们要在促进学生身心健康,尤其是心理健康上下功夫。要在学生处于健康状态时,即引导他们广泛而深入地体验、探讨孕育生命、保全生命、发展生命所经历的艰苦卓绝而伟大的努力,以及所取得的光辉成就,这更为重要,也更为根本。在此过程中,学生个体的知情意行得到更加细腻而充分的调和,实现心灵的均衡、人格的统整和情绪的管理,使生命的韧性和长度得以拓展。这预示着,我们要帮助学生建立对社会的亲和力。人的存在不仅是自然生命的存在,更是社会生命的存在,所以生命存在已不是一个简单的生存问题,而是一个"创造存在"的问题,即创造生命的价值。而价值只有被看见、被承认,才成其为价值,所以生命教育必须立足时代和生活,在参与身边人和事的过程中,引导学生逐步树立责任担当意识,形成关心、成全他人的优良品性,提升贡献价值的能力素养,让他们朝着受欢迎、被重视、得尊重的方向成长,使自我生命宽度由内而外持续地拓展。这预示着,我们要助力学生成长为有信仰的人。信仰的力量无坚不摧,我们要借助中华优秀传统文化所蕴含的真善美,身边先进榜样人物的示范作用,以及时代变迁对人才的需求等,引导学生充分挖掘个性禀赋及兴趣,主动把个人成长融入社会历史发展大潮,帮助他们坚定人生志向,提升生命境界,不断拓展生命的高度。

最佳也是最高级的生命关爱,一定孕育在不断延伸自我生命的长宽高的过程中,一定成长在对生命意义的追问、反思与获得过程中,一定出现在延伸之后以居高临下的姿态更加警觉、审慎地评估生命处境，并主动采取相应措施的过程中。如此，沉睡的灵魂被唤醒，各种各样的生命危机才可在更高层次上、更广阔舞台上得以化解。简单说，舞台有多大，生命的路就有多宽广。

最后，在生命活动的舞台上，集体应当给个性保留一个出口。人生而自由，却无往不在不确定性之中，人之所以需要教育，需要学习和成长，很多时候都是出于对这种不确定性的焦虑或者一探究竟的好奇心，目的就是尽力使自己所面对的世界——内在的世界和外在的世界——变得清晰透明，变得确定和可控。一句话，使自我的内在与外在世界对自己来说不再是危险的，而是安全可靠的。确定性和安全感的获得，是经由对内在世界和外在世界的充分理解，即既能明确自己是谁以和自己相处，又能明确自己属于谁（某家庭、某班级、某单位等）以和外在世界友好相处。而无论"是谁"还是"属于谁"，都是在"关系"中被定义、被分配的，所以，由"关系"连接的各式各样的集体，便对个体的生命活动体验以直接而有力的影响。也因此，人们都希望被集体关照和尊重，能够在集体中如鱼得水。

问题在于，当个体充满活力富有个性的创造性活动，被同质性的整齐划一的集体或集体活动所吞没时，人与人之间就很难有尊重、平等和对话，也很难产生信任、忠诚和温暖，个人那种了无希冀的无助、无力感，以及伴随而来的自我否定倾向会逐渐占据上风。此时，集体就不再是人们惬意栖居的处所，而是强迫人们节制或放弃其个性的一种强制力量。这种情况在学校里是普遍存在的，甚至还有故意运用集体的力量以达到这样的目的的情况。这就会导致孩子对自我生命的认知、对集体的认知是非常负面的，它将导致孩子生命内在欣欣向荣的秩序与确定性坍塌掉，从而使自我生命浸泡在由怀疑、自卑和惊恐所构成的黑暗里。

生命教育中，这种情况应引起重视和深刻反思。我们需要反复问自己的是：我们的教育在强调统一性的同时，是否要尊重学生的个性化需求，是否给他们生命的独特性一个出口，保护他们的创造活力和生命激情。回答应该是肯定的，因为只有这样，个体生命本身才是集体的目的而非工具，才能在集体中有宽裕的时空去确定"我是谁"以及"我属于谁"。确定性越好，则生命的内在秩序及内外联通的和谐关系越稳定，主观感受上集体越亲切友好，越被视为个体生命发展的支撑性力量。无疑，这对个人、对集体来说都是好的。

罗曼·罗兰曾说：世界上只有一种真正的英雄主义，就是认清了生活的真相后还依然爱它。教育，就是要让一个原本天真无邪的少年儿童在享受快意人生、体验生活的纠结痛苦过程中，正确认识生命中的黯淡与悲观，合理地看待生命中的成就与光彩，既不因悲观而窒息了生命的乐趣，也不因乐观而放纵了生命的贪念；在痛苦与快乐之间，在悲观与乐观之间，在放下与执着之间寻求平衡与和解，树立起一种对自我、对他人生命的敬畏与挚爱，建立起不以物喜不以己悲的超然态度。教育还要引导学生理性对待生命旅程中自我与社会的关系，寻求建立对自我生命的爱与对他人生命的爱之间的互动和平衡，用对自我生命的爱涵养对他人生命乃至整个人类的爱、对事业和生活的爱，用对社会的热爱来丰富对自我生命爱的内涵、提升对自我生命爱的境界。

是啊，当一个人生命的长宽高都得到有效拓展而具备了足够的腾挪时空，当一个人在"关系"中能寻得自我生命独特的一席之地，那么他的生命一定呈现出一种欣欣向荣的和谐状态；纵然明知生活充满苦难、世界充满离奇和荒诞，哭过痛过之后，依然能擦拭脸颊的泪水、抚慰心中的伤痛，在无情的世界里多情地自处，生活得透亮从容。

教育要在关上一道门的时候记得及时推开一扇窗

"穷"本意为身居洞穴，身体被迫弯曲，不自由；引申为困顿不得志，无路可走，比如"穷途末路"。它既可以指物质上的窘迫，生活困苦无希望，也可以指精神上的匮乏，内心空虚无出路。在各方的共同努力下，现在的孩子，其物质生活已经得到了比较好的保障，然而他们中有相当一部分人的精神世界并未随物质生活的保障而变得富有，反倒是生命的无意义感时不时地困扰着他们，有一种"山穷水尽疑无路"的茫然无措。面对此种"穷途末路"，他们选择了以"摆烂""躺平"作为不是出路的出路，调皮捣蛋，惹是生非，乃至违法犯罪成了他们的存在方式，他们在这样的过程中给自己生产"阳光"，赋予自己"光明"，体验着自我生命残存的"价值"。

他们是在用自己的存在方式去争取生命的话语权，是一种对生命中所缺失的部分的非常规性、非成长性补偿。我们希望并采取措施制止学生类似意识和行为，无异于替他们关上了一道漏风的门，拒绝任何风吹草动引诱他们散漫捣乱的机会。于教育者的职责和良心而言，这样做是正当的，是饱含着悲悯和温情的，但还不够完美。我们在关上一道门的时候，忘记了替他们推开一扇窗——一种存在方式被否定、被排除的时候，必然希望另一种全新的存在方式是可求的。如果我们没有给予学生一种可求的新存在方式，没有使新存在方式的阳光透过推开的窗照进学生的心田，那么我们对学生不正确的存在方式的否定便意味着对学生整体的、全面的否定。破了旧梦，又无法看到新光景，这带给学生的不是希望和光明，而是更深的绝望和黑暗。所以每当我们这样做的时候，虽然是出于真心，但也缺乏诚意和前瞻性、建设性；善于发现问题，更善于和学生一道基于对个体生命的礼遇而探寻成长之路，那将更动人、更完美。

在个人层面上，由强大的物质与科技所构成的科技森林，以及各项制度构成的密密麻麻的体制框架，筑起了一道无形而厚重的门，把人的活动限定在了非常有限的范围之内，生活的表面风光却折射出了内在灵魂的失落与无依无靠。这种虽未被清醒认识但却无时无刻不在朦胧中体验着的内外失调状态，在新时代的"原住民"那里表现得尤为明显。他们可以与淘气堡里的机器畅玩无限，却不可以在学校课间里与同伴追逐嬉戏；他们可以坐在教室里对着大屏幕看花开花落、时节更替，来酝酿灵感完成作文，却不可以走向溪水边、迈进草地中亲耳聆听大自然的声音……他们是富足的，因为只要肯花钱就能解决很多问题；然而这在另一个侧面却更加显得可怜和贫乏，因为诸多自然而然地通向灵魂富足的大门都是禁闭的。他们是幸运的,因为他们赶上了比以往任何时期都好的时代,理论上可以不必顾虑物质的匮乏而有诸多成长的可能性,然而,这有赖于我们在无形而厚重的门上多开几扇窗。

为感悟书法艺术的博大精深,我带着孩子去了塘沽外滩的书法艺术长廊,现场领略中国书法艺术从古至今的演变发展及其艺术成就,又把南开大学田蕴章教授的书法公开课"每日一题 每日一练"推荐给大家,还在课堂上组织大家在田蕴章教授的指导下练写"永"字;为了让学生们感受春天的气息,于是我们的语文老师把课堂搬到了学校旁边的天然氧吧泰丰公园;为了让学生们增进对气象预报的感受和认识,于是地理老师把学生带到了滨海新区气象局现场授课,后来又在学校里建了一个校园气象站;为了让学生们感受司法的公正严谨和违法犯罪的严重后果,我们与法院联系把庭审现场搬到了学校的报告厅……这么做不为别的,只为给孩子千篇一律的、程式化的校园学习生活注入源头活水,让他们黯淡的、沉寂的心灵能泛起点点涟漪。

我们要引导学生善于过一种与自己对话的生活,这才是别人争不去抢不走的、能持久发挥作用的源头活水。外有所困,反求诸己,在与自己对话的过程中适度拉开自我与世界之间的距离,靠近自我充实心灵,认识自我塑造精神长相。"认识你自己"本就是一项不见尽头、永远在路上的活动,一旦当学生体验到这种精神生活的惬意和快乐,相信他们生命的疲劳萎靡之态定会改变。所以我们在日常事务性、形式性、程序化工作之外,把更多精力投入到引领学生"探获自我"的活动中。比如师生克服功利心而共读一部经典书籍,组织读书沙龙、写作研讨等活动,就是一种非常好的自我探寻的方式。作为历史老师,我在学生的邀请下和他们共读《小王子》、共写心得体会、共话生命真谛等,就让我们师生彼此多了一份牵挂、期盼,也在精神上拥有了别人不曾拥有的那种快乐和幸福,也明显感觉到我们看问题、做事情更乐观、更有激情、更投入。

在人与人交往的层面上,教育是一种"关系"的展开。作为教育者,我们一定会参与学生的学习成长生活,问题也随之而来:与我们心中理想学生形象不相符的思想观念、行为习惯、学习态度与立场等，会成为我们刻意纠正的对象，我们会以"禁止""不许""不想看见""别让我知道"等否定性态度去矫正。可在学生的感受里，他们体验到的是老师向他们世界的强势介入，否定性约束限制了他们获得精神上的自我肯定，或轻或重的担忧及压抑感随之产生。如果学生申诉或者反抗无效，久而久之会导致他们对自我的负面认知，在"他主"的环境中选择自我放弃和精神离场，学生的"心门"对教师关闭了。

我们的教育热忱指使我们把自认为有问题的路给堵死了，却较少反思我们认同的路是否适合所有的孩子！我们在关上一道门的时候，却较少深入思考要给孩子打开一扇怎样能让阳光照见他们的窗。是的，我们的介入自带滤镜，只看想看的，只听想听的，只要想要的，这是不合理的——这种碾压式教育往往走向了教育的反面，因为学生除了一条不走心或违心的、带有表演性质的迎合之路外，没有一条属于他们自己的路；因为除非我们把逢场作戏当作成长，否则这种介入是严重阻碍学生的健康成长的。

我们的介入，应当基于师生视界融合。一方面，我们要充分认识学生，还要帮助学生充分认识他自己，让良好的认识既作为行动的前提也作为行动的有效环节而存在；另一方面，我们要充分省察我们自己，还要创造机会和条件帮助学生更全面地介入我们的教育生活，让学生把参与老师的教育生活作为其学习成长的一部分。如此就有可能形成师生相互参与的均势，预示着师生有可能在相互的介入中实现相向而行和视界融合，这种融合越深入越到位，越有助于彼此对生命内涵的领悟，越能保证彼此意志行为的边界和规范——就学习成长中各自什么该做什么不该做、什么该坚持什么该放弃、什么该积极拥抱什么该敬而远之达成默契与一致，而学生健康阳光自信成长的路就在这样的边界和规范里越伸越长。

在集体与个体的关系层面上，生命教育中集体在强调统一性的同时，要给个体生命的独特性一个出口。这其实就是在集体生活的语境中，探讨一道门和一扇窗的关系问题。学生需要生活于群体当中，通过在群体中的角色、地位、作用与贡献等，找到自我生命存在的真实感，确认自我生命的价值与意义,否则就会觉得形单影只、顾影自怜。为了确认自我价值,学生往往会让度一部分自由与权利,承担相应义务与责任,尽可能地服从集体的统一要求和共同愿景,并采取一致行动。这其中,他们必然会面临集体对个体生命多元需求与期待的遮蔽困境,尤其是当个人的需求与期待和集体的要求与愿景大相径庭的时候,他们同样会清晰地体验到自我生命的存在,且这种体验越强烈就越觉得自己被集体窒息。此时,学生会无限放大集体对自己的利用和剥削、抛弃和封堵,总觉得自己在这个集体中"丢失了",这个集体已不再是自我生命的支持力量且借由集体而获益的门被关上了。

这个时候,我们所要做的,不是苦口婆心地给学生灌输集体主义的大道理,他们都懂;也不是以古今中外或身边的那些牺牲小我而顾全大局的典型人物去"点燃"学生,他们已经对这种做法产生怀疑,心生动摇。类似的方法没有从根本上解决学生渴望"被看见""被礼遇"的问题和在集体中"被丢失"的问题,他们心灵深处"穷途末路"的困扰依旧在。我们真正要做的,是在集体中给学生自我生命的舒展留一道缝、开一扇窗。一方面,要"论功行赏",要看得见学生的付出和贡献,并据此给予相应的回报。比如班级黑板报因为某同学彩色粉笔画而增色不少,就不妨为该生组织一场彩色粉笔画微创作微展览,给他个性才华施展一个专属舞台。

另一方面,要充分尊重"非主流"意识及行为,防止形成多数人的"暴政"。集体中,会有在语言(如前后鼻音不分)、习性(如内向、敏感)、生物性个性(如左撇子、手脚不灵)、兴趣(爱运动、爱唱歌,不爱学习文化课)等诸多方面与集体主流意识和行为出入较大的情况,要真心诚意地悦纳并保护他们,让他们拥有与集体其他成员同样的权利与机会。同时,也要为他们创设情境寻找出路,比如手脚不灵跑步跟不上队伍,正好请他给教室里的花草浇浇水,记录它们的生长变化,避免他们产生自己是集体的累赘和负担的念头;又比如,请爱唱歌的同学收集班级学生喜欢听的歌曲,经筛选后教大家唱歌,让课间的班级里能传出孩子动听的歌声,提升同学们课余时光的品质;对于敏感的学生,要多种途径耐心寻找他们的敏感源,创造条件帮助他们从源头上脱敏,从而迎来自我更新后的新生活。

集体与个体本就是相辅相成的关系,要有好的集体价值系统、气场氛围、行动意志"卷"着个体向前冲。没有人,就没有集体,集体首先要看见、重视每一个人的需求,要把集体的舞台当作成全每个人的广阔空间,支持个人以其独特贡献及价值参与集体成长,让个人不因为过集体生活而变得萎靡不振或不幸。在这样的基础上,个体的生命活力才获得了坚实的依靠和出路,会由衷地珍惜和维护集体,会心甘情愿地从情感到智慧、到行动为集体愿景而发光发热,全力配合并支持集体的成长。这样的集体既是装了门的有限腾挪空间,又是开了窗能自由呼吸的优质生态,迎来的将是集体在个人的努力中发展、个人在集体的发展中成长的美好图景。

打造独具教育风景的教育语言

有一套很重要的毕业模拟题,有几个班作为五一假期的作业留给了学生,我没有这样做。五一后的课堂上,我们班的孩子得知别人做作业了,而自己少做了作业是普遍很开心,内心里藏不住的喜悦似乎给人一种好像捡了便宜、中了大奖。见此情形,我心中隐隐有些不悦,想了想,说了这样一番话:

单从劳作的角度看,同学们少了一些辛劳,的确值得庆幸和自得。不过,庆幸之余,同学们是否可曾有疑问,老师为什么没有把这套题留为作业?是否可曾有警觉,少了一份作业,我的得与失究竟是什么?毕竟,你们和我,我们都不应该沦为即时欢愉这种情绪的奴隶,而应成为它的主人。我告诉大家,有两方面原因:

客观上,难得的假期,同学们需要一定程度上的喘息,在其他学科已经留了作业的情况下,我宁愿少给一份试题也要尽量保护大家的喘息之机,否则你们的假期体验会更不好,这是我不愿意看到的局面。同学们的窃喜说明我的做法是符合你们的预期的,但我不能确信的是,你们对自己的预期是稳定的、清晰无误的,还是游移且模糊不清的?因为作为老师,我总有一些排解不掉的担忧,我的做法是否在沿着成就你们的精彩人生的正确轨道前行?这需要你们思考,也需要你们用行动回答我。

主观上,俗语云"好钢要用在刀刃上",这套题我认为非常具有诊断价值,我不太相信你们能在假期里认真地独立完成它,我不想让这套题所能发挥的积极作用因你们的不情愿和随意应付而有所损失,所以,我宁可把它放在我与你面对面的课堂上。其实,我很不情愿向你们表达我的不信任,我觉得这是一种否定性极强的态度;我有很强的自尊心,希望得到别人的肯定、信任和尊重,所以我推己及人。但我更深深明白,不可以通过摇尾乞怜的方式获得信任,且不说这种方式根本就无法直达肯定与信任,纵然是能获得信任,那也是别人的施舍,依然很丢人。有了颜面而丢了尊严,这样的颜面又有何用?!

同学们,有人曾说信心比黄金更重要,我要套用一下对你们说信任比黄金更重要!但信任是用自己扎实的、可靠的,能让人放心、安心的实际行动赢得的。如果说成长是人的社会关系的拓展和深化的话,那么信任就是拓展和深化的压舱石、定海神针。你们把自己的学业和成长托付给我,我自然要"对得起""对得上"你们的托付和信任;同理,在与你们共同经历的有限学习时空里,我当然也希望同学们能"对得起""对得上"师长、亲友乃至国家对你们成长意愿和能力的信任。多做或者少做一套题真的没那么重要,但信任和信赖一定是无价的,真的很珍贵。

"慷慨陈词"后,一连数日我内心都无法平静,我反复地追问,不断地推演,这样说是否合情又合理,是站在我的立场上还是学生立场上,是否有助于学生的成长?这是教育的语言吗?有没有更好的代替性语言方案?思虑良久,我依然无法说服自己这样的语言不是教育语言。这样的语言,不是基于自我情绪的肆意宣泄,不存在虚假与虚妄,而是包含着生命对生命的真情与真诚;不是基于个人好恶而来的自我膨胀,不存在主观恶意与狭隘,而是将师生生命置于同一语言体系及生命需求中,包含着对一种生命状态的善良与善诱;不是基于对当下生命状态的迁就与放任,不存在视而不见或见而无言，而是包含着对生命成长本应有的样子的警示与启迪。

不可否认，这样的语言是有"杀伤力"的，尤其对于自尊心强的孩子而言更是如此。但我总以为这样的杀伤力，恰恰是教育力之所附，在一定情境中是必要的，因为有某种"伤到了"的不适感，所以也刺激了告别舒适区的清晰意识和意愿。这促使我主动思考究竟教育语言该是什么样子的。

这个问题不好回答，我们或许可以先看看什么样的语言一定不是教育语言的样貌。教育教学现场，经常听到这样的语言：

"你们都给我听好了……"之类的语言不应该成为教育语言的相貌。学生是为老师听，还是为他自己听？究竟是老师是学生成长的"合伙人"，还是学生是老师表演的"牵线木偶"？

"这个问题我讲过八百遍了，现在依然有人不会……"之类的语言不应该是教育语言的样貌。老师难道真得认为"八百遍"后依然不会的错全在学生吗？最简单也最单一的归因往往是最不专业的，更何况言语间还带着替自己洗白的意思。

"你们听明白了吗"之类的语言不应是教育语言该有的样子。这样提问不是置学生于尴尬之境地吗？若回答听明白了而实际上似懂非懂，有些委屈自己；若回答没听明白，则暗含着自我否定——如此之笨以致这都听不明白。如果回答没听明白，老师虽然也会再讲一遍，但在学生的感受里那是自己无能而造成老师的"多劳"，在老师心里可能也夹杂着施舍的优越感。

"闭嘴"之类的语言也不是教育语言该有的样子。如果有老师持反对意见，那么，请问当学生冲你说"闭嘴"时，你是否能毫无违和感地接受？

虽然类似的语言还能列举出许多来，但已无必要。从上述语言"负面清单"中，我们已经能总结出这样一些特点：老师往往将自己置于永远正确的优越地位上，视学生为可任意拿捏且无需有自我意识的对象；老师往往在出现问题时，选择将责任推给学生而自己却全身而退；老师往往有意无意给学生施加压力，以让他们觉得自己亏欠老师……所列举的这些特点，已经能表明上述语言何以不应该是教育语言的应有容貌：不平等的环境中是否能培养出具有真诚的、平等意识的人？在生命底色层面上难以生长出健全的自我意识的情况下，能否生长出健全的他人意识？在不止一次逃避责任的言语示范下，是否能养育出勇于担责的坦荡磊落之人？

教育作为主体间性活动，语言是它的媒介，甚至于可以说教育就是语言的存在。而语言，就其本质而言，它就像经济活动中的货币，在教育交往活动中发挥着价值尺度、贮藏手段、流通手段、支付手段等社会功能；就像货币是经济资源，语言是一种深刻而隐性的文化资源。不同话语权背后都有相应文化要素作为底色，反过来也将传递和塑造一种文化的模样，也就是说语言是具有自我复制能力的。这样一来，教育语言——无论其外在形态还是内部意蕴——所具有的品性，将以价值、贮藏、流通、支付的方式在师生之间实现某种文化的、价值的、信念的要素代际传递和确认；教育言说的过程，同时也是历史记载和文化传承的过程，某句话只要你说出来了，就已经成为历史记载，也意味着这句话所承载和专属的社会文化信息被记载，并给接受该语言的学生以示范而有可能使其在他们那里得到传承。

教育语言的这种内在特征决定了教师必须清醒地觉悟到自己所构筑、使用的语言的潜在风险，进而不断促使教育语言的改进和提升。前文所列举的教育语言"负面清单"及其分析，就能帮助我们察觉教育语言的正面品相，明确改进的方向，坚定提升的信心。教育语言是职业的、育人的语言，应具有职业育人的水准，它是作用于人的心灵世界的、具有文化资源属性的语言，与生活语言既有联系又有区别。联系在于，教育语言也是语言的一种，同样承载着传递信息、表言达意的功能，所以它也要遵循语言的基本规范与起码要求，比如逻辑性，清晰性等等，这自不必多言。作为教育人，我们的重点是，要明晰教育语言与生活语言的区别，也就是教育语言正面品相的独特之所在。

教育语言应展现出专业的风度，它是具有职业伦理的，这里的"专业"有三个维度。一是指要有良好的精确性和科学性。我们要一丝不苟地组织语言，切勿不懂装懂、夸夸其谈、闪烁其词、模棱两可、似是而非；我们口中说出去的话语越是精确越能给学生一种确定性和安全感，越是科学越能给学生一种澄明和透亮。二是指语言要时时处处洋溢着公正、诚实、仁慈等美德，即便是和学生聊天，我们也要时刻牢记自己的职业身份，轻松、幽默、诙谐、生活化的语言当然值得提倡，但不能金玉其外，败絮其中。因为我们语言本身携带着的美德基因，将使我们在学生面前呈现出儒雅而舒适的形象，能带给学生一种"身不由己"的吸引力，这是职业魅力的体现。三是指语言要贴近学生情感和认知的实际。老师可能会以非常专业的术语和话语体系所构成的语言与学生交流，以显示自己专业的、高深的学问水平，但学生未受过像老师那样的专业训练，也未有老师那样的学术经历，这反而容易造成学习上的障碍。所以老师要有意识和能力把本专业的内容转化为学生听得懂、理解得了的表达。这是教师作为职业教育人所应承担的职业操守，教师的"明白"固然重要，更重要的是让学生明白教师的"明白"，否则学习就很难真实发生。

教育语言应展现出成全人的温度，它是具有情感态度的。首先，教育语言应流淌着对生命的热爱与激情。作为生活中的人，我们也免不了被生活中的磕磕绊绊折磨得疲惫懈怠，但无论如何，我们要心中有光，要坚信生命的状态可以更美好。尤其当我们以教育职业的身份出现在学生面前时，就必须收起自己的小情绪，精神饱满、意气风发、呈现生命一片欣欣向荣之态势，让学生在教师的语言中感受生命成长的美好愿景；切勿把学生当作出气筒，自怨自艾，牢骚满腹，让负能量浇灭学生生命的热火朝天。其次，教育语言应充盈着对学生的共情与成全。教师职业本就是燃烧自己照亮别人的，所以教师的语言里一定要有学生的位置、学生的期待、学生的喜好、学生的需求、学生的困惑与问题等，就是教师语言着力的方向与对象。我们的语言越站在学生立场上，越饱含着对学生的深情与尊重，越能使学生感受到被温暖、被珍视、被善待。这种情况下，教育语言既是对学生的情感投资，也是对学生的情感慰藉，有助于赢得学生的偏爱与理解。由此，将带来师生彼此照亮的、和谐向上的师生关系，而有了好的关系，才会有好的教育。

教育语言应展现出育人的力量，它是具有力量之美的。这意味着，教师的语言首先应表现出自我的"生命自觉",因为力量源于生命自觉——觉醒后的坚定信仰以及成熟后的稳定强大。教师的语言应自然地表现出自我生命刚毅的韧性、果敢的坚守、向前向上的信念、敬畏生灵的宽和,这种真实的洒脱、自然的活力、完满的状态将带给学生生命以震撼,引领他们积极地向上、向善、向好。其次,教师的语言应能成功引起学生的敏感。如果学生对教师的语言脱敏了,那么老师的语言就被挡在了"防火墙"之外,"任尔东西南北风,我自岿然不动",教育也就失去了可能性和可行性,学生也不会因为听到老师的话而生成某种自觉。而成功引起学生的敏感的最佳方式是让学生主体参与,即让他们觉得"这是与我密切相关的"。这要求,我们要变试图"毕其功于一役"的打击性语言为循循善诱的激励性语言,变客套程式化的官样语言为融入主体意识与倾向的唤醒式语言,给学生以内驱力,让他们拥有自我教育的方向感和行动力;我们要变说一不二的命令式语言为民主平等的协商式语言,给学生以自主和尊严,让他们的生命卷入其中接受塑造。最后,在批评中,教师的语言必须将严肃认真与善良、关爱、圆满结合,要让学生既能感受到所受批评的合乎情理,也能感受到严肃凛冽中充满人情味儿的爱与期盼。换句话说,批评语言的出发点和立足点应放在学生正视错误后,承担错误并有意愿、方法和能力做得更好,而非片面地指责和否定,更非教师情绪的宣泄口。

教师职业是吃开口饭的职业,语言是我们最重要的工作技能,所以让我们的教育语言具有教育的独特性应为题中之义。正因为这样,无论如何,我们都需要重视自己的语言,要让我们的语言对学生产生非权力性影响。这决定了我们应当走出语言的惯性,告别语言的舒适区,以教育人的专业眼光、职业标准持续不断地审视和重塑我们的语言。

为此,我们要努力地把教书育人融入生活,在"教育即生活"的意义上不断地拓展生活的深度和广度;还要善于敏锐地观察生活、思考生活、洞悉生活,以让我们的教育生命在生活的滋养和塑造下变得自觉而澄明——我们很难想象,一个自我生命本就稀里糊涂、混沌不堪的教师,他的语言能超越其生命的真实状态而变得清新乐观、富有感染人的魅力。如此我们就可以基于生命自觉而有目的、有眼光、有信念地从生活中源源不断地汲取鲜活元素和语言灵感，促使我们的教育语言摆脱习惯性舒适的羁绊，而变得有教育职业的温度、风度，更有持久的育人价值。

不过，在特定的情境中人们习惯于基于自己所信奉的原则，或者主观上觉得这样做是正确的而采取行动，因为习惯，很少意识到要对原则和主观感受进行有效的省察。这种情况在处于师生交往关系中的教师身上表现得尤为突出，大量不当的教育语言，正与缺乏这种自觉主动的省察有关系，以至于总觉得我是老师我就可以在学生面前任意又任性地自由言说，导致老师对自己所担负的教育使命的偏离。所以教师教育语言的优化升级，应在其所遵循的原则、理念层面上首先有所突破；这些原则往往超出语言的范围，而体现在学生观、教师观、育人观、师生关系观等多个方面。

一言以蔽之，如果我们真的置学生于教育的正中央，如果我们的教育真的是道德的、正义的、合情合理的，是生机勃勃而非死板僵硬的，那么教育语言就必须由内而外地、尽可能充分地为生命创造自由与发展的条件；我们必须通过语言来构筑起在学生眼里秀色可餐的教育风景。

教育，应该在"自然之维"中缓缓展开

管理学大师彼得·德鲁克说："管理的本质就是激发和释放每一个人的善良。"德鲁克的管理思想运用到教育领域同样适用：教育的本质就是激发和释放每一个孩子的善良。可是，在追求效率、速度就像赶集一样的社会背景下，在希望一切都以最小的投入而获取最大的回报的效能核算机制里，在很多人只问结果对不对、好不好，而无暇关心过程顺不顺、美不美的焦躁氛围里，是否还有一定空间留给我们教育人回归教育的本质，按教育本应有的样子做教育？！

我们也是时代的"产物"，时代造就了我们，时代也迷惑和绑架了我们，而我们大多数人可能已经安然若素。所以我们在时代浪潮的裹挟下，只顾

低头拉车却不肯抬头多看一眼前方的路,即便偶然举目远眺,映入眼帘的差不多都是和我们一样的"拉车人",于是我们的教育就在这样相互示范、宽慰、正名、支撑的环境中上演千篇一律的、标准化的、批量"生产"的戏码。教育的"生产力"在信息技术、人工智能的加持下越发耀眼夺目,而教育中的"人"却在宏大叙事中、微观操作中被迫遁形,因为可供我们着陆栖息的地方被挤占得越来越小。正因如此,《窗边的小豆豆》这本书读来格外令人兴奋,也格外打动人,它在我们熟悉到丝毫不觉得别扭的"教育常态"之外,展示了一幅别样的"变态"教育图景——在自然之维中缓缓展开温暖的、多情的教育生活诗篇。

若要问我读过这本书之后的第一感觉是什么,我想说:怎一个美字了得!小林宗作创办的巴学园的美,核心就在它的"变态",没有对习以为常的教育的主动求"变",没有对熟视无睹的教育现象的深刻反思,没有坚决果敢且持之以恒的行动,又怎能展开如此曼妙如童话的教育生活?!这种美是心灵的美,是境界的美,是教育人善良宽和的人格之美!这种"变态"的背后,体现了小林宗作对生命的尊重、对心灵的呵护、对生活的回归、对情趣的保全,最终汇聚在一起成为对善良和成长的毫不怀疑的信心。试问,还有什么能比对生命的尊重、对心灵的呵护、对生活的回归、对情趣的保全、对善良和成长的信心更美、更沁人心脾呢?!

这个世界上的每一个生命都是独一无二的,每一个生命都有其独特的展开方式。老师也只不过是这众多独一无二的生命中的一员,相对于学生理应不具有任何的生命特权。然而很多老师习惯性地视自己所认可的秩序、原则和方法为唯一科学且合理的,实际上是在把孩子的生命悄悄地变成自己生命样态的"异体"延续或延伸,是在想尽办法、用尽手段让孩子"如影随形",而从不把孩子的想法放心上,也从不打算从孩子的眼睛里看世界,这是对孩子生命的藐视和不尊重。所以作为小学一年级的小丫头,小豆豆在最初的学校里,就被诸位老师们像送瘟神一样迫不及待地要送走;这些老师把所有的毛病和错都归结于小豆豆,这种情形下,很难产生师生之间的信任、忠诚、温暖,也不会有尊重、平等和有效对话。恕我不太友好地估计：如果小豆豆还能在这个学校待下去，那么她的未来极有可能是使自我生命陷入乏味、淡漠、了无希冀与生趣的"空心"旋涡中，抑郁而不得解。

巴学园里就不是这个样子的。第一次见到小豆豆，小林宗作校长就能"探着身子非常认真地听"小豆豆滔滔不绝地连讲四个小时，这得有多么好的耐心和多么强烈的对于生命的怜惜呵护啊！就这样，小豆豆被校长"征服"，她"不由得感到自己有生以来第一次碰上真正可亲的人"，而且她内心里自己被人疏远的模糊感觉也因这位校长而"感到踏实、温暖"。而小豆豆此后的学习生活也一再表明，巴学园里诸如允许孩子挑自己喜欢的位置、科目、同桌等来开始一天的学习活动的自由与自主随处、随时可见。这给了我醒目的提醒：学习的主战场上，谁才是真正披甲上阵的战士？成长的岁月里，谁才是且行且珍惜的生命主宰？是孩子自己！

小林宗作对学生选择权的尊重是不假思索的，是自然而然、水到渠成的。透过这种自然而然、水到渠成的结果——孩子遵从本心本性的体验与收获、心满意足与快乐，透过对孩子生命和成长的尊重，我看到了小林宗作对自然生命的敬畏，也看到了作者对敬畏生命者的尊崇。的确，生命源于自然，理应在自然之维中"天然去雕饰"。你看，小豆豆就是走近我们生命里的小精灵，她在自然之维中展开的生命，是一种千方百计要把泰明请到自己的树上来的全力以赴、全神投入，以及泰明给予小豆豆毫无保留的信任，何其自然又何其真诚？！何其朴素又何其美丽？！在这里，善良从心出发，无需人为干预，真可谓"清水出芙蓉，天然去雕饰"。这样的美好，只要我们愿意，纵然不能全部，至少也是可以部分拥有的吧！

自然之维中展开的生命，其美好的根源在于自然舒展中所流淌出来的那份纯洁与善良。当玩"狼游戏"过程中小豆豆被洛基咬伤耳朵后，小豆豆顾不上血淋淋的耳朵而径直喊着说"不怪洛基""一点儿也不疼，不要对洛基发火"，这是发自生命底色层面的本能反应，纯而又纯、洁儿又洁；为了洛基免受责备，小豆豆在医生那里拼命忍着没有哭，这是再清澈不过的自觉自愿的担当！是自然生命生长出来的善良给了小豆豆这份对自己的狠劲儿、这股担当的力量,赋予了小豆豆作为人的那份特有共情意识和能力,很平常也很难得,很稚嫩也很伟大。当"洛基不见了"之后,小豆豆想到的是"不能欺骗动物。动物很信任你们,如果你们欺骗它们,那它们就太可怜了",是啊,连小动物都不会欺骗,她又怎会欺骗周围的人,不管他们是大人还是小孩儿?!

这善良如此晶莹剔透,但它并非刻意雕琢而成,而是顺应了一个未被污染的新生命成长中天然的同情心与共情意愿——在这里,与其说孩子是我们的教育对象,不如说我们是他们的教育对象。我们也是曾经的他们,为何他们的平常善举把我们感动得热泪盈眶,我们的生命中究竟丢失了什么?!人类任何一个新生命都是带着伟大的灵魂和天使般的纯真走到我们身边的,也许是我们不懂得珍惜和欣赏,也不懂得顺应和发展,结果给弄丢了。为什么孩子的实际表现与我们孜孜以求的宽厚善良品格渐行渐远,到终了往往换成了绝情冷漠?!反观我们的社会和教育,有多少要求和做法对那些处在成长中的生命而言是远离自然而矫揉造作的,有多少情绪和感受是把自己包裹起来之后而以他者的姿态无病呻吟或者佯装感同身受的,有多少目标和愿景是缺乏根植于生命本色的呼唤而强力追加的?!于是,我觉得教育的境界是分高低的,教育的价值取向是分优劣的,这是我们应该警惕的,也是我们应该树立教育的边界意识的内在缘由。

教育的温度在哪里?教育的边界在哪里?我想,它在当下的生活里,在把孩子放在舞台正中央的尊重与宽容里,在愿意无条件地相信并为此而耐心地等待里。我们生命旅程的每一个阶段都是独特的风景,有其独特的价值和生活意义,也有其独特的打开和舒展方式与节奏。但我们似乎更习惯于基于孩子抓不着的未来而要求他们放弃享受当下美好生活的权利,幸福生活在随着年龄的增长而无限期地向后退延!更为突出的是,因为社会及科技的日新月异,使得我们与以往任何时候相比,有了更多的手段、更丰富的策略、更精准的举措,去或有形或无形地、全时空地控制、摆布一个人。孩子就是这样在一次又一次的亏欠中成长,在一种又一种的"手术"中长大,变成了外人眼里精致动人的人,然而外人看见的毕竟是"外"的范畴,有谁又去在意他们"内"里真正在乎的是什么,以及他们失去了什么?!

《窗边的小豆豆》告诉我们:不,人无论大小,都应当在当下就能体验到生命的欢愉和生活的快乐,都应当拥有属于自己的天地。试问:一个在求学受教育阶段很少享受温暖快乐生活的人,他在独立经营自己的人生过程中,又何来创造幸福生活的意识、经验、智慧和能力?! 也许,他们也终究会创造属于自己的幸福生活——我们中很多人虽未享受最理想温润的教育却依然生活很幸福就是明证,但恐怕要付出更多的辛苦、栽更多的跟头是难免的。基于此,巴学园把孩子在此时此刻就有幸福、惬意、快乐的学习生活放在核心位置,不遗余力地让教育回归生活,是真真切切地让我们拥有了一面观照我们的教育行走方式的镜子。

从小林宗作把"让教育回归生活"做得如此干净、纯粹、利落中,从小豆豆纯真自然的教育学习故事中,我们感受到了"教育即生活"的曼妙和美丽。也许我们会疑惑,这种"散养"是否会导致生命成长品质的下降,是否意味着教育对其应有阵地的失守呢?《窗边的小豆豆》用鲜活的事例告诉我们:不是这样的。小林宗作"把海里的东西和山里的东西给孩子带来",并在午饭时间挨个检查孩子的饭菜,既让重复性的单调的吃饭活动带有"十分新奇的味道",也以孩子乐意接受的方式有效培养了他们不挑食、营养膳食的习惯。而孩子按自己的爱好和心情想做什么就做什么、想按什么次序做就可以按什么次序做的上课方式,成为老师了解学生兴趣、特点、思考问题的方法以及他们的个性的最好方法,这为随着年级的升高而因材施教奠定了坚实基础。显然,越是自然的,越能体现出大道至简的奇妙,巴学园在具象琐碎中展现了一种田园牧歌般的教育生活,很柔软却也昭示着强大的育人智慧与力量,很生动却也在面对幼小生命的成长时一点儿也不含糊。

欣赏着这样的教育生活,我内心里满是春光明媚,仿佛自己被放空,就那样无为地、静静地看着孩子从原点出发,在他们自己的主动参与中一点一点地与原来拉开了距离,越拉越长;我眼睛里全是温暖的色彩,仿佛自己被孩子的真实丰富、活泼烂漫、简单快乐和各种各样的小确幸所充实,就那样心满意足地、平静而又充满希望地陪伴着孩子一起长大。每当闭上眼睛在脑海里"放映"巴学园的每一个场景时,我都有一种莫名的轻松、敞亮、快意油然而生,就像我真的生活在他们中间似的。

我相信,一定是小林宗作那种浓郁的对教育的理解与热爱、对生命成长毫无怀疑的坚定与自信,包括他的善良,才让他遇见美好教育并经营之。很多时候,我们变得不再纯粹,并非我们不善良,而是太多的瞻前顾后、患得患失让我们一再向现实妥协,说到底也可能是由于我们对教育不够热爱、对生命成长不够执着,所以对前行的路缺乏足够的自觉和底气吧。《窗边的小豆豆》犹如久旱逢甘霖,又像炎炎热浪下的一眼清泉,以其别致清新的面貌给予我以引领、启迪和示范。从这本书的后记中,我看到了在巴学园打下生命底色的这些孩子,都在自己的生命旅程中找到了人生坐标且干得有声有色。

基于对巴学园的理解、对小林宗作的理解,也基于读罢《窗边的小豆豆》之后的欣喜与感动,内心里有一个声音告诉我:我们没有理由不对自己所面对的学生的成长抱有乐观态度和积极信念。只不过,我们还需要在如何与学生一起经营一种幸福完满的教育生活上有更超然的心态、更优雅的姿态、更平等的定位、更从容的举措,以及更加节制的自以为是或自我膨胀。

这的确很难,但只要我们愿意,总会有一些孩子因为我们的改变而受益,更何况,"教师的生命,是在学生身上延续的,教师的价值,是在学生身上实现的"(于漪老师语)。既然选择了教师,选择了教书育人,我们也自当见贤思齐,在自己能够掌控的伸缩腾挪范围内,知敬畏、守初心,尽一切可能软化无情且僵硬的世界以及内心的茧,为所经手的生命创造一个温柔多情的世界,让更多的孩子在教育的田野上幸福地栖居,如春花般绚烂,如朝阳般娇艳。

后 记

在一线教师中，我是平凡的一位，也希望自己是不接受平庸的一位，所以在平凡的岗位上，我且行且试、且看且学、且听且思，努力使自己教育生活的每一天都能有所不同（尽管想起来很美好，但做起来真的很难）。也就是这样一个小小的希望和持守，我珍惜教育教学的每一个现场，重视专家听评课及主题讲座的每一次活动，也喜欢上了在广泛的阅读中与大师对话，在随手笔记中与自己聊天。随着对教育现场的观察越来越丰富，对话的大师越来越多，与自己聊天越来越久，我对教育的不成熟的想法、做法和反思也就越来越充实起来，于是有了这本《让教育的阳光照进心灵》。

其实，我感觉挺惭愧：一是似乎头脑中有那么多的想法，但在转换成文字时，时不时遇到无法找到准确的语言来表达的尴尬，好像语言是思想和思维的牢笼；二是所读的书不够多，所做的教育实践探索不够严谨和系统，以至于无法进行成体系的、结构完整的主题性讨论。因此，《让教育的阳光照进心灵》不是一本结构化的作品，而是对我在观察、实践和思考教育中遇到并有所关注的若干话题的较为认真的"窃窃私语"，大概仅能算作尚不合格的教育随笔。也就是说，《让教育的阳光照进心灵》成为如其所是的样子，责任完全在我，虽然我希望它变得更好，但这已是我目前的极限。

如果说这些文章中还有些许能给别人带来启发和思考的东西，那要感谢我工作中遇到的好同事及可爱的学生们，是他们工作和学习的日常给我提供了一个个鲜活的现场,让我得以既跳出自己又能近距离地观察、体验和思考教育;也要感谢走进我阅读世界的诸位专家学者(如此书中所提到的大咖们),是他们的或生命情怀,或教育热忱,或经验智慧给了我突破"眼前"而走向"广阔"和"纵深"以指引和启迪;还要由衷地感谢我的爱人王丹妮老师和儿子许凌阁小朋友,前者给予我坚定的支持和充分的"解放",而后者让我能够超越师生关系,更进一步观察、体验生命成长气息和教育有所为有所不为的辩证法。

非常感谢天津市教育科学研究院王毓珣教授和华南师范大学左璜教授,二位专家不辞辛劳为本书慷慨作序,言辞垦切,护佑提携之情溢于言表;也感谢天津师范大学陈光裕教授,精细研读本书又给予颇多鼓励。几位专家的帮助,让本书增色的同时也提升了我的信心和勇气。更要感谢我多年的好兄长吴丹编辑,吴兄一路看着我也参与着我的成长,他的敏锐和毫不吝啬的表扬是我以"空杯"的心态一次次地"再出发"的力量源泉。

庆幸的是,我将继续在平凡的教书育人岗位上行走,所以一切在今日已成"定局"的事实,在接下来的日子里,依然有新陈代谢的机会和多种可能性。因此,此书作为我给自己所立的"flag"而存在,也希望通过它洗耳恭听到更多同仁们的批评指正。唯其如此,我先行对有可能帮助我走上更值得期待也更宽广平坦的教育之路的所有人表示诚挚的感谢!